나는 당당하게 다시 출근한다

한 권으로 끝내는 4050 재취업 바이블

나는 당당하게 다시 출근한다

장욱희 지음

매일경제신문사

중장년 재취업의 시대

진작 나왔어야 할 책이 드디어 나왔다. 때늦은 감이 있지만 이 시대에 필요한 책을 감수하게 돼 무척 기쁘다. 감수자도 베이비붐 세대이기에 퇴직 이후 재취업의 필요성에 대해 깊이 공감하고 있다.

이제는 재취업의 시대이다. 과거엔 취직한 후 특별한 과오가 없으면 정년이 보장됐고, 그 후에는 퇴직금과 아파트 한 채로 여생을 보냈다. 우리의 선배들은 젊어서 고생했지만, 노후는 상대적으로 편안하게 보냈다. 그러나 이제는 상황이 크게 변했다. 글로벌 경제 시대를 맞이해 기업들의 구조조정이 일상화됐으며, 정년보장은 꿈 같은 과거의 추억이 됐다.

작금을 '뉴노멀new normal'의 시대라고 한다. 이전에는 전혀 경험해보지 못했던 새로운 시대란 뜻이다. 우리는 과거의 고성장 시대와는 다른 저성장 시대를 살아가야 한다. 일자리도 부족하다. 청년들도 취직이 안 돼 실업률이 급증하고 있는 시대에 중장년층이 일자리 얻는 것은 눈치도 보이고 어려운 일이다. 그래도 재취업을 해야만 한다. 그 길만이 살길이다.

베이비붐 세대는 유능한 인재들이다. 그들의 경험자산을 사장시키는 것은 매우 아까운 일이다. 반면에 중소기업은 인력난에 허덕인다. 이런 미스매치를 해결할 수 있는 방안에 대해서 저자는 구체적으로 제시하고 있다. 이런 점에서 본서가 중소기업 실무자 및 고용 관련 관계자들에게는 중장년 인력 재활용에 대한 구체적인 대안을 주는, 그리고 구직을 원하는 베이비붐 세대들에게는 실질적인 지침서가 될 것으로 확신한다.

저자는 재취업에 준비가 필요하다고 강조하고 있다. 재취업 준비에는 절박함이 있어야 한다. 이런 절박한 시기에 장욱희 교수의 재취업에 관한 책은 가뭄에 단비처럼 느껴진다. 이상하게도 우리나라에는 중장년을 위한 재취업이나 고용에 관한 전문서가 별로 없다. 이런 점에서 장 교수의 선견지명이 놀랍다.

장 교수는 보기 드물게 재취업, 특히 중장년층의 재취업에 대한 교육 및 컨설팅 이론과 현장의 실무 경험을 두루 갖춘 전문가이다. 그는 일찍이 1997년 외환위기로 구조조정 당한 대기업 인력들을 설계, 진단, 컨설팅을 통해 성공적으로 재취업 및 창업할 수 있도록 도와준 이색적인 이력을 갖고 있다. 그 후에는 현장의 경험을 바탕으로 이론적인 체계를 세워 아웃프레스먼트outplacement, 전직지원 분야 박사 학위도 받았다.

그리고 삼성SDI, kt, KBS 등 수많은 민간 및 공공기관에서 교육, 컨설팅을 통해 재취업 지원을 돕고 있다. 최근엔 이들의 재취업을 원활하게 돕는 동시에 재취업 노동시장의 활성화를 위해 중소기업에 대한 연구도 수행 중이다. 또한 중장년층 재취업에 대한 인식 확대를 위해 KBS1 TV《나, 출근합니다》와《황금의 펜타곤》에 전문가 패널 및 창업 평가의원 등으로 참여하고 있다.

무엇보다 재취업의 시대를 맞이해 우리 시대에 꼭 필요한 이 전문서가 일자리를 찾아 고민하는 수백만 명의 중장년층들에게 실질적인 도움과 희망이 되길 기대한다. 또한 청년들에게도 미리 자신의 경력을 준비하기 위한 지침서가 되길 빈다. 마지막으로 이 분야에 관심을 갖고 정책을 집행하는 분들에게도 귀중한 전문 참고서가 될 것을 확신한다.

이윤재 교수
숭실대학교 경제통상대학 학장
前 한국중소기업학회 회장

지금으로부터 벌써 햇수로 15년 전이다. 필자는 이십대 후반부터 중장년층 세대를 만나기 시작해, 지금까지 4,000명이 넘는 퇴직자와 퇴직예정자를 만났다. 그들과 특별한 인연을 맺어 울고 웃었다. 지금 이 시간, 그들은 어떻게 지내고 있을까? 당시는 1998년 외환위기 직후였다. 기업들의 구조조정이 여기저기서 일어났고, 어쩔 수 없이 퇴직을 해야만 하는 그들이 필자 앞에 있었다. 눈앞이 깜깜했다. 아니 절벽 앞에 서 있는 것 같았다. 그러나 물러설 수 없었다. 실마리를 찾기 위해, 노동시장의 틈새시장을 찾고 발로 직접 뛰었다. 무척이나 고단하고 힘들었지만, 그들로부터 재취업에 성공했다는 전화를 받았을 때의 기쁨은 말로 표현이 안 됐다. 시간을 다시 되돌린다 해도 필자는 이 일을 다시 할 것이다. 퇴직자들이 '위기'를 '기회'로 변화시키는 과정을 두 눈으로 직접 확인했기 때문이다. 되돌아 생각하면 그들이 위기를 극복할 수 있었기 때문에 기업들도 위기를 극복하고 성장할 수 있었다.

당시 제공했던 내용은 주로 전직지원 컨설팅 서비스였다. 독자들에겐 아마 생소한 용어일 것이다. 기업이나 조직이 급작스러운 퇴직을 앞두고 있는 종업원들을 대상으로 경력을 성공적으로 전환할 수 있도록 관련된 교육이나 컨설팅을 제공하는 등의 서비스를 의미한다. 이러한 서비스는 외환위기 직후 대기업을 중심으로 처음 도입 및 실시됐다. 생애전환기라 할 수 있는 40대는 물론 퇴직이 얼마 안 남은 재직자에게는 더 절실한 과정이다. 이 분야에서 일한 지 15년이 훨씬 지났음에도 필자는 여전히 이 일을 사랑한다.

그런데 현실적으로 우리나라 중소기업에서는 전직지원 컨설팅 서비스를 제공하는 데 어려움이 많다. 중소기업에는 아직 이러한 서비스가 개념조차 명확하지 않다. 그래서 용기 내 펜을 들었다. 대기업뿐만 아니라 중소·중견기업 재직자, 그리고 퇴직 이후 중소기업을 공략하고자 하는 이들에게 경력, 이직 및 전직, 퇴직과 관련된 내용을 아는 것은 필수적이라는 확신이 들었다. 이 책은 그들과 함께 뛰기 위한 것이다.

사실《나는 당당하게 다시 출근한다》는 4050세대를 위한 두 번째

책이다. 2005년 당시 국내에서는 처음으로 이 분야의 책을 냈었다. 결론부터 이야기하면 이전의 책과 이 책은 다르다. 시대가 변했고, 필자도 변했다. 그러므로 퇴직자들도 변화의 시대에 발맞춰 변해야만 한다. 아니 변해야만 살 수 있다. 그래서 이 책은 인생 2막을 당당하게 맞을 각오가 된 사람들에게 필수적이다.

굳이 100세 시대를 거론하지 않겠다. 독자들은 이제 필자와 함께 퇴직 이후 맞이하게 될 여러 가지 변화들을 함께 맛보며 더 치열한 생존게임에 진입하게 될 것이다. 허나 분명한 것이 하나 있다. 인생 1막의 생존게임과는 다른 무대에서 뛰어야 하고 그 게임을 즐길 수 있어야 한다는 것이다. 지금부터 시작이다. 당신이 즐길 수 있는 일이 어디에 꼭꼭 숨어있는지 찾으러 함께 여행을 시작해보자. 누군가에게는 고통의 과정일지 모른다. 그러나 힘든 여정일수록 기억에 오래 남는 법이라 하지 않았는가?

솔직히 혼자 하는 여행은 필자도 힘들다. 그래서 책을 집필할 때도 주변 지인들을 총동원하는 '대안'을 마련했다. 책의 감수는 평소 존경하는 숭실대학교 이윤재 교수님께서 해주셨다.

또한 이 자리를 통해 중소기업진흥공단 임채운 이사장님, 인천지방노동위원회 김덕호 위원장님, 아이카이스트 김성진 대표님, 성균관대학교 유지범 부총장님, 최재붕 본부장님, 김태성 본부장님, 산학협력단 교수님들께도 깊은 감사를 드린다.

그리고 무엇보다 이 책의 주인공은 현장에서 만났던 모든 분들이다. 그분들의 도움 없이는 집필이 불가능했다. 그분들께도 이 자리를 빌려 감사의 말씀을 전하고 싶다.

마지막으로 사랑하고 존경하는 부모님, 필자의 영원한 지지자인 남편, 그리고 늘 응원해주는 동생 미욱, 수욱이가 없었다면 이 일을 해내지 못했을 것이다.

지면 관계상 일일이 다 나열하지 못했지만 책이 나올 수 있도록 도움을 주신 모든 분들께 심심한 감사를 드린다.

여러분들께도 인생 2막을 함께 여행할 친구나 조력자를 지금부터 만들라고 꼭 당부하고 싶다. 그러나 너무 걱정하지는 않았으면 좋겠다. 이미 한 사람은 확보한 셈이다. 여기, 필자가 여러분의 든든한 조력자로 평생 남을 것이다!

우리 이제 함께 뛰어보자. 인생 2막은 분명 이전까지의 1막과는 다를 것이다. 뭐가 어떻게 다른지 몸으로 부딪히며 확인해보자. 그리고 인생 2막을 위해 무엇을, 어떻게 준비하는 것이 좋을지 함께 고민해보자. 지금부터 당신만의 아름다운 인생 2막을 자신 있게 펼쳐보라.

장욱희

퇴직을 앞두고 이런 저런 고민이 된다면 서점에 가서 정보를 찾을 수 있다. 일반적으로 서점에 가서 취업 분야를 검색하면 가장 먼저 눈에 들어오는 내용들이 있을 것이다. 일반적으로 이력서나 자기소개서 작성법, 면접 잘 보는 요령 등이다. 결론부터 이야기한다면 이 책은 '사회 초년생을 위한 취업' 혹은 단순한 '구직스킬'을 다루는 게 아니다. 인생 1막과 2막은 다르다. 인생 2막에서 재취업을 논할 때는 구직스킬에 대한 접근부터 이전과는 달라야 한다. 이 책은 베이비붐 세대들의 20~30년 경력을 재취업을 통해 어떻게 성공적으로 전환시킬 건지에 대해 구체적인 답을 준다. 지금도 필자는 퇴직자, 그리고 퇴직예정자와 함께 현장에 있다. 그들과 고민하고 있는 현실적인 문제들과 그 해결방안을 제시할 예정이다. 물론 그들의 성공 스토리도 소개할 것이다.

퇴직을 앞두고 있는 베이비붐 세대들을 현장에서 만나보면 모두들 미래에 대한 막연한 두려움이 크고, 고민이 많다. 그들을 만날 때면 어떻게 해야 조금이나마 실질적 도움을 줄 수 있을지를 끊임없이 고민한다. 그래서 이 책은 다음과 같이 구성했다.

첫째, 퇴직자 앞에 당면한 과제와 문제가 무엇인지 솔직하게 확인한다. 사실 처음에는 말문을 쉽게 열지 못하지만, 퇴직을 앞둔 그들에게 나름의 공통적인 문제점들이 있다는 것을 발견하게 된다.

둘째, 문제를 확인했다면 그에 따른 대안을 세워야 한다. 이는 필자가 커리어컨설팅이나 전직지원 관련 프로그램에서 진행하는 방법을 통해 구체적으로 소개할 것이다. 대안을 억지로 세우는 것이 아니라 내용을 처음부터 차근차근 따라가면 된다. 그 과정에서 대안은 저절로 발굴될 것이다.

셋째, 대안 마련의 밑그림에 대해 나름 고민을 했다면 이제는 그 결과물로서 확실하게 퇴직 이후의 방향을 설정해야 한다. 인생 2막을 위한 제2의 경력목표를 구체화하고 전략을 세워야 한다. 문제는 노동시장이다. 자신을 둘러싼 환경을 분석하고, 공략할 타깃target을 설정해야 한다. 이 책은 분명히 여러분 각자의 구체적 사정에 맞는 토대를 마련해줄 것이다.

넷째, 퇴직 이전 즉 재직 시 어떻게 퇴직을 준비해야만 성공률을 극대화할 수 있을지에 대해 제시한다. 재직 당시에 뭔가를 알아보고 발로 뛰는 것은 힘든 일이다. 그럼에도 불구하고 '현장에 답이 있다!'고 강조하고 싶다.

다섯째, 퇴직 후 온갖 어려움을 극복하고, 위기를 오히려 기회로 만들어 성공한 사례도 살펴보고자 한다. 사례 주인공들은 모두 필자가 직접 만난 사람들이다. 가공의 인물이 아니니 여러분도 참고하고 시사점을 적용해 본다면 실질적인 도움이 될 것이다. 더 나아가 이들의 삶을 당신 것으로 만들 수도 있다.

여섯째, 이 책은 중소기업 및 강소기업으로의 재취업 공략을 초점으로 하고 있다. 상대를 알아야 승리할 수 있기 때문에, 중소기업을 낱낱이 파헤쳐 파악해본다. 관련 전문가의 생생한 인터뷰도 큰 도움이 되리라 확신한다.

일곱째, 퇴직을 앞둔 이들에게 자주 던지는 질문이 있다. 바로 "퇴직 이후 재취업을 하시겠습니까? 아니면 창업을 하시겠습니까?"다. 상당수가 퇴직 후 창업에 관심이 많다고 답한다. 그들이 창업을 원하는 이유는 "이제는 더 이상 남의 밑에서 일하기 싫다"는 것이다. 따라서 창업 부분도 그간의 현장 경험을 바탕으로 핵심 내용 위주로 살펴보고자 한다.

마지막으로 관련 프로그램을 진행할 때마다 퇴직예정자들이 필자에게 요청했던 자료들이 있다. 대표적인 것이 '잘 작성된 이력서 샘플'이다. 현장에서는 그들 요청에 '직접 찾아보라' 권하지만, 지금은 여러분들의 짐을 조금이라도 덜어주고 싶다. 그래서 생생한 샘플들도 마련했다.

이 책은 비단 중장년 퇴직자뿐만 아니라 이 분야에 몸담고 있는 전문가들에게도 도움이 되리라 확신하다. 따라서 전문적인 내용은 추가적으로 '부록'에 일부 담았다.

CONTENTS

추천사   **4**

프롤로그   **7**

들어가기 전에   **11**

PART 01 Again

CHAPTER 01   **퇴직자가 된다는 건?**

퇴직, 나에게도 그 단어가 다가왔다?   **25**

어느 날 갑자기 '내 명함'이 없어진다면?   **30**

나의 노후 준비 지수는?   **33**

CHAPTER 02   **인생 2막, 어떻게 시작해야 할까?**

퇴직 쓰나미가 몰려온다   **42**

베이비붐 세대의 공략 대상은?   **47**

재취업이 대안이다   **49**

재취업, 지금부터 준비해야 한다   **56**

PART 02 커리어 컨설팅,
혼자서도 가능하다

CHAPTER 01 **나를 진단하라**

내 발자취, 경력을 리뷰하라 **63**

잃어버린 나의 꿈을 찾아서 **66**

제2의 경력목표 설정을 위한 진단 **71**

전직지원 컨설팅이란? **72**

진단 결과 종합을 통한 경력목표 설정 **114**

CHAPTER 02 **고용시장의 변화를 파악하라**

노동시장을 읽는 힘을 키워라 **120**

베이비붐 세대의 갈 길은 어디인가? **137**

변화의 시대, 개인의 변화관리 **140**

CHAPTER 03 **인생 2막 경력관리는 마라톤이다**

경력목표를 설정하라! **152**

성공적인 경력전환 준비 **156**

차별화된 재취업 전략을 세우려면? **161**

CHAPTER 04 **일과 삶을 동시에 추구하는 분야를
찾아라**

인생 2막 직업 탐색은 어떻게 해야 하는가? **169**

역량을 개발하라 **177**

재취업 전략 수립 계획서 **179**

노동시장의 주인공이 돼라 **192**

CHAPTER 05 **네트워킹이 무기다**

네트워킹은 퇴직 전부터 **199**

네트워킹과 재취업의 관계 **206**

CHAPTER 06 **구직 스킬을 미리 배워라**

경력기술서 작성 요령 **213**

나만의 포트폴리오 구성하라! **228**

면접 준비 및 협상 요령 **246**

CHAPTER 07 **경력관리는 계속돼야 한다**

주기적인 진단과 피드백이 필요하다 **308**

구직 스트레스 극복하기 **308**

PART 03 생각만 하지 말고 시작해라

CHAPTER 01 **준비가 됐으면 공격하라**

실행하는 순간 길이 열린다 **318**

명함이 있을 때부터 뛰어야 한다 **324**

CHAPTER 02 **강소기업을 공략하라**

중소·중견기업을 파악하라 **328**

나를 필요로 하는 강소기업을 찾아라 **333**

해외로 나가라! **341**

기업에 나를 매칭하라 **343**

CHAPTER 03 **창업도 또 하나의 대안이다**

창업은 재취업의 대안이 아니다 **357**

당신에게 기업가정신이 있는가? **362**

창업자들의 공통점은
가슴을 뛰게 하는 것이다! **369**

CHAPTER 04 **재취업 성공 요소는?**

중장년 재취업 십계명   **372**

나 출근합니다!   **375**

에필로그   **377**

부록 1: 핵심역량을 찾아라!   **379**

부록 2: 당신의 커리어코치,
장욱희 교수가 한 번에 정리하는
재취업 프로세스!   **385**

참고 문헌   **391**

나는 당당하게

다시 출근한다

PART

01

Again

퇴직은 실제 자신이 퇴직할 때가 돼야 비로소 실감할 수 있다. 퇴직 이전에는 아무리 준비하라고 강조해도 가슴으로 느껴지지 않는 것이 어찌 보면 당연하다. 퇴직 준비를 위해 첫 번째 해야 할 일은 퇴직자 입장에서 생각하고 고민하는 것이다. 예를 들어 퇴직 이후 별장에서 한가로이 쉬는 모습만 상상해서는 문제가 심각해진다. 퇴직은 현실의 문제다.

일반적으로 퇴직을 하면 화려했던 지난 경력career을 생각하며, 이에 기초해 제2의 경력을 도모하려 한다. 그리고 어떻게든 되겠지 하고 막연하게 생각한다. 퇴직한 후 무엇을 가장 먼저 해야 할지, 명함이 급작스럽게 없어지면 어떻게 되는지, 퇴직이 정확하게 얼마나 남았는지 생각하는 사람은 흔치 않다.

이 글을 읽는 사람이 베이비붐 세대라면 문제가 또 있다. 베이비붐 세대는 한꺼번에 퇴직을 맞고 있지만 준비는 턱없이 부족하기 때문이다. 과거 화려했던 경력을 살려도 재취업이 쉽지 않다. 나이가 많다는 이유 등 큰 장애물이 여러분을 기다리고 있다.

그렇다면 어떻게 해야 할까? 과감하게 과거를 잊고 재취업 시장에 뛰어 들어야만 한다. 처음 당신이 첫 직장을 노크할 때처럼, 그때의 그 초심으로 돌아가야 한다. Part 1에서는 퇴직의 의미에 대해서 미리 생각해볼 것이다. 그리고 인생 2막에서의 핵심적인 요소를 확인해, 구체적인 대안을 마련해보자.

CHAPTER 01

퇴직자가 된다는 건?

 베이비붐 세대를 대상으로 퇴직 준비 및 커리어 관련 컨설팅을 하다 보면, 직접 교육을 들으러 온 이들조차 퇴직이나 실직이라는 단어를 낯설어하는 경우가 많다. 그리고 퇴직을 두려워한다.

 퇴직자가 된다는 건 그들에게 어떤 의미일까? 그간의 회사생활을 떠올리며 눈시울을 붉히는 분들도 계신다. 퇴직에 임박한 교육생이 있는 경우, 후배들은 그를 지켜보며 아쉬워하는 동시에 자신의 미래를 상상한다. 그렇다. 누구나 때가 되면 몸 담고 있던 조직을 떠나야 한다. 마음이 아프지만 말이다.

 필자 역시 실직 경험이 있다. 배우자를 첫 직장에서 만나, 결혼 후

사표를 던졌다. 중견기업 인사부서 경력이면 이직이 쉬울 거라며 너무 쉽게 생각했던 것이다. 문제는 그 다음이었다. IMF가 터졌고, 상당수 기업에서 대규모 구조조정이 진행됐다. 더구나 기혼에 여성이었던 필자는 구직활동이 너무도 힘들었다. 최종 면접에서 기혼자라는 이유 때문에 번번이 고배를 마셔야 했다. 실직 기간은 비록 한 달이었지만, 그 기간이 마치 십 년처럼 느껴질 정도로 힘들었다. 누구를 만나기도 싫었다. 친구들이 보자고 할까봐 오히려 겁날 정도였다. 그리고 '왜 회사를 나왔을까?' 자문하며 망연자실했다.

그때 마음을 터놓고 지내던 학교 선배에게 연락이 왔다. 신문에서 구인광고를 보다가 필자에게 어울릴 것 같아 생각이 났다는 것이다. 그렇게 이직을 한 곳이 다름 아닌 지금의 고용노동부였다. 그곳에서 2년간 수행한 일은 서울대학교 심리학과에서 장기 구직자를 대상으로 개발한, 구조화된 집단 프로그램을 진행facilitator하는 일이었다. 국내에서는 처음으로 시행되는 것이었다. 이렇듯 실직자를 현장에서 직접 만난 덕분에, 이 분야에 흥미를 갖게 됐으며 대학원에 진학해 공부와 연구도 할 수 있게 됐다. 그때의 값진 경험이 없었다면 필자는 지금의 이 일을 할 수 없었을지도 모른다. 퇴직으로 말미암아 오히려 평생 하고 싶은 일을 찾게 된 것이다.

이렇듯 퇴직과 실직은 누구에게나 급작스럽게 찾아올 수 있다. 그러나 '위기'는 당신의 인생을 바꿀 새로운 '기회'가 될 수도 있다.

퇴직, 나에게도 그 단어가 다가왔다?

지금 당장 '퇴직'이라는 단어를 떠올리며 우울해하라는 건 아니다. 그러나 퇴직하기 전, 미리 생각해 볼 필요가 있다.

현장에서 퇴직예정자들에게 "오늘 당장 퇴직을 하게 된다면 가장 먼저 무엇을 할 것인가?"라는 질문을 던지면, 상당수가 이렇게 이야기한다. "무슨 재취업입니까? 그동안 직장 생활 하느라고 얼마나 고되고 힘들었는데, 좀 쉬어야죠."

또 다른 프로그램의 진행자로 다음 현장을 방문해서 그들에게 똑같은 질문을 던져본다. 이번 교육대상자는 재직자가 아닌 퇴직자다. 그러나 재직자들과 비슷한 대답이 나올 것이라는 예측은 빗나간다. "교수님, 노는 것도 한 달 정도는 좋았습니다. 그런데 딱 그 이후가 되니까 집사람 눈치, 아이들 눈치가 보여서 더는 집에 못 있겠습니다. 어디 재취업할 수 있는 곳이 없을까요?" 이처럼 현재 노동시장에서 일하고 있는 이들과 실제 퇴직자들이 퇴직을 바라보는 시각에는 큰 차이가 있다.

퇴직을 앞둔 사람과 이미 퇴직한 이들 사이의 시간 차이는 평균적으로 1~3년 정도밖에 나지 않는다. 그럼에도 불구하고 왜 이런 상반된 답변이 나오는 걸까? 그렇다면 퇴직을 앞둔 이들에게 '퇴직 이후'에 대해 물었을 때 많이 나오는 답변 내용을 우선 살펴보자.

첫째, 일단 좀 쉬면서 차차 고민해보려고 한다.

둘째, 여행이나 취미활동처럼 일 때문에 미뤄둔 걸 할 예정이다.

셋째, 남은 기간 동안 열심히 준비해 바로 재취업할 것이다.

넷째, 지금부터 집사람과 창업을 검토할 예정이다.

다섯째, 이전과는 다른 일을 해보고 싶어서, 새로운 분야와 관련된 자격증을 취득하고 싶다.

여섯째, 자녀들을 출가시키고 시골집으로 내려가 귀농하고 싶다.

일곱째, 일단 지금은 잘 모르겠다. 어떻게든 되겠지 싶다.

퇴직이라는 단어에 대해 생각할 때, 가장 먼저 떠오르는 단어는 무엇인가? 이 글을 읽고 있는 독자들은 지금 어떤 대안을 생각하는 중인가?

30대에 직장을 그만두는 사람과 40대에 직장을 그만두는 사람, 그리고 50대에 직장을 그만두는 사람은 각각 차이가 있다. 기업의 위기 때문에 어쩔 수 없이, 회사를 급작스럽게 떠나게 된 30~40대 중반과 정년퇴직하는 50대는 다르다는 것이다. 특히 퇴직이 급작스러울수록 그로 인한 충격 즉, 심리적인 부분도 유심히 살펴봐야 한다. 아무런 대안도 없는데 퇴직하는 것은, 그야말로 마른하늘에 날벼락이다.

사례 속 주인공의 재취업 성공요인을 분석해보자. 그는 급작스런

결혼을 앞두고 해고통지를 받다

10년 전, 한 퇴직자를 만난 적이 있다. 미국에 본사를 둔 업체에서 한국 법인의 그에게 당일 해고통지를 했다고 한다. 해고통지 받은 바로 그 날, 그를 만났다. 당시 그의 나이는 30대 중반이었다. 더 큰 문제는 그가 결혼을 3개월 앞두고 있다는 점이었다. 그는 솔직하게 그녀를 진심으로 사랑하며, 3개월 뒤에 꼭 결혼하고 싶어서 도저히 그녀에게 퇴직했다는 말을 하지 못하겠다고 고백했다. 그녀 집안에서 이 사실을 알게 된다면, 결혼을 반대할 것이 분명했기 때문이었다. 이야기를 듣는 필자까지 가슴이 미어지는 것 같은 사연이었다. 그래서 그와 약속했다. 3개월 동안 재취업해보자고 말이다. 결국 그는 재취업에 성공했고, 그녀와 결혼할 수 있었다.

통보로 인해 심리적으로 큰 충격을 받았음에도 불구하고, 이를 단기간에 극복했다.

퇴직 충격의 강도에 대해서는 미국의 정신과 박사 토마스 홈즈 Thomas H. Holmes의 연구를 통해 확인할 수 있다. 연구는 394명을 대상으로, 일상생활에서 갑작스러운 사건을 당했을 때 각종 장기의 기능 변화와 사건의 망각에 소요되는 시일 등을 조사한 것이다. 스트레스를 통계적으로 분석한 이 연구를 통해, 우리는 스트레스를 수량화해서 볼 수 있다. 배우자의 죽음을 100이라고 했을 때 해고는 47, 퇴직은 45로 매우 높은 수치를 보였다.

요즘 시대에 평생 이직이나 전직하지 않고, 한 직장에서 정년을 맞이하는 사람은 행운아인지도 모른다. 그러나 그런 이들도 정년퇴직, 은퇴 이후에 심리적 스트레스를 경험할 수밖에 없다. 그렇다면 어떻게 해야 이를 잘 극복할 수 있을까?

사실 심리적인 부분은 현장에서 다루기 힘들다. 그들이 힘들어하는 모습을 보면 '단 한 번이라도 좋으니, 퇴직 이후에 대해 미리 생각해봤다면 좋았을 텐데…' 하는 아쉬움의 한숨만 나온다. 그렇다고 그들 앞에서 한숨만 쉬고 있을 수도 없는 노릇이다. 그들의 심리적 충격을 어떻게 최소화할 것인가! 퇴직에 대한 충격, 분노, 낙담을 어떻게 수용해서 긍정, 열정으로 전환시키는가가 경력전환career transition의 성공과 실패를 좌우한다. 급하다고 해서 그들에게 막무가내로 "자, 지금부터 긍정적으로 생각해보세요"라고 강하게 밀어붙일 수도 없는 노릇이다.

퇴직이란 우리에게 부정적인 단어임에는 틀림없다. 그러나 우리는 그 단어를 평생 피해갈 수도, 건너뛸 수도 없다. 그러니 차라리 일찍 수용하고 더 나아가 자신의 경력에 대한 적극적인 변화를 추구해야만 한다. 그것이 우리가 해야 할 첫 번째 일이다.

퇴직을 고민하기에는 너무 바쁜 직장인들

왜 그들은 퇴직을 미리 고민하지 않는 걸까? 그 이유에 대해 조금이나마 이해할 수 있었던 계기가 있었다. 필자는 국내 최초로 퇴직자뿐만 아니라 재직자까지 대상으로 하는 '라이프 플랜 과정' 제도를 도입한 K사와 2011년부터 일하고 있다. 어느 날 교육에 갔더니 지난해 참여했던 반가운 얼굴들이 있었다. 반갑다고 인사를 나눈 후, 시간이 흘러 어느덧 교육이 마무리될 즈음이었다. 그들 중 한 명이 그 자리에 있던 모두에게, 퇴직 교육에 다시 온 이유는 관련 개념을 모르기 때문이 아니라고 말했다. 그는 지난 해에 교육 받고 돌아가면서, 무엇을 어떻게 해야 할지 체계적으로 준비해야겠다는 다짐을 했다고 한다. 그러나 다시 일선 현장으로 돌아가, 야근 등 직장생활에 치이다 보니 그런 생각이 점차 사라졌다는 것이다. 그가 교육에 온 이유는 '다시 자극 받고 싶어서'였다.

즉 그들이 고민하지 않는, 아니 못하는 이유는 바쁜 일상생활에 치이기 때문이었다. 그는 다음해에도 이 교육에 참여할 것이라고 했다. 그러나 교육 수료 후 직장생활이든 가정생활이든, 조금이나마 변했다는 것에 스스로가 놀랍다고 덧붙였다.

어느 날 갑자기 '내 명함'이 없어진다면?

퇴직을 하게 되면, 아침에 눈을 떠도 갈 곳이 없어진다. 일반적으로 기업에서 운영하는 전직지원센터는 기존의 직장과는 조금 떨어진 곳에 설치되곤 한다. 그렇지 않으면 말끔히 차려입고 출근하는 이들의 모습과 전직지원센터에서 컨설팅 받는 퇴직자의 모습을 비교할 수밖에 없기 때문이다. 이런 전직지원센터에서 필자는 상당 시간을 보내며, 다양한 퇴직자를 만났다.

퇴직을 하면 동시에 명함도 없어진다. 특히 한국 남성들 대부분은 명함이 없는 상태에서 사람을 만나는 것을 꺼려한다. 퇴직 이후에도 재직 당시의 명함이 주는 과거 향수에 젖어 있는 분들도 있다. 어떤 분은 퇴직 후, 아마도 극심한 심리적 충격을 받았던 모양이다. 그는 한 직장에서 주말도 없이 잦은 야근을 하며, 평생의 모든 것을 걸었다고 했다. 그러나 오직 일과 조직에 충성했던 탓에 퇴직 후 가족들은 그를 외면했다고 했다. 그는 정말 죽고 싶다고 말했다.

이러한 심리적 충격은 퇴직 이후 새롭게 경력을 전환하는 데 큰 장애가 된다. 그러므로 가장 먼저 시급하게 해결해야 할 과제는 이력서 작성이 아니다! 제일 먼저 할 일은 퇴직 충격, 즉 심리적 충격으로부터 빠져나오는 것이다. 그러나 상당수의 퇴직자들은 이 점을 간과한다.

위 사례의 주인공은 아픔과 시련을 극복하고, 이전과는 전혀 다른 삶을 살기를 기대했었다. 그와 마찬가지로 새로운 삶을 살고 싶다면, 빠른 시일 내에 새로운 명함을 가져야 한다. 그리고 그 명함은 이전과는 다른 의미를 담고 있어야 한다. 인생 2막의 명함은 자신이 진정 하고 싶은 일, 그리고 이왕이면 사회에 기여할 수 있는 일, 보람 있는 일, 행복한 일, 몸을 움직여 할 수 있는 일, 남들이 뭐라 하건 좋아하는 일, 지금까지 쌓은 경험과 노하우를 기분 좋게 후배들이나 중소·중견기업에 전수할 수 있는 일, 자신이 진정 살아있다고 느끼게 만드는 일이어야만 한다!

세상에는 의미 있는 일을 하는 사람들이 생각보다 많다. 평생 남을 위해 희생하는 사람도 있고, 대기업 혹은 그 이상의 조직에서 남들이 부러워하는 고액 연봉의 임원 자리를 박차고 나가 창업을 시도하는 이도 있다. 또 보람 있는 일을 하고 싶다며 사회적 기업에 재취업해 100여만 원 남짓 되는 급여를 받는 사람들도 있다.

퇴직 후 인생 2막에서 일하는 목적은 경제적인 것도 있지만 보람을 얻기 위함도 있다. 그래서 앞으로는 인생의 전반전과 후반전을 나눠 각각의 할 일을 설명하기보다 후반전을 잘 뛰기 위해 전반전을 어떻게 관리하면 좋을지가 더 부각돼야 한다. 인생의 전반전과는 달리 후반전에는 미리 준비해야만 많은 시련과 고난을 헤쳐나갈 수 있다.

인생 2막을 새롭게 여는 변화의 주인공이 되기 위해서는 수많은 장애물을 극복해야만 한다. 장애물들은 실제로 매우 넘기 어려운 것들이다. 베이비붐 세대들이 퇴직을 앞두고 심각하게 고민하는 대표적인 장애물은 다음과 같다.

첫째, 아직 자녀를 책임져야 한다. 또 자녀에 대한 투자를 언제 멈춰야 할지 잘 모르겠다.

둘째, 부모를 부양해야 한다.

셋째, 나이가 많아 받아주는 곳이 많지 않다.

넷째, 창업을 하고 싶은데 아내가 반대한다.

다섯째, 퇴직 후 당장 2~3년 동안 일할 수 있는 기회는 만들 수 있겠지만, 그 이후가 더 걱정이다.

여섯째, 대기업 임원까지 했는데 과연 다른 일을 할 수 있을까?

이런 장애물을 어떻게 하면 슬기롭게 극복할 수 있을까? 다시 강조하지만 새로운 명함을 만들어야 한다. 즉, 일에 대한 새로운 시각이 필요하다. 장애물에 대한 극복 방안은 생각하지 않고 계속 고민만 하고 있어서는 안 된다. 그러다 보면 퇴직 준비 기간에는 걱정만 하다가 대안도 없이 퇴직을 맞게 된다. 당신이 하고 있는 대부분의 고민은 재취업이나 창업을 하면, 다시 말해 경력전환에 성공하면 해결될 수 있는 문제다.

따라서 새로운 명함은 필수적이다. 이 명함은 자신이 어떤 일을 하고, 그 일을 통해 인생에 어떤 의미를 부여하는지 주변인들에게 설득시킬 수 있을 정도로 명확해야 한다. 전보다 화려한 명함은 아니더라도 무엇보다 자기 자신이 만족할 수 있어야 한다.

명함이 없어지고 난 다음에 뭔가를 준비하려면 늦다. 심리적인 퇴직 충격을 최소화하려면 퇴직 준비 기간에 인생의 목표를 다시 한번 명확하게 다잡고 나아가야 한다. 지금부터 퇴직 후 당신에게 어떤 명함이 잘 어울릴지 생각해보라.

나의 노후 준비 지수는?

심리적 충격을 잘 극복해 경력전환에 성공하고 싶다면, 즉시 무언가를 실행하려고 하는 태도는 곤란하다. 퇴직 후 예상되는 장애물을 파악하고, 실질적인 준비와 계획을 하는 과정이 반드시 필요하다. 이 시점에서는 무엇보다 '준비 기간 설정'이 중요하다. 이는 체계적인 퇴직 준비를 위한 시간으로, 개인의 재정 상태 등에 따라 달라진다. 예를 들어 경제적으로 여유가 충분하다면 상대적으로 그렇지 않은 사람에 비해 준비 기간을 길게 잡을 수 있다. 그렇다면 재정, 즉 경제적인 부분을 어떻게 파악해야 할까?

먼저 베이비붐 세대의 전반적인 재무 상태를 파악하는 것이 우선 순위다. KB금융지주 경영연구소의 보고서(2014)에 따르면, 재무적 측면에서 살펴본 베이비붐 세대들의 노후 생활 준비 정도는 전반적으로 낮은 것으로 나타났다. 실제로 현장에 나가 50대 중후반 퇴직 예정자들을 만나보면, 다들 퇴직 이후 미래에 대해 불안하다고 이야기한다.

일반적으로 은퇴 시기에 접어든 우리나라 베이비부머의 평균 자산 규모는 4억~5억 원 내외이며, 그중 부동산이 차지하는 비중은 70% 정도에 달하는 것으로 알려져 있다. 그러나 퇴직 이후에는 현실적으로 부동산, 즉 집의 일부를 팔아서 현금화하기란 불가능하다. 또한 자녀들의 결혼 등 목돈이 들어가는 시기이기도 하다. 그래서 무엇보다 자금 압박에 큰 스트레스를 받게 되는 경우가 많다.

몸에 피가 돌아야 사람이 살 수 있듯이 퇴직 이후 현금 흐름이 원활해야 생활도 할 수 있다. 그리고 재직 중에 얼마나 퇴직 이후를 준비했냐에 따라 노후생활 큰 영향을 받는다. 퇴직 이후에도 경제활동을 할 수 있다면 노후의 강력한 무기가 된다.

그러므로 퇴직 직후에는 체계적인 퇴직 준비 기간을 설정하기 위해 기초 재무진단을 해보면 좋다. 실제로 퇴직을 앞두고 한번쯤은 전문적인 재무설계나 컨설팅을 받아보고 싶어 하는 이들이 많다. 그

❗ 노후 준비 지수

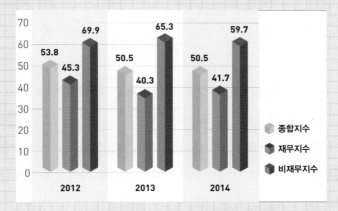

자료: KB금융지주 경영연구소

KB금융지주 경영연구소는 〈2014 한국 비은퇴 가구의 노후 준비 실태〉를 통해 매년 KB노후 준비 지수를 작성 및 발표하고 있다. 이는 저축액, 연금, 부동산 등으로 구성된 '재무지수'와 건강, 친구 관계, 심리적인 안정 등을 감안한 '비재무지수'를 더해 노후 준비 정도를 측정한 지표다. 2014년 종합 KB 노후 준비 지수는 50.5 로 전년도 50.3과 유사한 정도로 나타났다. 동 보고서에 따르면 재무지수는 2014년에 41.7로 전년도에 비해 1.4 정도 증가한 반 면 비재무지수는 전년도의 65.3에서 2014년 63.7로 소폭 감소했 다. 이런 추세는 노후 준비의 중요성이 점차 부각됨에 따라 재무렇기 때문에 재무설계는 현장 교육에서 자주 다루는 주제이기도 하다. 퇴직 직후 재무진단의 목적은 구직 기간을 설정하고, 퇴직 이후 장기적인 재무 상태를 미리 분석·계획하는 데 있다. 물론 퇴직 훨씬 이전부터 기초 재무진단을 통해 준비 기간을 체계적으로 설정한다면 노후 준비 지수를 훨씬 더 크게 끌어올릴 수 있다. 이 과정은 배우자와 함께 해보는 것을 추천하고 싶다.

그러나 이 책에서는 재무설계를 위한 복잡한 수식을 전부 설명하는 대신 핵심적인 몇 가지 사안을 활용해 퇴직 준비 기간을 설정해보려 한다. 퇴직 후 구직 준비 기간을 설정하는 방법은 다음과 같다.

첫째, 퇴직일부터 12개월 전까지의 평균 생활비를 산출하고, 이를 통해 평균 기초 생활비를 작성한다.

둘째, 보유하고 있는 자산 규모 및 대출 규모를 확인해본다. 부동산 목록 및 당장 현금화할 수 있는 자금을 산출한다.

셋째, 퇴직 이후 큰 자금이 들어갈 수 있는 상황을 예상해본다. 의료비, 자녀 결혼자금 및 학자금 등의 규모를 미리 파악하는 것이다. 더 나아가 이 중 줄일 수 있는 부분이 있는지 확인한다.

넷째, 자산의 전체 자산 포트폴리오를 재구성하고, 여유자금을 최대한 확보한다.

다섯째, 소비를 갑자기 줄이기는 어렵다. 지금부터 노력하면 줄일 수 있는 자금 목록을 만들어본다.

우리는 100세 시대에 살고 있다. 이제는 120세 시대라고 주장하는 사람도 더러 있다. 따라서 부동산에 치중된 노후 자산을 점검하고 과감하게 재무구조를 개선하려는 노력이 필요하다. 그리고 자녀에 대한 투자 부분도 미리 결정해야 한다. 당신의 퇴직 준비는 언제부터 시작해야 한다고 생각하는가?

퇴직 준비 시점에 대한 정답은 하나다. '미리', '가능한 한 빨리' 준비할수록 좋다. 가끔 퇴직 후 창업을 준비하는 사람들로부터 성공하려면 어떻게 해야 하냐고 질문받는 경우가 있다. 필자는 그때도 창업 성공률을 극대화하려면 준비 기간을 길게 가지는 것이 중요하다고 주장한다. 재취업도 마찬가지다. 퇴직에 앞서 준비 기간, 즉 '시간'이 필요하다는 사실을 가슴속에 늘 상기하라. 경력전환 성공의 열쇠는 바로 이 시간에 달려 있다.

노후에는 아무리 자산을 잘 꾸려간다 할지라도 위험요소가 많다.

따라서 적더라도 고정적으로 들어오는 수입이 있어야 한다. 그래서 우리에게 일$_{work}$이 필요한 것이다. 이렇게 현실적으로 자산 부족의 위험을 피하기 위해서도 창업보다 재취업이 더 쉽게 접근할 수 있는 대안이다.

컨설팅에 앞서 대상자에 대한 욕구$_{needs}$를 파악하기 위해, "당신의 퇴직 이후 경력목표는 무엇입니까?"라고 질문할 때가 많다. 퇴직한 지 얼마 안 된 사람들의 경우, 이 질문에 대한 대답은 창업 70%, 재취업 30%로 나눠진다. 그러나 퇴직 이후 시간이 3개월, 6개월 흐르고 난 뒤 같은 질문을 던지면 어떨까? 결과는 재취업 70%, 창업 30%로 역전된다. 1년 후에는 창업을 하고 싶다는 대답이 10%도 채 되지 않는다.

'이 나이에 재취업을 한다고 하면 다른 사람들이 나를 어찌 생각하겠는가?'라는 걱정 때문에 창업을 하고 싶다고 막연하게 응답하기 때문이다. 그러나 창업 준비가 얼마나 어려운지 깨닫는 데는 그리 많은 시간이 걸리지 않는다. 게다가 창업한 지 얼마 되지 않아 하나둘씩 가게 문을 닫는 지인들의 모습도 직접 눈으로 보게 된다. 시간이 지남에 따라 퇴직 이후 경력목표가 창업에서 재취업으로 바뀌는 것은 당연한 결과다.

다른 사람들의 답을 확인해보니 어떤 생각이 드는가? 당신이라면 '퇴직 후 가장 희망하는 경력목표가 무엇인가'란 질문에 어떻게 대답할 것인가? 혹시 지금 아무런 답도 할 수 없는가? 괜찮다. 지금 당장은 결론을 못 내리더라도 그 질문에 대해 미리 생각해보는 것 자체가 더 중요하다.

CHAPTER 02

인생 2막, 어떻게 시작해야 할까?

　과거에는 경력경로_{career path}가 다들 비슷비슷했다. 일단 한 기업이나 조직에 입사하면, 해당 기업은 입사일로부터 퇴직 때까지 종업원의 고용을 보장해줬다. 대신 종업원은 그 조직에 평생 충성했다. 그리고 일정 시점이 되면 그동안 벌어 놓은 돈과 연금으로 손주 재롱을 보며 인생 후반을 즐겼다. 그러나 지금은 조직이 고용을 평생 보장해주지 않는다. 개인 역시 평생 3~5회 정도 이직을 경험한다. 따라서 우리는 개인들이 다양한 경력 이동_{protean career, 프로틴경력}을 주도하는 '다중 경력시대'에 살고 있다.

　베이비붐 세대는 우리나라 산업화의 역군이었다. 아마 그들이 허

리띠를 졸라매고 열심히 뛰지 않았더라면 단기간에 성공적인 산업화를 이뤄내긴 힘들었다. 그들의 노력은 계량화하기에 한계가 있을 만큼 크다. 또한 그들은 미래에도 큰 반향을 일으킬 것이다. 즉, 그들의 퇴직 이후 모습에 대한민국의 미래가 달려 있다고 해도 과언이 아니다. 그들이 노후관리와 인생 2막의 경력관리career management를 제대로 수행하지 못하면 과제는 고스란히 후배들의 몫으로 남기 때문이다.

그리고 여러 가지 각종 사회문제도 야기할 수 있다. 베이비붐 세대가 다른 직업을 갖지 못할 경우 들어가는 복지비용 등 사회적 비용이 만만치 않다. 우리 사회가 베이비붐 세대들이 퇴직과 인생 2막 준비를 성공적으로 할 수 있도록 관심을 갖고 지원해야 하는 이유다. 어떻게 하면 다시 베이비부머들의 심장을 뛰게 해 노동시장에 활력을 불어넣을 수 있을까?

만약 이직을 하는 당신이 20~30대라면 새로운 회사에 적응하는데 큰 문제가 없을 수도 있다. 문제는 40대 이후부터다. 그 시점에 생애 처음으로 이직을 하는 경우 또 다른 장벽을 만나게 된다. 예를 들어 대기업 출신의 한 사람이 40대 후반에 중견기업으로 이직했고, 그곳에서 임원이 되기를 기대했다고 하자. 그러나 당연하게도 그 중견기업에는 회사 설립 초기부터 함께 고생한 이들이 있게 마련이다. 그럴 경우 새롭게 조직에 들어온 이직자가 괄목할 만한 성과를 냈다 할지라도 임원이 되기 위한 서열에서 밀릴 수 있다. 이처럼 새로운 직장에서도 또 다른 한계를 느끼며 힘들어하는 분들이 많다. 심지어 재취업했던 중견기업을 나와, 프리랜서로 자기 일을 시작하는 분들도 있을 정도다. 이렇듯 정년퇴직 이전에 이직이나 전직을 통해 변화를 시도하는 이들조차 결코 쉽지 않은 길을 걷는다.

인생 2막을 잘 준비한다는 건 참으로 어려운 일이다. 퇴직을 서둘러 하는 것이 좋은지 혹은 정년퇴직까지 한 직장에서 머물러 있는 것이 좋은지조차 시간이 지나봐야 알 수 있다.

마치 길을 잃은 느낌일 것이다. 길을 찾기 위해서는 무엇보다 노동시장을 파악해야 한다. 우리가 앞으로 파악해야 하는 중요한 내용 중 하나는 퇴직 이후, 즉 미래 노동시장의 트렌드를 파악하는 것이다. 대충 알아서는 곤란하다. 마치 노동시장의 전문가처럼 깊이 있고 구체적으로 알아야 한다. 그리고 그 다음이 시간, 즉 타이밍이다. 당신의 미래는 선택choice이 아닌 결정decision에 달려 있다.

퇴직 쓰나미가 몰려온다

결론적으로 말하면 베이비붐 세대는 선배들과는 전혀 다른, 새로운 노후를 살게 된다. 즉, 그들은 운명적으로 평생 일해야 하는 세대이다. 우리나라와 미국, 일본 등 다른 선진국의 베이비붐 세대(이름은 각각 다르게 불리지만)는 그 전 세대와는 전혀 다른 노후를 맞이하고 있다는 공통점이 있다.

현장에서 만난 베이비붐 세대들은 다들 퇴직을 앞두고 무엇을 어떻게 해야 할지 모르겠다며 막막해하고 있었다. 어쩌다 보니 퇴직이 코앞이라는 것이었다. 그들에게 도움을 주기 위해 관련 자료들을 하나하나 전부 확인하다 보니, 몇 해 전에 일본을 덮친 거대 쓰나미가 생각났다. 베이비붐 세대의 퇴직 규모와 양상이 실로 거대했기 때문이다.

베이비붐 세대의 거대 퇴직 쓰나미는 이미 시작됐다. 우리나라는 일반적으로 베이비붐 세대를 1955년에서 1964년 사이에 태어난 사람으로 정의한다. 이들은 약 700만 명이다(미국은 1946년부터 1964년까지 태어난 7,200만 명, 일본은 1947년부터 1949년까지 출생한 806만 명을 베이비붐 세대로 규정한다).

한국 베이비붐 세대의 맏형 격인 1955년생들이 2010년, 기업의 일반적 정년연령인 55세에 달하면서 '베이비붐 세대의 대량 퇴직 시대'가 개막됐다. 그리고 통계청에 따르면 남은 베이비붐 세대 714만 명 중 약 75.8%에 해당하는 549만 명의 취업자가 향후 10년에 걸쳐 기업의 근로 현장을 떠날 것으로 예상된다.

즉, 노인 인구의 구성비가 빠른 속도로 누적 및 급증하는 고령사회로 인구구조 변화를 겪는 중이다. 과거에는 수명이 길지 않아서

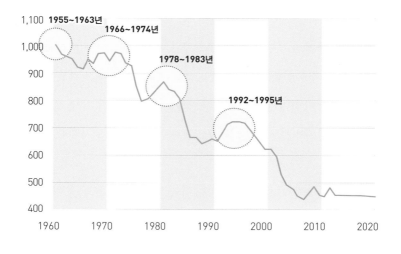

우리나라의 인구 구성비 특징 (단위: 천 명)

1955~1963년
1966~1974년
1978~1983년
1992~1995년

고령자가 많이 누적되지 않았지만 지금은 평균 수명도 길어져 노인
층이 빠른 속도로 누적되고 있다.

또 한국의 인구구조는 소위 '쌍봉세대'로 일컬어지는 특이한 양상
을 띠고 있다. 잘 알다시피 6.25 전쟁 후 1955~1964년의 10년 동안
많은 신생아들이 태어났다. 이들은 필연적으로 치열한 경쟁을 하며
일생을 살아올 수밖에 없었다. 그리고 그 베이비부머들이 결혼해 출
산한 자녀들이 바로 1978~1983년에 태어난 '베이비붐 에코 세대'이

다. 이 두 세대의 인구 구성비가 다른 세대에 비해 높아 '쌍봉 구조'를 이루게 되는 것이다.

이렇게 제1베이비붐 세대 이후 짧은 기간을 두고 제2, 3의 베이비붐 세대들이 지속적으로 쏟아져 나와 고령자 인구비중이 빠르게 증가하고 있다. 보이지 않는, 무서운 쓰나미다.

한국의 베이비붐 세대만 이렇게 고통스러울까? 그건 아니다. 이런 현상은 미국이나 일본에서도 유사하게 나타나고 있어서, 현대 경제의 구조적인 문제로 부각되고 있다. 제2차 세계대전 후에 태어난 미국과 일본의 베이비붐 세대들이 경제에 미친 영향은 지대했다. 베이비붐 세대의 핵심적인 문제점은 다음과 같이 정리할 수 있다.

첫째, 노후 준비를 소홀히 했다. 베이비붐 세대는 소위 '낀 세대'에 해당된다. 그들은 유교 문화적 배경 때문에 부모 부양과 자녀 교육에 많은 돈을 들였다. 베이비부머 중에 기러기 아빠가 유독 많은 이유이다. 문제는 교육에 과도하게 투자해 노후저축이 절대적으로 부족하다는 것이다.

둘째, 그들의 남은 수명을 감당하기엔 자산이 너무 적다. 또한 자산구조도 부동산 위주로 매우 취약하다. 많은 경우 자녀교육비가 좀 과하다는 것을 인지했지만, 자신들에겐 부동산이 있으니 노후에 큰 문제가 없을 것이라고 착각했다. 부동산 구입에 따른 은행 대출로 인해

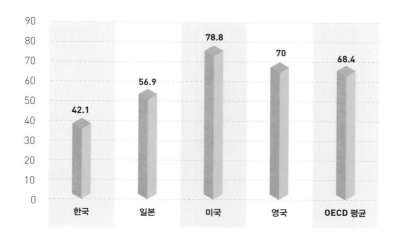

(단위: %)

42.1	56.9	78.8	70	68.4
한국	일본	미국	영국	OECD 평균

자료: 하나은행그룹

가계부채가 많은 것도 베이비부머들의 노년기 위협이 되고 있다.

한·미·일 3국의 베이비부머들은 긴 노후를 보낼 만큼 충분한 경제력이 없다는 공통적인 문제점을 갖고 있다. 그런데 특히 하나은행그룹의 자료에 따르면 우리나라의 베이비부머들은 더 열악하다. 특히 하나은행그룹의 자료에 따르면 연금소득대체율*이 42%에 지

* 연금소득을 은퇴 전 소득으로 나눈 것으로 대체율이 클수록 은퇴 후의 소득이 은퇴 전과 비교해 차이가 적다는 것을 의미한다.

나지 않아 다른 선진국에 비해 노후 준비가 그만큼 더 부족함을 알 수 있다.

셋째, 우리나라도 이젠 저성장 시대에 돌입했다. 저성장은 장기 경기침체를 불러오고, 일자리 창출을 줄여 베이비부머들의 고용기회를 줄인다. 개인들의 지갑을 닫게 만들기 때문에 사업의 기회도 축소시킨다. 노후준비가 덜된 베이비부머들이 할 수 있는 것은 재취업이나 개인 창업인데, 모두 불리한 여건이 되는 것이다.

베이비붐 세대의 공략 대상은?

베이비붐 세대 현황을 구체적으로 살펴보니 어떤 생각이 드는가? 더 막막해졌는가? 방향성을 갖기 위해서는 좀 더 자료를 면밀히 살펴봐야 한다.

국내 베이비붐 세대 추이를 살펴보면 1955년생이 66만 명, 1961년생이 86만 명, 1963년생이 84만 명을 차지한다. 문제는 베이비붐 1세대가 퇴직하고 나면 그 뒤를 이어 다음 세대가 계속 누적된다는 것이다. 누적된 규모는 노동시장을 더 황폐하게 만든다.

퇴직자들은 보통 세 가지 유형으로 나뉜다. 첫 번째 유형은 퇴직후 적어도 3년에서 5년 정도는 일을 더 하겠다는 생각이나 의지를 갖고 있다. 두 번째 유형은 '이 나이에 무슨 재취업?' 하고 생각하는 사람들로, 귀농이나 창업을 고려하는 사람들이다. 마지막으로 세 번째 유형은 '일은 무슨 일입니까? 퇴직 후에는 좀 쉬어야죠'라고 말하는 사람들이다.

53~58세 사이에 퇴직을 한 후, 3~5년 정도 과거 경력과 유사한 분야 일을 더 한다고 가정해보자. 그렇게 시간을 보낸다고 할지라도 향후 85세까지 약 20~25년 이상을 버텨야 한다.

즉 인생 2막 초기에는 어떻게든 일을 할 수 있겠지만, 그것이 완전하지는 못하다. 그렇기 때문에 우리는 좀 더 장기적인 측면에서 구체적인 계획과 준비를 할 필요가 있다. 무엇보다 일에 대한 열망이 중요하다.

즉 인생 2막 초기에는 차근차근 계획을 세워야 한다. 계획을 잘 세우기 위해 우선 노동시장의 일자리 상황은 어떠한지 살펴보자. 지난 2001~2011년 사이의 신규 일자리를 살펴보면, 대기업에서는 기존보다 60만 개가 감소한 반면 중소기업에서는 379만 개가 증가했다. 그렇다면 답은 이미 나온 셈이다. 퇴직 이후 대기업으로 가는 데는 한계가 있다. 또한 정년 연장 및 임금피크제 도입 등으로 대기업에서 일하기는 더더욱 힘들어졌다. 결론적으로 퇴직자들은 중견기업 및 중소기업을 공략해야만 한다! 그것이 마지막 희망이다.

재취업이 대안이다

앞에서 살펴본 것처럼 과거에는 노후가 비교적 안정적이었다. 정년이 보장되는 분위기였고, 대부분 풍족하진 않아도 빈곤층으로 내몰리진 않았다. 은퇴할 때 받은 퇴직금으로 조그만 가게를 내거나 부동산에 투자했고, 자식이 부모를 공양하는 사회적인 문화유산도 마지막으로 누릴 수 있었다. 문제는 노인세대를 부양하면서 자식들에게 과잉 투자한 제1베이비붐 세대다.

전처럼 자식에게 기댈 수도 없고, 자식에게 '올인'한 탓에 따로 모아놓은 자산도 없다. 국가의 복지시스템도 취약하고, 그간 수명이 늘어나 살아야 할 날은 너무 길다. 베이비붐 세대는 평균 53세 전후에 은퇴해 평균수명인 81세까지 약 30년 가까이 더 살아야 한다. 스스로 노후를 꾸려나가야 하는 기막힌 세대인 셈이다. 누구에게 손을 벌리겠는가?

그래서 베이비부머들은 평생 일할 운명에 처해 있다는 것이다. 노인이 돼서도 일을 해야 한다. 베이비붐 세대의 첫 번째 과제다. 그들에게는 일, 즉 재취업이 거의 유일한 대안이다. 일을 해야 하는 이유는 여러 가지가 있을 수 있다. 물론 경제적인 이유가 가장 크다. 다음으로는 '무기력감에서 탈피'할 수 있기 때문이다. 무기력감은 각종 질병의 원인이 되며 이로 인한 의료비용을 증대시킨다. 이는 고스란히 후세대들의 어깨를 무겁게 한다.

물론 창업을 대안으로 생각하는 분들도 많을 것이다. 그러나 정부의 〈국세통계연보〉에 의하면 2011년 신규 창업한 자영업이 99만 4,000개, 폐업한 자영업이 84만 5,000개로 나타났다. 폐업률이 85% 나 되는 것이다. 업종별로는 음식점 폐업률이 94%로 1위를 차지했다. 소매업 89.3%, 도매업 87.4%로 그 뒤를 이었고, 부동산 업종은 64.3%의 수치를 보였다. 특히 50대 이상 자영업자 추이를 살펴보면 1991년에 180만 명, 2001년에 241만 명, 2010년에 303만 명, 2011년에 310만 명으로 나타났다. 그러나 2004~2009년 사업체 대상 조사 결과 신규 숙박 및 음식점 생존율은 1년차 71.6%, 2년차 54.1%, 3년차 43.3%, 4년차 35.7%, 5년차 29.1%로 나타났다.

필자는 창업을 적극적으로 권유하지는 않는 편이다. 특히 요식업 등의 생계형 창업을 하는 것은 절대 추천하지 않는다. 통계현황에서도 볼 수 있듯이 폐업률이 상대적으로 높기 때문이다.

창업은 쉬운 일이 아니다. 충분히 검토하고 준비해도 성공률을 보장 받지 못한다. 앞서 언급했듯 현장에서 체득한 경험에 의하면 창업 성공률은 일반적으로 노력한 시간에 비례했다. 그래서 자금보다는 준비 기간이 창업 성공의 가장 중요한 요소이다. 그 아무리 좋은 창업 아이템을 가지고 있더라도 준비 기간이 충분치 않다면, 좀 더 준비한 다음 시작하라고 충고한다. 다시 한 번 강조하지만 창업은 만만치가 않다. 게다가 창업했다가 혹 망하기라도 하면, 대책이 서지 않는다.

　재취업한다고 창피하게 생각하지 마라. 퇴직 전 화려한 직장에서 일했을지라도 과거는 과거일 뿐이다. 포지션position보다는 자신이 성취감을 느낄 수 있는 분야, 특히 자신이 그동안 쌓은 노하우와 경험을 살릴 수 있는 분야를 지금부터 찾아야 한다. 뜻이 있으면 길이 있다고 했다. 우리 함께 눈을 크게 뜨고 함께 찾아보자!

 **대기업 임원을 활용해 세계시장으로
진출하는 한국형 히든챔피언 Y기업**

절삭공구 분야에서 세계시장을 지배하고 있는 한국형 히든챔피언 Y기업은 수출 증대를 위해 세계의 틈새시장을 끊임없이 개척하고 있다. 이런 기업에게 해외 경험이 많은 대기업 출신의 임원은 좋은 스카웃 대상이다.

Y기업은 최근 3년간 대기업 출신 임원 16명을 충원하며 해외시장 개척에 박차를 가하고 있다. 중국, 중동, 유럽 시장 등에서 그들의 경험은 값진 진가를 발휘해 퇴직자 본인에게도 보람을 되찾아주고, 매출 증대로 회사의 수익 개선에도 기여하고 있다. Y기업의 송 대표는 대기업 임원 출신에게 중소·중견기업 경영 환경에 자신을

맞추는 적극적인 자세가 필요하다고 강조한다.

독일을 중심으로 한 유럽 시장 개척의 임무를 맡고 있는 유럽법인 장도 국내 유수의 대기업 출신 임원이다. 그는 현지에서 그간 쌓아온 인적 네트워크 활용은 물론 절삭공구의 기술 추이 및 경쟁사의 기술, 제품 정보를 수집한다. 그리고 CEO와 긴밀하게 소통하는 등 신제품 개발에 결정적인 역할을 담당하고 있다. 또한 현지의 각종 박람회나 제품전시회를 통해 기술혁신 및 시장개척을 위한 첨병으로 끊임없이 자신의 경험을 쏟아 붓고 있었다.

은퇴하는 베이비붐 세대 중 특히 대기업에서 근무하다 퇴직하는 경우 중소·중견기업에서 재취업할 수 있는 기회가 많이 있다. 현재 일정 규모가 되는 중견기업은 오히려 인력난을 겪고 있기 때문이다. 특히 수출 및 해외투자를 꿈꾸는 상당수 중소·중견기업들은 해당 분야 경험자를 찾고 있다. 대기업에서 퇴직한 베이비부머들에게 눈높이를 낮춰서 재취업을 권할 만하지 않은가? 이때 눈높이를 낮춘다는 뜻은 무턱대고 아무 데나 들어가라는 것이 아니라 이전처럼 규모가 큰 기업만을 찾지 말라는 뜻이다. 개인에겐 다시 일할 수 있는 기회가 돼서 좋고 중소·중견기업은 적절한 인재를 구해서 좋고 결국 국가경제에도 이바지하게 되니 일석삼조이다. 노동시장이 미스매칭되고 있다. 결국 일자리도, 중장년층을 위한 기회도 있다는 뜻이다.

실제로 KBS1 TV에서 방영된 〈나, 출근합니다(2015년 3~5월)〉에서도 재취업 희망자의 절반 이상이 재취업에 성공했다.

 벤처기업에 도전하라! 아이카이스트!

KBS1 TV 〈나, 출근합니다〉에서는 매번 구인업체 CEO가 인재사냥에 나선다. 중견기업들이 대부분이었지만, 그중에서도 눈에 띄는 업체가 있었다. 아이카이스트(www.i-kaist.com)라는 신생 벤처기업의 김성진 대표는 30대 초반으로 나이도 젊었다.

그들은 아랍권 최대 미디어 그룹인 알자지라 미디어 네트워크와 손잡고 글로벌 스마트TV 시장에 과감하게 진출했다. 아이카이스트는 KAIST의 기술력과 과학적 아이디어를 적용한 교육컨설팅 및 IT디바이스 사업을 추진하고자 설립됐으며, 지식 나눔과 기술 발전에 공헌하고 있다. 궁극적인 목표는 최첨단 기술을 통한 미래 교육사업과 미래창조 IT산업에 활용될 수 있는 제품을 개발하는 데 있다.

김 대표는 실제 방송 현장에서 중장년 구직자를 채용했다. 중장년 구직자는 53세이며, 마케팅 기획 업무를 시작으로 2015년 4월부

3회차 강신용
도전자와 가족들
(중견기업 D사에
전기안전관리자로
재직 중)

터 근무 중이다.

아이카이스트는 중장년 구직자를 직접 활용해 보고 향후에도 중
장년 구직자 채용계획을 갖고 있다며 다음과 같이 밝혔다.

"첫째, 기업의 사회적 기여 관점에서 지속적으로 시니어급 인재
확충 계획을 가질 예정이다. 둘째, 처음엔 걱정을 많이 했지만 1개
월 남짓 한 빠른 시간 안에 업무에 적응해서 놀라웠다. 초기에는
기획으로 업무를 부여했는데 지금은 영업과 마케팅까지 본인 업
무 영역을 넓혀가고 있다. 구직자의 기존 역량도 중요하지만 공백
기간 동안에 많은 준비를 한 것으로 알고 있다. 셋째 중장년 구직
자의 단점보다 장점이 더 부각되고 있다. 준비된 시니어 입사자는
업무적인 조언을 줄 뿐만 아니라 인생의 멘토로서도 조직 내 포지
셔닝이 가능하다는 생각이 들었다."

이렇듯 준비된 중장년 구직자라면 얼마든지 기회가 있다. 도전해
보라.

이에 따라 전경련 산하 중소기업협력센터(www.fkilsc.or.kr)에서 퇴직한 중장년층을 위한 일자리 희망 센터를 운용하고 있다.

전국경제인연합회가 발표한 〈2014 중소기업의 중장년 채용계획 및 채용인식 실태조사〉에 따르면 중장년층을 채용한 중소기업들의 만족도가 상당히 높은 것으로 발표됐다.

❗ 중소기업의 중장년층 인력 활용 상황

중장년을 채용한 국내 중소기업 중 3분의 2가 업무성과에 만족감을 나타내고 있다. 종업원 10인 이상 기업회원 307개사를 대상으로 중장년 채용 인식도를 조사한 결과, 지난 3년간 중장년을 채용한 적이 있는 266개사의 70.3%가 중장년의 업무성과에 만족감을 나타냈으며 '불만족스럽다'라는 답변은 6.4%에 불과했다.

채용 희망직종은 연구·기술직(27.2%), 영업·마케팅(22.8%), 생산·품질관리직(19.0%) 등 경쟁력 강화와 경영성과 실적 개선에 직결되는 분야가 69.0%에 달했다. 또한 채용 희망 직급은 부장(27.2%), 과장(23.1%), 차장(20.5%), 임원(10.3%) 순으로 부장급 이하가 70.8%에 달했다. 희망 연령대는 40대가 68.7%로 가장 많고 50대는 15.7%로 나타났다.

중소기업이 지급 가능한 중장년의 연봉수준은 3,000만 원선

(28.4%)과 4,000만 원선(27.2%)이 주류를 이뤘으며 5,000만 원 이상과 2,000만 원선도 각각 17.3%에 달했다.

채용 시 갖춰야 할 역량으로 응답 기업의 47.5%가 기술력과 전문성을 꼽았다. 의사소통능력(16.2%), 충성도·성실성(15.8%), 리더십(15.0%) 등 인성적 부분보다 실질적 역량을 더 선호했다. 글로벌 역량은 5.5% 정도였다.

재취업, 지금부터 준비해야 한다

과연 내가 재취업할 수 있는 곳은 어디일까? 대략적으로 우리나라 중소기업은 340만 개다. 이 중 자영업자는 약 290만 명이다. 그렇다면 이를 뺀 나머지 약 45만 개가 남는다. 그리고 다시 10인 미만인 소기업 약 30만 개를 제외하면 퇴직자가 공략할 수 있는 기업은 약 10만 개다.

앞서 베이비붐 세대의 '거대 쓰나미'가 밀려온다고 했다. 쉽게 표현하면 10년 이내에 500만 명이 재취업 시장으로 쏟아져 나온다는 것이다. 당연히 앞서 산출해본 10만 개의 기업을 집중 공략해야만 한다. 스스로 눈높이만 낮춘다면 충분히 승산 있는 게임이다. 게임은 이

중소기업 현황(2013년)		(단위: 개)
종류	현황	
총 사업체	3,415,000	
소상공인(자영업자 포함)	2,962,000	
중소기업(자영업자 제외)	453,000	
	중소제조업	367,000
	중견기업	3,846

자료: 중소기업중앙회

미 시작됐다. 게임을 즐길 준비가 된 자, 페이지를 과감하게 넘겨라!

지금부터 현장에서 15년 이상 4,000여 명을 만난 생생한 사례와 구체적인 컨설팅 내용을 소개할 것이다. 지나치게 욕심을 내서 소개하는 내용을 한꺼번에, 혹은 짧은 기간에 소화하려고 하지 마라. 단 하나라도 좋으니 '실행하는 것'이 그 무엇보다 중요하다.

실행을 잘 하려면 계획과 목표가 구체적이고 분명해야 한다. 목표와 계획이 모호하면 많은 시간을 낭비할 수밖에 없다. 개인의 퇴직 이후 경력목표와 구체적인 계획을 세우는 데는 전문가의 지원이 있다면 훨씬 수월하다. Part 2부터는 실제 퇴직을 앞둔 퇴직예정자를 위한 커리어 컨설팅 사례를 제공한다. 실제 현장에서 이뤄지는 내용을 그대로 소개하기 때문에 하나씩 차근차근 실천해보면 실질적인 도움이 될 것이다. 지금부터가 시작이다!

나는 당당하게

다시 출근한다

커리어

컨설팅,

혼자서도 가능하다

포천 500대Fortune global 500 기업들 중 상당수 조직들은 퇴직자에 대한 배려를 할 뿐 아니라, 퇴직 교육 및 전직지원 컨설팅을 필수적으로 제공한다. 이러한 배려는 나가는 사람에게 심리적 안정을 제공하고 새로운 경력전환의 기회를 증진시킨다. 또한 이는 향후 조직에 좋은 인재가 몰리게 만들 뿐 아니라, 남아 있는 직원들의 조직 몰입을 증대시킨다는 것이 학술적으로 입증됐다.

우리나라에 이러한 전직지원 프로그램이나 퇴직교육 및 컨설팅이 더 필요하다고 강조하고 싶다. 대기업에게만 필요한 것이 아니다. 그 이유를 구체적으로 살펴보면 다음과 같다.

인적자본human capital*이란 조직에서 문제를 해결할 수 있는 개인의 능력ability과 역량competency의 합이다. 즉 조직 구성원들의 개인별 능력, 지식, 기술, 경험 등이 인적자본에 포함된다.

인적자본은 생태계eco-system of the human capital supply chain 측면에서도 살펴 볼 수 있다. 연어는 강가에서 태어나, 어느 정도 자라면 태평양으로 나가서 성어로 지내다가 산란 때가 되면 자기 고향인 강으로 돌아와 알을 낳은 후 일생을 마친다. 인적자본도 중소·중견기업에서 시작해 태평양과 같은 대기업으로 나가 중역을 마치고, 다시 중소·

● ● ●

---

* 1950년대 말부터 미국의 슐츠Schults 및 베커Becker 등에 의해 처음으로 도입된 개념이다. 기술이나 지식이 체화된 노동력은 비숙련노동력에 비해 생산성이 높아 자본의 성격이 있으므로 인적자본이라 한다.

중견기업으로 환류해 경험이나 노하우를 전수하는 식의 순환 고리를 가진 생태계가 활성화돼야 한다.

이렇게 인적자본 생태계를 베이비붐 세대의 인력 재활용, 즉 전직지원 프로그램과 연결하면 기업과 직원 모두가 윈-윈win-win하는 상생협력 모델이 될 수 있다. 그러므로 정부 차원에서도 인적자원을 수용할 만한 중견기업을 많이 발굴해 연계시켜주는 정책이 모색돼야 한다.

바로 이런 측면에서 Part 2에서는 현장에서 실제 퇴직자를 앞에 두고, 커리어를 컨설팅하는 방식으로 구성돼 있다. 마치 전직지원 프로그램에 참여했다고 생각하고 내용을 따라가보라. 중간 중간 소개되는 진단지나 워크시트도 직접 작성해보자! 컨설팅 단계별로 제시돼 있으나 관심 분야를 우선 살펴봐도 좋다.

컨설팅의 목적은 어떤 결과물을 손에 쥐는 것이다. 그러기 위해서는 스스로를 컨설팅해봐야 한다. 답답한 마음만 토로하는 대신 직접 대비책을 세우기 위한 과정이다. 쓰나미는 미리 알고 대비하면 피해를 최소화할 수 있다. 대비와 예방책이 최선이다.

물론 쉬운 과정은 아닐 것이다. 첫 직장을 잡을 때처럼 가슴 뛰는 일도 아닐 것이 분명하다. 그러나 막상 시작하면 곧 열정이 살아날 것이다.

CHAPTER 01

나를 진단하라

　새로운 일을 찾고 싶다면 가장 먼저 무엇을 해야 할까? 아무런 대비책이 없다면 퇴직해선 안 된다. 그러나 이미 늦었다고 낙심하지 마라. 다만 시간적 여유가 없는 만큼, 좀 더 긴장한 상태로 컨설팅 프로세스를 따라가면 된다.

　현장에 뛰어 들기 전, 우선 철저하게 자신에 대한 분석을 해봐야 한다. 사실 첫 직장은 자신이 선택하기보다는 어떻게 하다 보니 입사해서, 처자식 먹여 살리고 집 장만 하느라 눌러앉게 되는 곳이 대부분이다. 문제는 '인생 2막은 어떤 인생의 목표를 그릴 것인가'다. 퇴직 이후 새로운 일을 한다면 자신의 일에 어떤 의미를 부여하고 싶은가? 구체적으로 어떤 일을 할 것인가? 나는 어떤 일이 적성에 맞고, 어떤 일을 할 때 행복할까? 특히 어렸을 적에 꿨던 꿈은 무엇이었는가?

현재의 거추장스럽고 무거운 옷을 벗자. 이제 눈치 보지 말고, 진정 내가 하고 싶은 일을 찾아보자!

내 발자취, 경력을 리뷰하라

인생 2막을 그리기 위해서 퇴직 이전에 체계적인 진단assessment과 분석이 선행돼야 한다는 것은 누구나 쉽게 이해할 수 있을 것이다. 그러나 막상 현장에서는 이를 진행하기 매우 힘들다.

퇴직을 앞둔 베이비붐 세대를 위해 일대일로 진단 컨설팅을 하고 개인별로 퇴직 이후 구체적인 그림road map을 그려달라는 제안을 받았던 적이 있다. 문제는 비용과 시간이었다. 그래서 30명 내외의 집단 워크샵 형태로 진단과 컨설팅을 하는 대신 개인별 분석은 워크샵 이후 개인별로 제공하는 것으로 설계했다.

그러나 워크샵은 "평생 시험 치르느라 힘들었는데 또 시험이냐?", "진단 항목이 왜 이리 많나? 우린 이미 뻔히 정해진 사람들이다", "재취업은 힘드니, 창업을 위한 실질적인 답을 달라!", "이론 따위는 필요 없다! 창업에 성공한 사람 당장 불러 달라", "우리를 분석해서 교수님 논문 쓰려는 거 아니냐?" 등 교육생들로부터 강하게 저항을 받았고, 평가도 당연히 만족스럽지 못했다.

그 막강한 저항을 온몸으로 받으며 개인별 진단 분석에 들어갔다. 개인별 진단 결과, 전반적으로 경력 및 경력목표 설정과 관련된 자존감인 구직효능감career related self-efficacy과 노동시장에서 요구하는 핵심역량competency이 낮았다. 이와 같은 내용의 개인별 진단 분석 보고서는 불편한 내용이 많았음에도 불구하고 자신을 객관적으로 돌아볼 수 있다는 점 덕분에 강의 만족도를 다시 끌어올렸다.

인생 2막에 대한 그림을 그리는 일은 그리 쉬운 작업이 아니다. 남들의 성공률이 높다고 해서 당장 도전할 수 있는 일도 아니다. 또한 어제의 시장 상황과 지금의 시장 상황이 다르다. 과거에 오랜 기간 동안 준비했다 하더라도 퇴직 이후 시장 상황에 잘 부합하지 않는다면 누구도 성공을 장담하지 못한다.

인생 2막은 마라톤을 뛰는 것과 같다. 인생 1막처럼 무턱대고 뛰었다가는 얼마 가지 못해서 이내 기권하게 될 것이다. 너무 무리하면 쓰러져 구급차에 몸을 의지할 수밖에 없다. 그렇기 때문에 완주를 하려면 철저한 준비가 필요하다. 처음에는 '10킬로미터에 도전'과 같이 일단 목표를 정한다. 다음으로 할 일은 자신의 상태를 점검하는 것이다. 그래야 자신의 부족한 점을 보완하기 위한 구체적인 계획을 세울 수 있다. 그리고 이에 맞춰 훈련 계획을 짜고 연습에 들어가야 한다.

이처럼 현재 목표가 모호한 상태라면, 자신에 대한 치밀한 진단과 분석이 선행돼야 한다. 퇴직 전에 반드시 자신을 진단하라! 스스로가 자신을 제일 잘 알고 있다고 주장하지만, 막상 일대일로 퇴직자를 만나보면 대부분의 경우 제2의 경력목표가 모호하고 구체적이지 못하다. 불편한 진실은 이내 드러난다.

결론부터 미리 이야기하자면 진단 과정은 부담스럽다. 자신을 객관적으로 바라봐야만 하기 때문이다. '퇴직 이후의 나'를 상상하면 안 된다. 지금 현재 기준에서 자신을 편안하게 진단해봐라. 지금부터 시작해보자.

커리어 컨설팅 프로세스에서 자기진단은 단연 첫 번째 단계이다. 이후 2단계에서는 자기 주변을 둘러싼 환경에 대해 분석하며, 3단계에서는 생애 전체의 관점으로 장기적인 경력목표를 설정한다. 4단계에서는 퇴직 이후 제2의 경력목표를 설정하며, 5단계에서는 구체적인 타깃팅targeting을 해야 한다. 6단계에서야 비로소 실행이다. 마지막 7단계에서는 실행에 대한 평가 및 분석을 하게 된다.

이 개념을 진단, 준비, 실행의 3단계로 간략히 재정리하면 이해가 보다 쉬워질 것이다. 즉, 자신에 대한 진단을 통해 구체적인 준비를 한 후, 실행에 옮기는 과정이다.

커리어 컨설팅 프로세스 7단계	→	핵심 3단계
1단계	자기진단	
2단계	환경에 대한 이해	
3단계	장기적인 경력목표 설정	
4단계	제2의 경력목표 설정	실행
5단계	타깃팅	준비
6단계	실행	진단
7단계	평가 및 분석, 피드백	

잃어버린 나의 꿈을 찾아서

'나는 누구인가?'를 알기 위한 자기진단 과정은 총 5단계로 구성된다. 1단계는 일과 삶, 그리고 꿈에 관한 이야기로, '당신은 다시 태어난다면 지금까지 해왔던 일을 다시 하겠는가?'라는 질문으로부터 출발한다. 많은 분들이 "지금까지 해왔던 일을 다시 하고 싶지 않다"라고 대답한다. 강의 사전과제로 자신의 어릴 적 꿈이 무엇이었는지 생각해보라고 하면, "어릴 적 꿈은 지금 하고 있는 일과는 많이 달랐다"는 말을 덧붙이는 경우가 많다. 여기서 우리는 한 가지 시사점을 얻을 수 있다. 인생 2막은 지금까지 해왔던 일의 개념과는 다르게 내가 꿈꾸는 일, 즉 자기 자신이 좋아하고 행복해지는 일이 무엇인지 찾는 것이 첫 출발이다.

그렇다면 어떻게 잃어버렸던 꿈을 찾으면서도 이를 자신의 경력과 연계할 수 있을까? 앞에서 살펴봤던 것처럼 퇴직자들이 일하기를 희망하는 가장 큰 이유는 일하는 즐거움을 느낄 수 있는 동시에 생활비에도 보탬이 되기 때문이다.

실제로 2012년 OECD 자료에 따르면 우리나라는 퇴직 이후에 일을 가장 많이 하는 나라로 나타났다. 역설적으로 해석하면 그만큼 노후 준비가 제대로 되지 못했음을 알려주는 지표이다. 그러나 최근 조사에 따르면 대다수 퇴직자들이 원래 경력과는 전혀 다른 분야로 진출한다고 한다. 즉, 자신의 경력을 잘 살리지 못하는 것이다.

어찌됐든 일은 해야 하는데 퇴직 이후에 대한 준비가 부족하다 보니, 자신의 경력도 제대로 살리지 못하는 것이다. 그래서 재취업을 해도 적응을 못해 다시 퇴사하는 경우도 많다.

 퇴직 이후에도 일해야 할까?

최근에는 경력 및 퇴직관리에 대한 관심이 높아지다 보니, 30~40대 초부터 미리 퇴직 이후를 준비하도록 돕는 기업이나 조직이 있다. 그러나 여기도 문제가 하나 있다. 정작 교육을 듣는 사람들은

하나같이 "왜 퇴직 이후에 일을 해야 하나요?"라고 불만을 터트린
다는 것이다. 또 그들은 "나는 부모 세대처럼 자식에게 투자하는
바보 같은 짓은 하지 않을 건데 경력에 대해 무슨 고민을 해야 하
나요?"라고 이야기한다. 부모로부터 받아놓고 정작 자신들은 자
식에게 투자하지 않겠다는 것이다. 그들은 개인연금 등 자산관리
를 통해 노후준비를 튼튼히 하고 있다고 주장한다.

독자들은 어떻게 생각하는가? 강의 시간에 간단히 시뮬레이션을
해봤다. 특히 자산관리 부분에 초점을 둬 계산해보자, 이론적으로는
그럭저럭 괜찮아 보였다. 그러나 차마 현장에서 이야기 못한 부분이
있다. 다름 아닌 '그들이 그 조직에서 정년을 다 채우고 퇴직을 맞이
할 수 있는가'의 문제다. 평생직장 시대는 이제 막을 내렸다. 공무원
이나 공사도 예외는 아니다.

공무원도 안심할 수 없다

평가위원을 맡아 신용회복위원회에 방문할 기회가 있었다. 당시
평가에 필요한 각종 서류들 중 눈에 띄는 책자가 있었다. 바로 신

용회복위원회 수기집이었다. 대상을 수상한 사례를 다 읽고 나니 눈시울이 뜨거워졌다. 신용불량자들에 대한 편견이 완전히 사라져버린 날이었다.

사례 주인공은 중년 공무원으로, 아버지가 갑자기 병으로 쓰러지자 병원입원비, 수술비를 견디다 못해 일명 '카드깡'을 했고, 이래저래 빚이 눈 더미처럼 커져버렸다는 내용이었다. 급기야 집도 팔게 되며, 생활이 점점 어려워졌다. 부인과 아이들은 생활고에 지쳐갔다. 그러다 우연한 기회에 신용회복위원회를 알게 됐고 낮에는 식당 아르바이트, 밤에는 대리 운전 등 닥치는 대로 일을 해 빚을 차츰 갚아가고 있으며, 지금 이 시간에도 가족 모두가 힘을 모아 상황을 극복하기 위해 노력 중이라고 했다.

평생 정년이 보장되는 공무원도 하루아침에 신용불량자가 될 수 있다.

동시에 경력의 개념에도 변화가 일어났다. 우선 경력career의 개념과 변화양상을 구체적으로 알아보자. 경력이란 일생에 걸친, 개인의 일과 관련된 경험들이다. 특히 현장에서 경력개발 및 관리에 대해 다음과 같은 점을 우선적으로 고려하라고 강조한다.

첫째, 평소 경력관리 및 개발에 관심을 갖는 것이 매우 중요하다. 과거의 기업은 입사부터 퇴직까지 개인의 경력을 책임지고 관리해줬지만, 지금의 기업은 개인이 성과를 잘 낼 수 있도록 지원한다. 따라서 경력에 대한 책임은 개인, 즉 본인이라는 점을 명심해야 한다.

둘째, 성공적으로 인생 2막을 열고 싶다면 회사에 다니고 있을 때부터 고민해야 한다. 전 생애적인 측면에서 보면 퇴직도 경력관리 범주 안에 포함된다. 자신의 경력 후반부를 어떻게 꾸려나가느냐에 따라 인생 2막의 출발선도 달라진다.

셋째, 성공적인 경력관리 및 개발 프로세스가 존재한다는 사실을 잊지 말자. 프로세스 과정을 이해하고, 실행해보는 것이 중요하다. 앞서 언급한 진단, 준비, 실행의 과정을 생각만 하지 말고 현실에서, 그리고 실무에서 적용해봐야 한다.

넷째, 전통적인 직업 및 직장의 개념에서 탈피해야 한다. 《코끼리와 벼룩》의 저자인 찰스 핸디Charles Handy는 20세기 고용문화의 큰 기둥이었던 대기업을 '코끼리', 코끼리들의 세계에서 벗어나 혼자의 힘으로 살아가는 프리랜서들을 '벼룩'으로 표현했다. '벼룩'으로서 사는 삶도 있다는 사실을 깨닫고, 평생직장의 개념에서 빨리 벗어나는 것이 인생 2막을 성공적으로 여는 지름길이다.

제2의 경력목표 설정을 위한 진단

본격적으로 경력목표를 설정하고, 구체화해보자. 이를 효과적으로 수행하기 위해서는 앞에서도 계속해서 강조했듯 진단이 필수적이다. 우리는 열이 나고 아프면 병원을 찾는다. 게다가 몸이 평상시와 다르게 느껴진다면 전문가를 만나 좀 더 종합적인 분석을 의뢰한다. 자기진단도 이와 유사하다.

지금부터 나오는 내용은 전문 컨설턴트 없이도 스스로 자신을 진단할 수 있도록 도와줄 것이다. 중요한 것은 눈으로만, 머리로만 보지 말고 직접 펜을 들고 해봐야 한다는 사실이다. 진단의 목적과 기대 효과를 보면, 왜 그리 강하게 권유하는지 이해가 될 것이다.

첫째, 퇴직 후 제2의 경력목표를 명확히 설정할 수 있다.

둘째, 구체적인 경력계획을 세울 수 있다.

셋째, 객관적인 분석을 통해 제2의 경력목표에 대한 성공률을 증진시킬 수 있다. 자신을 객관적으로 파악해야 재취업에 성공할 수 있다.

넷째, 자신에 대한 이해는 퇴직 이후 불안한 상황에서도 자신을 견고하게 만들어준다.

한 가지 주의할 점이 있다. 진단은 어디까지나 참고만 해야 한다는 것이다. 진단은 여러 가지 도구tool를 활용하는데, 그것이 만병통치약은 아니다.

전직지원 컨설팅이란?

전문적인 전직지원 컨설팅 프로세스는 크게 퇴직 이후 경력목표가 재취업인 경우와 창업인 경우로 구분되며, 제공되는 서비스 형태는 일대일 컨설팅과 집단 워크숍 형태로 나뉜다. 세부 진행 내용에는 다소 차이가 있을 수 있기 때문에 골자만 참고해보라.

앞서 나왔던 컨설팅 프로세스 핵심 3단계 중 진단 부분을 다시 눈여겨보자. 이 단계가 제대로 진행돼야 '준비' 및 '실행' 단계로 자연스럽게 넘어갈 수 있다. 또한 창업을 준비하는 이들 역시 창업 적성이나 사업자로서의 성향, 역량 등을 확인할 수 있다.

진단의 궁극적인 목적은 경력목표 설정에 있다. 따라서 자기탐색과 환경탐색이라는 상호보완적인 두 요소를 모두 고려해 1차적인 진단을 하고 이를 바탕으로 장기적 및 단기적 경력목표 설정을 구체화하게 된다.

이처럼 진단은 자신에 대한 탐색뿐만 아니라 개인을 둘러싼 환

전직지원 컨설팅 프로세스			
	재취업 컨설팅 프로세스	창업 컨설팅 프로세스	
고객의 니즈 파악 및 안내	- 전직지원센터 운영 안내 - 실업급여 등 정부지원제도 안내 - 컨설팅 프로세스 이해	- 전반적인 컨설팅 프로세스 - 자격증, 직업훈련 상담 - 정서적 지원	
자기진단 및 경력목표 설정	- 변화관리 - 라이프 플래닝 - 진단 - 경력목표 설정	창업 전 사업자 적성진단	- 자신의 주변상황 점검 파악 - 사업적성검사, 창업아이템 적성검사 - 창업자금 지원
		아이템 선정	- 기초자료 수집, 타당성 분석 - 아이템 확정/창업자금 보완 - 관련아이템 벤치마킹

재취업
준비
및
실행
	- 사회적응훈련
	
	- 효과적인 정보 수집
	• 직업 트렌드
	• 네트워킹
	
	- 잡서치
	
	- 구직서류 작성
	• 이력서 및 자기소개서 작성
	
	- 재취업 마케팅
		아이템
		확정,
		시장 조사
			- 투자비 대비 수익성을 분석,
			  선택
			- 장·단점 파악 및 결정
			- 체크포인트 활용
			- 사업계획서 작성
			- 사업계획서 확인 및 타당성
			  분석

		운영 형태 (자영점, 체인점) 결정, 사업 계획서 작성	- 현장교육을 받을 업체 체크 및 확정 - 현장업주와의 면담 후 확정 - 현장교육 - 운영 및 사업 요령 체크

		상권 분석	- 확정된 아이템과 후보상권의
			  적합성 판단
			- 입지조사결과를 바탕으로 예
			  상입지 선정
			- 가능상권 선정

		현장교육 실시	- 경쟁력 분석이 완료된 입지 내에서 선정 - 기초서류 조사 및 점포조사 필수 - 점포임대차 계약서 작성 - 사업자등록신청 및 확정일자 확인
- 면접 • 면접 요령 및 시뮬레이션 • 면접 성공 및 실패 요인 분석 - 퇴직자 홍보 • 업체 고객홍보 · 주기적인 자기개발 프로그램 · 경력전환 준비를 위한 워크샵 · 고객의 니즈에 따른 워크샵		상권 확정 인테리어	- 다양한 인테리어 업체 사전 조사 - 인테리어 공정/간판공정 체크
		점포 선정 및 확정, 계약, 사업자 등록	- 사업자 등록 - 개업 홍보 전단지 제작
사후관리			

자료: ㈜커리어파트너

경을 탐색하는 과정 모두를 포함한다. 자기탐색 과정에는 적성이나 흥미, 성향, 추구하는 가치관, 보유하고 있는 지식이나 기술 능력, 그리고 자신의 라이프 스타일까지 포함된다. 또한 환경탐색 과정에는 구체적인 직업, 직무, 조직 등에 관한 내용들이 주로 고려된다.

이제 본격적으로 '나는 누구인지' 파헤쳐보자. 모두 실제 컨설팅 현장에서 진행되는 진단 과정이다.

1. 나는 누구인가?

한 퇴직자가 있다. 그는 급작스럽게 퇴직을 맞기는 했지만 시간이

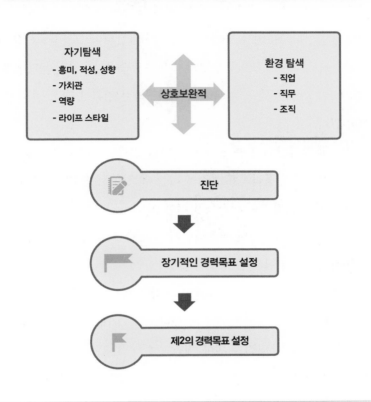

흘러 이제 어느 정도 자신의 현 상황을 직시할 수 있는 상태다. 그때 퇴직자에게 다음과 같은 질문을 던져본다. "이제부터 본격적으로 경력전환을 고려해야 하는데 당신은 무엇이 필요하다고 생각하는가?

그리고 그때 가장 먼저 고려하고 실행해야 하는 우선순위는 무엇이라고 생각하는가?" 이런 질문을 던지면 그들은 한숨을 길게 내쉬며 이렇게 답한다. "준비를 못해서 답답하기만 합니다. 또 제가 진정 잘할 수 있는 부분이 도대체 무엇인지 모르겠습니다." 이런 문제의 실마리를 풀기 위해서는 "나는 누구인가?"라는 질문에 답을 할 수 있어야 한다.

이때 과학적인 도구를 활용한 다양한 진단을 실시하게 된다. 사실 진단은 제2의 경력목표 설정을 하는 데 있어서 참고자료에 더 가깝다. 때문에 급작스런 퇴직을 맞이한 이들은 진단 과정은 중요하지 않다고 생각하며 과감히 생략해버리고, 대충 써내려간 이력서를 들고 무작정 지원부터 하는 경우가 많다.

사실 현장에서도 이토록 중요한 과정을 생략하거나 재미 위주로 잠깐 맛만 보고 넘어가는 경우가 대다수다. 그래서 결론은 하나다. 진단은 가능한 한 퇴직 이전에 해봐야 한다. 마음의 여유를 충분히 갖고 출발해야 의미 있는 결과물이 도출되기 때문이다. 무엇보다 중요한 점은 진단 자체보다는 해석에 있다. 즉 진단 이후 피드백이 훨씬 중요하다.

제2의 경력목표 설정을 위해서 흔히 '성향 및 적성', '행동유형', '직업가치관', '역량진단' 등을 활용한다. 이때 전문 컨설팅을 받지 않더라도 각각의 진단 과정과 내용들을 숙지하고, 부분적으로 제시되는 워크시트worksheet를 활용하면 도움이 될 것이다. 마지막으로 당부하고 싶은 점은 워크시트를 직접 작성해봐야 실질적인 도움이 된다는 것이다.

　대체적으로 우리나라 중장년 구직자들은 진단 과정을 꺼려한다. 그러나 힘들고 어렵다고 이 과정을 생략한다면 인생 2막도 '진정 자신이 원하는 일'이 아닌 남한테 보여주기 위한 일을 하게 될 가능성이 높아진다. 그러니 자신을 드러내는 것에 두려워하지 말고 조금씩 꺼내보자. 언제까지 남들 시선을 의식하면서 살 것인가?

2. 장·단기 경력목표 1차 설정해보기

　본격적인 진단 과정에 들어가기 전에 우선 1차 그림을 먼저 그려보자. 막연하게 생각되는 내용을 일단 펜을 들어 직접 적어보는 과정이다. 참고로 이 과정에서 작성한 워크시트는 진단 과정이 모두 종료된 후에 구체적인 경력목표를 설정한 후, 다시 한 번 꺼내 비교할 예정이다. 우선 현재 생각하고 있는 전 생애적 관점에서의 장기적인 경력목표를 작성한다. 그리고 퇴직 이후 단기적인 경력목표, 즉 퇴직 이후 제2의 경력목표도 작성해봐라.

1. 장기적인 경력목표 설정

'장기적인 경력목표'란 개인의 마음속에 그리고 있는 일과 관련된 미래의 이상적인 자신의 모습을 의미한다.

- 나의 미래의 모습은 "_____" 이다.
- 나의 장기적인 경력목표는 "_____" 이다.
- 내가 인생에서 궁극적으로 추구하고자 하는 목표는 "_____" 이다.

2. 단기적인 경력목표 설정

'단기적인 경력목표'란 퇴직 이후 약 3~5년 동안 경력전환을 위해 자신이 할 수 있는 경력목표를 의미한다. 장기적인 경력목표를 달성하기 위한 하나의 과정이라 할 수 있으므로 장기적인 경력목표에 연계해 가까운 미래의 모습을 그려보라.

- 나는 ____에서의 경험을 기반으로, _____업체에 재취업할 것이다.
- _____을 통해 퇴직 후 _____ 분야에서 특히 일해보고 싶다.
- 장기적인 경력목표 달성을 위해 나는 3~5년간 _____을 하고 싶다.

3. 진단의 목적 및 프로세스에 대해 이해하기

지금부터 적성 및 성향, 직업가치관, 역량에 초점을 둬 각각 대표적인 진단 도구를 활용해 볼 것이다. 각각의 대표적인 진단을 간략히 정리하면 다음과 같다. 정리된 내용만 보면 간단하게 느껴질 수

도 있겠지만 실제로는 과정이 아주 복잡하며, 많은 시간이 투입되기
도 한다.

진단은 그 과정보다는 결과에 따른 피드백 내용이 더 중요하다.
따라서 진단 과정의 내용을 살펴보기 전에 진단결과 및 피드백 내용
부터 먼저 체크해보자. 다음은 실제 개인별 진단 분석 및 피드백 보
고서 샘플이다.

❗ 개인별 진단 결과 개요 샘플

1. 나에 대한 이해
- 개인별 경력 리뷰
- 인생 스케치: 나는 누구인가?
- 인생그래프
- 버킷리스트
- 인생의 목표
- 전 생애적 관점의 장기적인 경력목표 도출
결과물 1. 전 생애적 관점의 장기적인 경력목표 설정

2. 경력목표 설정을 위한 진단
- 제2의 경력목표 설정을 위한 진단 실시

- 적성·성향 진단

- 직업가치관 진단

- 핵심역량 및 성취업적 도출

• 진단 종합을 통한 장기적인 경력목표 수정

결과물 2. 진단을 통한 장기적인 경력목표 구체화

3. 경력 & 역량

• 경력목표 설정을 위한 진단

• 역량진단

결과물 3. 경력 & 역량 매트릭스를 통한 유형 도출

4. 고용경쟁력employability **강화**

• 자신의 고용경쟁력 확인

- 역량과 경력목표의 관계를 통한 유형

- 유형별 경력관리 및 개발 포인트 도출

결과물 4. 유형에 따른 경력관리 및 개발 피드백

5. 진단 종합 및 일대일 컨설팅 피드백

• 장기적인 경력목표 구체화 및 명확화

• 퇴직 이후 단기적인 경력목표 설정

- 경력계획career planning 수립
- 전문가 진단 및 피드백

결과물 5. 퇴직 이후 단기적 경력목표 수립 및 경력계획 도출

아마도 진단 및 피드백으로 제공되는 내용이 생각보다 많다고 느껴질 것이다. 컨설턴트는 진단 과정을 통해 퇴직자, 즉 개인을 분석하고 피드백을 제공함으로써 경력목표를 설정하고 구체적인 재취업 전략을 수립하는 데 실질적 도움을 주는 것은 물론, 궁극적으로는 전체 구직 기간을 단축시킨다.

실제 현장에서는 위와 같이 개인별 진단 및 분석 이외에 비슷한 유형끼리 분류해 보다 효율적인 컨설팅 전략을 세우기도 한다. 이를 위해서 추가적인 진단을 통해 퇴직자들을 개인별 '경력목표 구체성'과 '고용경쟁력 및 역량'의 두 축을 기반으로 네 가지 유형으로 구분한다. 각각의 유형을 구체적으로 살펴보면 다음과 같은 성향을 가지고 있다.

예를 들어 경력목표가 모호하고 고용경쟁력 측면에서 역량이 상대적으로 낮은 경우 '현실안주형'이라고 할 수 있다. 경력목표는 구체적이고 어느 정도 명확한 편인데 고용경쟁력 측면은 다소 낮은 경

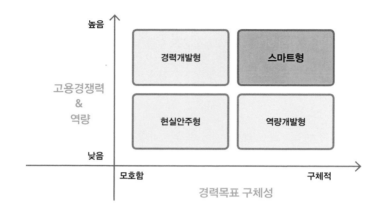

경력&역량 매트릭스

고용경쟁력 & 역량 (높음 / 낮음)

경력개발형 | 스마트형
현실안주형 | 역량개발형

경력목표 구체성 (모호함 / 구체적)

우는 '역량개발형'이다. 이와는 정반대로 경력목표는 모호한 것에 비해 상대적으로 고용경쟁력 측면은 높은 경우 '경력개발형'으로 정의한다. 마지막으로 '스마트형'은 경력목표도 구체적이며 명확하고, 고용경쟁력 측면도 어느 정도 두루 갖춘 경우를 의미한다.

각각의 제시된 유형 중 독자는 어느 유형에 속하는가? 향후 제시되는 진단을 통해서도 좀 더 구체화할 수 있겠지만 분명한 건 모두 '스마트형'으로 이동해야만 한다는 사실이다.

❗ 경력목표와 역량에 따른 네 가지 유형

• 경력개발형

현재 역량은 전반적으로 두루 갖추고 있으나, 경력목표가 모호하다. 따라서 앞으로 제시하는 체계적인 진단과정을 통해 경력목표 구체화 및 명확화에 초점을 두고 진행해야 한다. 경력목표는 단시간 내에 도출되지 않으니, 자신을 둘러싼 인맥 및 네트워킹 등을 통해 관련 정보를 적극적으로 수집하고 가급적 실제 현장을 확인해보는 것이 중요하다.

• 역량개발형

현재 경력목표는 뚜렷하지만 역량은 상대적으로 부족하다. 노동시장에서 요구하는 역량을 개발하는 과정이 우선적으로 필요하다. 따라서 시장에서 직무에 관계없이 공통적으로 요구하는 핵심역량과 해당 직무에서 요구하는 핵심역량을 파악 및 개발해야 한다. 또한 자신의 강점 역량을 조기에 파악해 이를 경력전환에 적극 활용하는 것이 중요하다.

• 현실안주형

현재 경력목표가 모호하고, 노동시장에서 요구하는 역량도 부족한상태다. 무엇보다 자신의 강점을 빨리 파악해 자신의 경력목표를 구체화하는 노력이 요구된다. 객관적인 진단 도구를 다양하게 활용해 자신의 성향, 가치관, 역량 등을 두루 확인하고 무엇보다 자기성찰의 시간을 갖는 것이 필수적이다. 그리고 시장에서 직무에 관계없이 공통적으로 요구하는 역량을 먼저 개발하고, 다음으로 해당 직무에서 특별히 요구하는 핵심역량을 파악해야 한다.

• 스마트형

현재 경력목표도 명확하고, 노동시장에서 요구하는 역량개발도 충분히 준비된 상태다. 구체적인 실행계획을 수립하고 이를 실제로 실행해보는 것이 중요하다. 그리고 일과 관련된 성공 경험을 작게라도 꾸준히 쌓아가는 것이 중요하다.

자신의 유형을 확인했다면 이제부터 좀 더 객관적인 진단을 진행해보자.

4. 과학적인 도구를 활용한 객관적인 진단

지금부터는 수많은 진단 방법 중에서도 재취업과 관련된 핵심적인 부분을 한정해 살펴보고자 한다. 객관적인 도구를 활용한다면 경력목표를 설정하는 데 큰 도움이 된다.

● 적성·성향 진단: MBTI(성격유형진단)

MBTI는 심리학자 카를 융Carl Jung의 심리유형론을 바탕으로 마이어스Myers와 브릭Briggs 모녀가 연구개발한 진단 방법이다. 융은 인간에 따라 다른 각양각색의 성격을 어느 정도 비슷한 유형으로 구분할수 있을 것이라고 주장했고, 이에 브릭과 마이어스가 실증연구를 통해 진단 방법을 개발했다. MBTI는 자신의 성격유형을 확인하고, 타인이 왜 나와 다른지를 인식시켜 줌으로써 타인을 이해하는 데 도움이 된다. 따라서 우리나라에서는 진로 선택, 직업 진단, 리더십 진단등 다양한 분야에서 활용된다.

성격유형을 진단하는 도구는 MBTI 외에도 많다. 그럼에도 불구하고 MBTI를 소개하는 이유는 명확하다. 전 세계적으로 가장 널리활용되며, 또한 쉽게 이해할 수 있기 때문이다. 실제로 현장의 중장년 구직자들 역시 MBTI 검사에 흥미를 느끼며 재미있어한다.

MBTI 진단의 목적은 선천적으로 타고난 특성을 알아보는 것이다. 그래서 진단에 앞서 반드시 오리엔테이션이 필요하다. 처음MBTI 교육을 받으러 갔을 때, 강사 분은 진단에 앞서 펜을 들고는먼저 자신의 이름을 오른손으로 써보라고 했다. 그리고는 다시 왼손으로 똑같이 해보라고 말했다. 그 다음 청중을 향해 질문을 던졌다.

"어떤 손으로 이름을 쓸 때가 더 편한가요?" 필자는 오른손잡이라 당연히 오른손으로 글을 쓰는 것이 편했다. 이처럼 MBTI는 각각의 문항에 대해 맞고 틀린 답이 없으니 진단문항을 읽고 자신이 느끼기에 좀 더 편한 쪽을 선택하는 것이 바람직하다고 설명한다.

그래서 교수, 변호사, 의사 등의 직업군이 진단하기에 가장 어렵다. 이들의 직업군에는 사회에서 요구하는 성향 및 성격이 어느 정도 규명돼 있어 진단 문항에 자신의 기질적인 특성보다는 해당 직업군과 사회가 요구하는 내용을 중심으로 선택하기 때문이다.

성격유형 진단을 해보면 현장에서 들리는 퇴직자들의 목소리는 한결같다. "교수님, 이 나이에 제 성격과 성향에 맞는 직업을 주장했다가는 갈 곳이 아무데도 없는 거 아닙니까?", "사회가 요구하는 대로 오랜 기간 맞추며 살았는데, 그대로 살아가는 게 더 편하지 않을까요?", "진단을 받으니 제 성향과 성격에 어울리는 일을 해야 한다 느껴지는데 그렇게 접근하는 게 맞나요?" 사실 질문들에 정답은 없다. 결론적으로는 참고만 해야 한다.

사실 MBTI는 타인의 대인관계 및 리더십 유형을 파악하는 데 더 큰 도움이 된다. 또 자신이 타인과 서로 다름을 이해하면 경력과 관련된 자신의 성격도 이해하기 쉽다. 이렇게 경력개발 및 관리 측면에서 MBTI를 측정함으로써 자신의 성격 유형을 파악하고 평가해, 보유하고 있는 강점과 약점을 추출할 수 있다.

마지막으로 적성 및 성향과 관련해 경력에 초점을 맞춰 시사점을 도출해보자. 사실 이 부분이 제일 중요하다. 그리고 자신의 경력관리에 어떻게 활용할 것인지에 초점을 맞춰보라.

자신의 성격 및 성향에 잘 부합하는 일이 무엇인지 냉정하게 고민해보라. 과거에는 자신이 원하든 원치 않든 발령이 나면 주어진 직무를 수행해야만 했다. 그러나 인생 2막은 이왕이면 자신의 성격과 적성, 성향에도 잘 부합할 수 있는 일을 찾는 것이 중요하다. 문제는 나의 성격과 성향이 어떤지도 잘 모르는 상태에서 급하게 노동시장에 뛰어드는 경우다. 그랬다가는 실패 확률이 높다.

중장년 구직자의 경우 자신의 적성과 성향에 대해서는 본인 스스로가 잘 알고 있다. 문제는 이를 드러내놓고 객관적으로 바라볼 수 있어야 한다는 것이다. 자신의 강점만 생각하지 말고 약점도 냉정하게 인정할 수 있어야 한다. 그리고 궁극적으로 미래에 중소·중견기업 조직에 공헌할 수 있는 부분, 대인관계나 리더십 스타일, 선호하는 작업 환경을 좀 더 냉정하게 따져봐야 한다. 좀 더 자신에게 솔직하게 자문해보라.

인생 후반에 보람 있는 일자리를 찾고, 행복한 인생을 열기 위한 첫 출발인 셈이다.

적성·성향을 자신이 스스로 평가해봐라. 이미 수년간의 경험을 통해 자신이 평소 상사로부터 혹은 동료나 후배로부터 피드백 받았던 내용을 참고로 기술해봐라.

• 적성·성향 평가는?

• 아래 각각의 항목에 대한 특징들을 기술하시오.

- 조직에 대한 공헌:
- 대인관계 및 리더십 스타일:
- 선호하는 작업환경·직업유형:

• 자신의 강점과 약점을 각각 기술하시오.

- 강점:
- 약점:

• 개발 포인트와 관련 지식, 기술, 역할 행동에 대한 내용을 서술하시오.

- 향후 개발할 점 :
- 관련 지식, 기술, 역할 행동:

직업가치관의 여덟 가지 유형

유형	해석
전문성 technical· functional 추구형	전문적 기술·기능 중심적인 사람들은 대부분의 경력이 기술/기능 업무에서 비롯되고, 전문성의 개발과 연관돼 있다. 일부 사람에게는 조직의 높은 자리는 절차일 뿐이다. 이 분야의 성향을 가진 사람은 자신의 전문성으로 경력의 방향을 전개하는 데 내적 만족을 느낀다.
리더십 Managerial competence 추구형	리더십을 추구하는 사람들은 경력을 쌓아감에 따라 총괄 관리자가 되고 싶어 한다. 경영 그 자체에 관심을 갖고, 중요 정책 결정에 책임지고, 자신들의 노력이 성공과 실패의 차이를 만들어내는 수준에 오르고 싶어 한다. 이 성향의 사람들에게 주요 가치관과 동기는 높은 책임감, 지도자로서의 기회, 조직의 성공에 대한 기여, 그리고 높은 임금을 받는 수직적 상승이다.
자율성· 독립성 autonomy· Independence 추구형	자율성과 독립성을 추구하는 사람들은 어느 회사에서나 볼 수 있는 규칙, 절차, 근무시간, 의복양식 그리고 규범들에 구속되는 것을 힘들어한다. 그들은 자신들의 방식, 속도 등에 맞게 일하고 싶은 강렬한 욕구를 가지고 있다. 따라서 그들은 보다 독립적인 경력을 선호한다.
안전· 안정성 Security· Stability 추구형	안전을 추구하는 사람들은 자신들의 경력을 조직적으로 관리하려는 강한 욕구를 가지고 있다. 그 결과로 미래의 일들이 예측 가능하며, 일이 잘 수행해 왔다는 사실을 즐기게 된다. 이 성향의 사람들에게는 안정성과 지속성이 모든 경력의 결정에 지배적인 역할을 한다. 그들은 오래 다닐 수 있고 좋은 퇴직계획과 복리후생이 있는, 그리고 튼튼하고 의지할 만한 회사에 근무하려 한다.
경제력 Entrepreneurial Creativity 추구형	경제력을 추구하는 사람들은 자신에게 사업을 직접 하고 싶은 강렬한 욕구가 있음을 일찍 발견하게 된다. 비록 그들 중 일부만 사업가가 되지만, 이 성향의 사람들을 창의력이 풍부한 연구가, 예술가, 시장분석가, 발명가로 혼돈해서는 안 된다. 이 성향의 사람들에게 창의적인 욕구라는 것은 새로운 회사, 상품, 서비스를 만들어 경제적으로 성공하는 것을 말한다. 그래서 돈을 번다는 것이 이들에게는 성공의 척도이다. 일단 사업이 시작되면 기존 직장을 그만두고 새 사업에 뛰어들 수 있는 적극성이 있다.
봉사·헌신 service· dedication to a Cause 추구형	봉사·헌신을 추구하는 사람들은 더 나은 세상을 만들려고 하는 열망에 기초해 직업을 택한다. 의약, 간호, 사회복지, 교직, 성직 등과 같이 타인을 돕고 지원하는 직업을 많이 선택한다.

도전 pure challenge 추구형	도전을 추구하는 사람들은 일이든 사람이든 모든 것을 정복할 수 있다는 인식하에 직업을 선정한다. 그들은 불가능한 일을 극복하고, 해결할 수 없는 문제를 해결하고, 강한 상대를 제압하는 것을 성공이라고 규정한다. 일을 하나하나씩 해결해 나아감에 따라, 그들은 갈수록 더 힘든 도전을 추구한다. 어떤 사람들은 보다 더 어려운 문제에 직면할 수 있는 직업을 선택한다.
삶의 질 life style 추구형	삶의 질을 추구하는 유형은 경력이 삶의 한 부분이라는 조건을 단다. 이것은 단지 직업과 개인적 삶의 균형을 이루고자 하는 것은 아니다. 개인, 가정 그리고 경력에 있어서 필요한 것들을 한데 묶을 수 있는 방법을 찾는 것이다. 이 성향의 사람들은 적합한 대안을 찾을 수 있는 상황이라면 회사를 위해 성심껏 일한다.

• 직업가치관 진단

직업가치관 진단에 대해 알기 위해서는 '경력 닻_{Career Anchor}'이란 개념부터 살펴봐야 한다. 경력 닻이란 에드가 샤인_{Edgar H. Shein} 박사에 의해 처음 만들어졌고, 이후 지속적인 표본 조사를 통해 일반적인 결과가 도출됐다. 그 결과 대부분의 경력성공자들은 자신의 경력 닻에 일치하게 경력개발을 했으며, 반대의 경우는 대부분이 외부환경에 의해 자신의 경력 닻을 지배당하고 있었다.

경력 닻은 개인의 직업에 관한 자기개념의 중심이 되는 재능, 동기, 가치를 합한 것이다. 샤인 박사는 MIT 대학의 동창생을 대상으로 한 연구를 통해 여덟 가지 경력 닻을 발견했다. 경력 닻은 여덟 가지 유형으로 구분되며, 각각의 유형별 해석을 통해 자신의 직업가치관 유형을 파악할 수 있다. 참고로 여덟 가지 유형은 우선순위가 없으며 동일선상에서 작용한다.

　그렇다면 직업 가치관을 파악할 수 있는 질문 리스트에는 어떤 것이 있을까? 이 진단은 혼자 하면 효율이 떨어지고 작성하기도 힘들다. 그래서 파트너와 함께 할 수 있으면 더욱 좋다. 파트너와 구체적으로 이야기를 나누다 보면 자신도 모르게 스스로 답을 찾게 될 것이다.

❗ 경력 인터뷰에 들어가기 전

자신의 이야기를 바닥까지 할 수 있는 파트너와 마주해라. 지금부터 당신의 과거, 현재, 미래의 일과 관련된 내용들에 대해 이야기를 시작할 것이다. 실제로 인터뷰를 한다고 가정하고 솔직히 해보라. 질문들에 대해 구체적으로 왜 그 선택을 하게 됐는지 각각의 내용에 대해 서로 의견을 교환하는 것이다. 인터뷰를 진행하면서 추가적으로 후속 질문을 해봐도 좋다.

　인터뷰 질문 리스트를 확인하고 자연스럽게 대화를 나눠보라. 파트너가 없다면 하는 수 없다. 스스로 질문을 던지고 그에 대한 답을 구체적으로 작성해봐라.

❶ 인터뷰 질문

• **그동안 주로 어떤 일을 해 왔는가?**

- 왜 그 분야를 택했는가?

- 그 분야를 선택한 것에 대해 지금 돌이켜 생각해보면 어떤 느낌
  이 드는가?

• **현재 퇴직 이후의 분야 및 직업으로는 무엇을 생각하고 있는가?**

- 당신은 그 직업을 통해 궁극적으로 무엇을 얻고자 하는가?

• **장기적인 측면에서 당신의 인생의 목표는 무엇인가?**

- 장기적인 경력목표에 비춰볼 때 현재 자신의 생각하고 있는 직
  업은 어떻다고 생각하는가?

• **지금까지 삶을 되돌아보면서, 경력에 관한 특별한 사건들을 겪
  은 적이 있는가?**

- 그 사건에 대해 구체적으로 이야기해보라.

- 누구에 의해 생긴 사건인가?

- 그 사건에 대해 어떻게 느끼는가?

- 그 사건과 당신의 향후 경력목표 사이에는 어떤 연관성이 있다
  고 생각하는가?

- 위와 같은 형식으로 다른 경력전환 사건들에 대해서 이야기해 봐라.

- 지금까지의 직장생활을 되돌아보면, 당신이 일을 하며 진정으로 즐겁게 보낸 때를 생각할 수 있는가?
  - 그때 그렇게 즐겁게 시간을 보낼 수 있었던 이유는 무엇이라 생각하는가?

- 반대로 특히 즐겁지 않았을 때는 언제였는가?
  - 즐겁지 않았던 이유는 구체적으로 무엇인가?

- 으로의 직업에 대해 생각해보면, 피하고 싶은 것들은 무엇이 있는가? 그 이유는 구체적으로 무엇인가?

- 앞으로의 직업에 대해 생각했을 때, 특히 기대하고 있는 점은 어떤 것인가? 그 이유는?

- 당신의 경력에 앞으로 십 년 동안 어떤 변화가 생길 것이라고 생각하는가? 그 이유는?

• 파트너와 서로 질문을 교환한 지금 느낌은?
- 가장 기억에 남는 질문과 답변 내용은 무엇인가?
- 어떻게 도움이 됐다고 생각하는가?

앞의 인터뷰 질문에 즉각적으로 답을 하는 것은 다소 어려울 수 있다. 실제로 시간을 두고 생각을 많이 해봐야 하는 질문들이다. 다시 한 번 강조하지만 혼자 생각하고 고민하기보다는 파트너와 함께 이야기를 나누는 것이 훨씬 수월하다.

현장에서는 옆에 앉은 사람과 짝을 지어 질문해보라고 한다. 처음에는 어색해하거나 어려워하지만, 한두 질문과 답변이 오가는 사이에 어느덧 심도 있는 이야기가 시작된다.

실제 해보니 어떤 느낌이 드는가? 드라마 혹은 영화 한 편이 스치는가? 지금까지의 경력과 관련된 인생 스토리가 정리됐는가? 미래의 밑그림을 그리는 데 도움이 됐는가?

밑그림을 도화지에 그렸다면 이제 종합적으로 경력과 관련된 시사점을 도출해봐야 한다. 자신의 직업가치관 유형을 해당 항목에 맞춰 각각 작성해보라. 1순위는 진단 결과 가장 점수가 높은 유형을 의미한다. 2순위는 그 다음으로 점수가 높은 유형을, 마지막으로 8순

직업가치관 유형 샘플

구분	1순위 (가장 점수가 높은 유형)	2순위 (다음으로 점수가높은 유형)	8순위 (가장 점수가 낮은 유형)
개인 Career Anchor	전문성 추구형	도전 추구형	봉사·헌신 추구형
퇴직 이후 경력 관련 Career Anchor	리더십 추구형	안정·안정성 추구형	봉사·헌신 추구형

직업가치관에 대한 기술 샘플

나는 기술·기능적으로 내 전문 분야에서 최고가 되는 것을 궁극적인 경력목표로 삼는다. 이 목표를 성취하기 위해서, 내게 지속적으로 성취동기를 부여할 수 있는 고난도의 업무, 기술을 적용하는 업무, 정량적인 분석이 필요한 업무를 하고 싶다. 그러나 나의 적성과 연관성이 적은 봉사·헌신 추구 업무는 피하고 싶다.

위는 가장 자신의 피하고 싶은, 가장 점수가 낮은 유형을 의미한다.

다음으로, 개인의 직업가치관에 대해 기술한다. 이때 퇴직 이후 미래의 업무에서 요구하는 직업가치를 각각의 순위에 맞춰 써보라.

진단 결과 '개인의 직업가치관 유형'과 '퇴직 이후 미래 경력 관련 유형'이 일치하는가? 아니면 불일치하는가? 어느 정도 내용이 부합한다면 큰 문제가 되지 않는다. 그간 경험에 의하면 크게 두 부류의 집단으로 구분된다. '이전과는 전혀 다른 분야에서 일해보고 싶다'는 유형과 '아니다. 그동안 해왔던 부분이 적성에도 맞고 결국 관련된 분야가 내 가치에도 부합하는 것 같다'는 유형이다.

불일치한다면 돌다리도 두드리는 심정으로, 좀 더 신중하게 검토해야 한다. 특히나 자신이 추구하는 가치와 향후 일하고 싶은 기업이나 조직 혹은 업무에서 추구하는 가치가 불일치하는 경우 적응이 쉽지 않다. 이는 스트레스를 높이고 조직에의 적응을 힘들게 한다.

그러나 정말로 하고 싶은 일이 구체화됐다면 위험과 고난, 시련의 과정은 오히려 즐거움이 되기도 한다. 즐거운 도전이라 생각되는 일은 직업가치관이 비록 자신과 부합하지 않는다 할지라도 얼마든지 맞출 수 있기 때문이다. 사람은 자신이 좋아하는 일을 할 때면 주변에서 힘들다고 하는 이야기가 좀처럼 들리지 않는다. 따라서 직업가치관 유형을 파악하는 것도 중요하지만 자신이 미치도록 좋아하는 일을 찾고 발견하는 일이 더 중요하다.

● **역량진단**

역량competency은 경력관리 및 개발 차원에서 검토해야 할 중요한 내용 중 하나다. 이는 재취업을 위한 가장 강력한 무기다. 왜냐하면 향후 넘어야 할 마지막 관문이 면접이며, 이때 핵심요소가 역량이기 때문이다. 실제로 상당수 기업 및 공공기관에서 역량기반의 구조화된 면접 기법을 채용과정에 적용하고 있다.

따라서 재취업을 적극적으로 준비하고 있는 구직자라면 역량에 대한 개념은 반드시 알아야만 한다. 객관화된 역량진단을 통해 자신이 보유하고 있는 강점 역량 요소와 추가적으로 개발해야 할 약점 역량 요소도 파악해야 한다. 이 나이에 개발할 역량 요소를 파악한들 무슨 의미가 있겠냐고 하지만, 그럴수록 더더욱 필요하다. 무엇보다 중장년도 퇴직을 하면 노동시장, 즉 전쟁터에 나가서 다양한 구직자들과 싸울 수밖에 없는 실정이다. 전쟁터에 나가 승리하려면 최신식 무기가 많이 필요하다. 그것도 강력한 무기가 필요한데, 문제는 대부분이 자신의 무기가 무엇인지조차 모른다는 것이다. 따라서 시장에서 요구하는 역량을 파악하고 자신의 역량을 진단해본다는 것은 본격적으로 전쟁터에 나갈 체계적인 준비를 하는 것과 마찬가지다.

객관적으로 역량에 대해 파악하려면 필수적으로 역량진단 과정이 요구된다. 여기서 문제가 하나 있는데, 역량진단은 시간과 비용이 많이 소요된다는 것이다. 예를 들어 한 사람이 쌓아온 20~30년 동안의 경력을 전부 분석한다고 가정해보라. 따라서 이 책에서는 역량의 기초 개념과 핵심적인 내용만을 언급하고자 한다. 그것만으로도 자신의 역량을 어느 정도 알 수 있다. 익숙하지 않은 용어들이 많아 낯설겠지만 인내심을 갖고 개념부터 하나하나 살펴봐라.

역량이라는 개념에 대해 정의를 하려면 어쩔 수 없이 학술적인 용어를 써야 하지만, 과감하게 생략하고 쉽게 표현해보고자 한다. 역량은 우리가 흔히 알고 있는 특성attributes이나 능력capability과는 사뭇 개념이 다르다. 특성은 개인이 가지고 있는 가치와 특징과 관계가 있다. 그리고 능력은 개인 혹은 조직의 미션과 목표의 수행능력과 관계가 있다. 따라서 역량은 특성, 능력과 뚜렷하게 구분된다. 이 책에서는 역량이란 고용된 상태를 효과적으로 유지하기 위해 성공적인 업무수행에서 요구되는 스킬skills, 지식knowledge, 태도attitudes라고 정의하고자 한다. 그리고 역량에는 스킬, 지식, 태도뿐만 아니라 개인의 적성, 성향, 추구하는 가치관 등의 요소도 포함한다.

역량은 측정가능하고 독특한 행동 특성으로, 빙산에 비유할 수 있다. 실제 바다 표면 위에 드러나는 행동으로 우리 눈에 보이는 것은 개인의 타고난 특성이나 개발된 특성들의 내용을 모두 포함한다. 따라서 역량은 지식, 기술, 능력, 동기, 태도, 행동습관 등이 총체적으로 종합되면서 발휘되는 것이다.

기존 학술 및 실증 연구결과에 따르면, 역량은 구직성과에 중요한 영향 요인이다.

구직성과, 즉 취업 성공률을 극대화하기 위해 역량이라는 개념을 파악하는 것이 중요하다. 그 다음으로 특정 직무에서 요구하는 핵심 역량을 두루 갖추려는 노력이 필요하다.

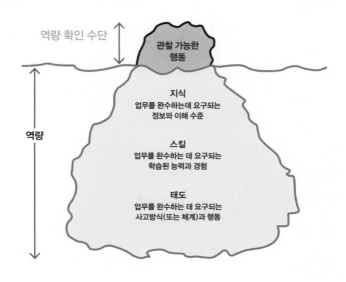

역량 빙산 모델

역량 확인 수단

관찰 가능한
행동

지식
업무를 완수하는데 요구되는
정보와 이해 수준

역량

스킬
업무를 완수하는 데 요구되는
학습된 능력과 경험

태도
업무를 완수하는 데 요구되는
사고방식(또는 체계)과 행동

자료: DBM Korea

이 책을 읽는 대다수는 경력자일 것이다. 새롭게 시장에 진입하려
는 신규 구직자와 다르다. 신규 구직자에 비해 다양한 역량이 요구
될 뿐만 아니라 그 수준도 훨씬 높고 복잡하다. 또한 각각의 직무 및
분야마다 강조되는 역량 및 역량 요소들이 추가적으로 존재한다.

역량에 대한 기본 개념을 파악했다면, 다음으로는 본인이 보유하
고 있는 역량 요소들을 도출해봐야 한다. 간단한 방법을 소개한다.

핵심역량 요소 추출 샘플 ※ 분야: 사회복지(청소년 분야)		
직무에서 요구되는 주요 내용	역량 요소	추출 방법
사회복지 관련 전반적인 전문지식	지식, 스킬	교육 및 관련 자격증
청소년에 대한 이해		
청소년과 일대일 및 집단 상담 능력	관련 지식 및 스킬(상담 등)	관련 경험 및 성취업적, 구조화된 면접
신규 사업 유치	기획, 영업능력, 정보수집	
청소년 관련 문제 발생	고객마인드, 문제해결	
프로그램 모집 및 홍보/마케팅	기획, 마케팅 전략적 사고	
외부 기관과의 협력	대인관계, 네트워킹	
팀 내 및 타 부서와의 협력	팀워크, 협업 능력	
팀원을 이끄는 능력	리더십, 의사결정, 성실성, 설득력, 논리적 사고, 솔선수범	
윤리적인 부분	윤리성, 도덕성	

다음 예시를 통해 역량을 도출해보자. 예를 들어 우리가 사회복지 기관의 '청소년 분야' 팀장급에게 요구되는 핵심역량 요소들에는 무엇이 있을까?

핵심역량 요소 추출은 다음과 같은 과정으로 이뤄진다.

첫째, 해당 분야에 요구되는 내용을 최대한 많이 추출해 본다.

둘째, 그에 연계된 핵심역량 요소를 구체적으로 추출해본다.

셋째, 해당 역량 요소들을 진단자(구인자) 입장에서 어떻게 추출할 것인가에 대한 구체적인 방법을 생각한다.

대부분이 관련 경험experiences이나 경력을 토대로 한 '성취업적'이 중요한 추출 방법임을 알 수 있다. 실제 면접 질문과 관련된 실증연구들을 살펴보면 면접관이 질문하는 방법은 크게 두 가지로 구분한다. 하나는 경험에 기초해 질문하는 방식이며, 다른 하나는 가상 상황에 기초해 질문하는 방식이다.

독자들도 생각해보라. 어떤 방식이 더 효과적이라 생각하는가? 면접 관련 부분에서 다시 설명하겠지만 실증연구 결과, 상황에 기초한 면접 기법보다는 경험에 기초한 면접 기법이 훨씬 더 효과적이다. 따라서 구직자 입장에서는 자신의 경험을 토대로 해당 직무에서 요구되는 역량이 효과적으로 입증될 수 있도록 하는 것이 매우 중요하다는 사실을 알 수 있다. 이러한 접근에서 보면 역량진단이 얼마나 중요한지 다시 깨닫게 될 것이다.

정리해보면 역량이란 어떤 직무에서 효과적 혹은 탁월한 수행을 보이는 한 개인의 기저 특성underlying characteristics을 말한다. 참고로 가장 널리 채택되는 역량 요소에는 대인관계, 의사소통, 성취 및 결과 지향, 고객마인드, 팀워크, 협업, 리더십, 계획 및 조직화, 기업가정신, 유연성, 타인개발, 문제해결, 분석적 사고 등이 있다.

역량진단 결과를 눈으로 확인하면 이해가 더 빠르다. 역량의 기본 개념을 파악하고 이를 통해 자신의 강약점을 도출해보면 자연스럽게 노동시장에서 자신의 셀링 포인트를 잡을 수 있으며 포지셔닝이 용이해질 것이다.

이제 또 다른 방법으로 자신의 역량을 도출해보자. 이 책에서는 가장 쉽고도 간결한 방법을 제시하고자 한다.

❗ 핵심역량 도출 단계

1단계: STAR를 활용한 성취업적 추출
2단계: 성취업적을 통한 역량 요소 추출
3단계: 개인이 보유한 핵심역량 분석

• 1단계: STAR를 활용한 성취업적 추출

핵심역량이란 자신이 추구하는 직업가치관을 실현시켜줄 수 있는 수단 중 한 요소이다. 즉, 자기가 보유한 다른 능력과 차별화되거나 남이 보유한 능력과 차별화되는 역량을 의미한다. 다음과 같이 Situation, Task, Action, Result의 약자인 STAR를 활용해 성취업적 분석하고, 핵심역량을 도출할 수 있다.

첫째, 상황situation은 언제 또는 어떤 상황이었는가?

둘째, 과업task, 즉 어떤 일을 할 때였는가?

셋째, 스스로 어떤 역할 및 행동action&role을 했는가?

넷째, 이를 통해 어떤 결과result가 나타났는가?

이처럼 STAR를 활용해 각각 내용을 구분하고, 작성해보라. 다음 사례는 '목표 설정 및 자원 배분' 역량 요소에 해당된다. 부록 1에 제시된 21개 역량 요소 각각에 대해서도 모두 실시해봐야 한다.

❗ '목표 설정 및 자원 배분' 능력이란?

주어진 과제의 목표를 명확히 설정하고 실행계획을 세우며, 우선순위에 따라 자원과 시간을 체계적으로 배분할 뿐 아니라 목표의 달성 정도와 효과성을 측정하는 기준 및 방법을 마련하는 능력

이처럼 STAR를 활용하면 개인의 성공 경험과 경력을 통해 다양

핵심역량 도출 샘플

Situation 언제 또는 어떤 상황이었는가?	Task 어떤 일을 할 때였는가?	Action&Role 스스로 어떤 역할 및 행동을 했는가?	Result 어떤 결과가 나타났는가?
최근 사내 신규 프로젝트 수행 시 프로젝트 매니저 역할을 담당했을 때		프로젝트 리더로서 집단 구성원들이 목표를 명확히 설정하도록 지원하고 구성원들이 수행해야 할 역할을 적절히 배분해 프로젝트를 성공적으로 수행했음	

한 역량 요소들을 추출할 수 있다. 이렇게 추출된 사례들은 앞서 간략히 언급한 바와 같이 향후 재취업 및 구직 과정에서도 핵심적으로 활용될 수 있다. 특히 이력서 및 자기소개서 작성, 그리고 면접에서 필수적이다.

총 21개의 하위역량 요소*에 대한 검토가 끝났다면 다음으로는 자신이 생각하는 강점역량과 약점역량을 추출해보라. 그리고 21개 역량 요소 중 상대적으로 자신이 높다고 생각하는 역량 요소 7가지와 상대적으로 자신에게 부족하다고 생각되는 역량 요소 7가지를 구분해 순서대로 나열해보라.

● ● ●

* 핵심역량에 대한 자세한 설명은 '부록 1. 핵심역량을 찾아라!' 참조

핵심역량 목록

1. 목표 설정 및 조직화
2. 성취지향 및 도전
3. 문제해결 및 의사결정
4. 정보수집 및 해석
5. 대인관계
6. 팀워크 및 팀 시민행동
7. 고객지향
8. 논리적 설득
9. 대인적 갈등관리
10. 말하기
11. 쓰기
12. 듣기
13. 리더십
14. 혁신성
15. 개방성
16. 주도성
17. 윤리의식
18. 주인의식
19. 자기개발
20. 시간관리
21. 스트레스 관리

가장 높다고 생각하는 역량 요소	가장 낮다고 생각하는 역량 요소
1순위. ( )	1순위. ( )
2순위. ( )	2순위. ( )
3순위. ( )	3순위. ( )
4순위. ( )	4순위. ( )
5순위. ( )	5순위. ( )
6순위. ( )	6순위. ( )
7순위. ( )	7순위. ( )

• 2단계: 성취업적을 통한 역량 요소 추출

다음으로는 개인이 보유한 핵심역량을 '성취업적'을 통한 역량 요소 추출 방법인 PAR을 통해 분석해보자.

컨설팅 현장에서는 퇴직 이후 경력목표가 재취업으로 설정되면 무엇보다 고객(퇴직자)과 함께 성취업적 도출에 많은 시간을 할애한다. 앞에서 강조했지만 전쟁에 나가 승리하려면 무엇보다 강력한 무기를 준비하는 것이 먼저다.

필자는 퇴직자에게 처음부터 이력서를 작성하도록 요구하지 않는다. 우선 퇴직자와 최근 경력을 중심으로 많은 대화를 나눈다. 특히 개인의 지난 과거 경력을 통틀어서 괄목할 만한 성과는 무엇이었는지, 최근에 주로 어떤 일에 집중했고, 가장 신나게 일했던 프로젝트의 구체적인 내용은 무엇이었는지, 가장 기억에 남거나 보람 있었던 일은 무엇이었는지, 가장 힘들었지만 그래도 다시 하고 싶은 일은 또 무엇인지 등…. 그리고 이 이야기들을 모아 '종합 세트'를 따로 만든다.

종합 세트 작업이 끝나야 비로소 이력서 및 경력기술서 작성을 시작한다. 왜 성취업적에 대한 종합 세트가 완성돼야 하는가? 보유하고 있는 역량을 제대로 확인해야 향후 재취업하고 싶은 분야에 연계하기가 쉽기 때문이다. 지원 분야에 따라 본인이 보유하고 있는 수많은 역량 요소들 중에서 무엇을 특히 시장에 셀링하고 강조해야 할지가 달라진다. 중요한 건 자신의 역량 요소를 입증할 만한 구체적인 사례이다. 특히 경력직의 경우 가능한 한 많은 사례가 필요하다.

따라서 급한 마음에 이력서를 작성하지 말아야 한다. 급히 작성된 이력서를 여기저기 뿌리는 것도 매우 위험하다. 계속해서 강조하지만 우선 자신의 경력을 토대로 최대한 자신의 강점, 즉 역량을 추출하고 지원 분야에 잘 연계해 자신의 역량 중에서 어떤 요소들을 최대한 부각할 것인지 고민한 후 이력서를 작성하는 것이 중요하다. 급한 마음에 작성한 이력서로는 당신이 지원 분야에 적합한 인재임을 확인하기 어렵다. 최대한 구인자의 수고를 덜어줄 수 있어야 한다.

이제 역량 추출이 얼마나 중요한지를 인식했다면 성취업적을 기술하고 역량을 추출해보라. 많이 추출하면 할수록 좋다. 자신이 최근 겪은 사례를 상기하고 어떤 상황에서 무슨 행동을 취함으로써 구체적으로 어떤 긍정적 결과를 이루어냈는지를 각각 구분해 서술해보는 것이다. 그리고 각각의 내용을 통해서 핵심역량 요소들도 도출해보라.

가령 '남들도 이 정도는 다 갖추고 있겠지?'하며 성실성, 책임감과 같은 요소들을 미리 생략해버리면 곤란하다. 자신의 강점과 관련된 것은 무엇이든 좋다. 자신이 이뤄낸, 괄목할 만한 성과를 지금부터 떠올려보라.

성취업적을 통한 핵심역량 도출(PAR) 샘플

예) 성취업적	제가 속한 사업부는 지난 2014년 한국서비스품질지수 평가에서 초고속 인터넷과 IPTV, 국제전화의 3개 부문에서 1위를 차지했습니다.

Problem 어떤 상황에서	Action 무슨 행동을 취함으로써	Result 어떤 결과를 이뤄냈는지
초고속 인터넷 분야 6년 연속 1위를 달성하는 상황. IPTV 시장이 본격적으로 확대되는 상황	'고객 만족'을 최우선 가치로 두고 전 부서적 혁신을 실행. 끊임없는 커뮤니케이션을 하기 위해 노력함	A협회와 B대학교가 주관하는 한국서비스품질지수 평가에서 3개 부문 1위를 차지함

핵심역량 요소 도출: 대인관계, 고객 지향, 문제해결, 의사결정

'성취업적을 통한 핵심역량 요소 도출 샘플'은 실제 퇴직자의 이야기를 변형한 것이다.

위 사례의 전반적인 내용을 분석해봤을 때 '대인관계' 및 '고객지향' 그리고 '문제해결', '의사결정' 역량이 우선 추출될 수 있다. 다음으로는 '분석적 사고' 역량, '커뮤니케이션' 역량, '개념적 사고' 역량, '정보 수집' 역량이 도출됐다. 그리고 '주도성', '팀워크'와 '협력' 역량, '성취 지향성' 역량도 추가적으로 도출될 수 있다.

따라서 하나의 성취업적 사례에서도 다양한 역량 요소들을 추출할 수 있다. 성취업적에 대한 성공 사례만 다양하게 끌어낼 수 있다면 역량 요소들은 얼마든지 추출이 가능하다. 따라서 역량 요소들을

성취업적 도출 리스트	워크시트

성취업적 1	
성취업적 2	
성취업적 3	

지나치게 고려하지 말고 본인의 최근 성공 사례에 집중해 워크시트
에 생각나는 대로 나열해보라.

　주의할 점은 단시간 내에 완성하려 들지 마라는 것이다. 시간이
필요하다. 조급증을 버려라. 성공 사례뿐만 아니라 특별한 경험, 사
건 등도 좋다. 그리고 앞서 언급한 바와 같이 각각 구분해 구체적으
로 기술해야만 한다. 처음에는 생각나는 대로 쉽게 기술한 후, 문맥
과 문장을 검토하면서 수정 및 보완하는 과정이 필요하다.

　현장에서 퇴직자들에게 이 과제를 제시하면 처음에는 난감해한
다. 그러나 시간이 흐를수록, 그들은 '내가 그동안 참 많은 일들을 해
왔구나' 하면서 흡족해한다.

성취업적을 통한 핵심역량 도출

어떤 상황에서	무슨 행동을 취함으로써	어떤 결과를 이뤄냈는지

✔️핵심역량 요소 추출 :

성취업적이 충분히 나왔다고 생각되면 이제부터 구인자 입장으로 성취업적 사례에서 날카롭게 핵심역량 요소들을 도출해보라.

그리고 앞서 언급한 바와 같이 성실성이나 책임감, 성취지향과 같은 직무에 관계 없이 공통적으로 요구되는 역량 요소 등에 대해서도 지나치지 말고 반드시 대표 사례를 적어봐라.

다시 한 번 강조하지만 이 과정은 생각만 하지 말고 글로 직접 써봐야 한다. 그리고 작성한 글을 끊임없이 수정하고 보완해야만 한다. 처음에는 분량에 신경 쓰지 말고 쓴 후, 향후 수정을 거듭하면서 핵심적인 내용을 위주로 요약해보라.

● 3단계: 개인이 보유한 핵심역량 분석

'STAR' 및 '성취업적(PAR)'을 통해 핵심역량 요소들을 도출하다 보면 생각보다 본인이 보유한 역량 요소가 꽤 많음을 알 수 있을 것이다.

이때 핵심역량 관련 사례는 객관적으로 입증이 가능해야 한다. 그 사례를 듣거나 읽었을 때, 해당 구직자를 직접 만나지 않더라도 구인자가 핵심역량 요소들을 그 즉시 도출할 수 있는 정도여야만 한다.

3단계에서는 자신의 도출된 여러 가지 강점을 우선순위별로 구분해보라. 자신의 최대 강점이자 무기가 무엇인지 이 과정에서 명확히 파악해야 한다.

앞서 STAR를 통해 추출한 강점 역량 요소의 순위를 나열해보라. 성취업적 분석을 통해 추출된 역량 요소도 마찬가지로 우선순위별로 일곱 가지 이상 도출해보라. 그리고 앞서 제시된 역량 요소들을 참조해 작성된 목록을 주의 깊게 분석해보자. 본인의 가장 큰 핵심역량은 무엇인가? 그리고 이 목록에는 비록 나열하지 못했지만 기타 추출해 볼 수 있는 핵심역량은 무엇인가?

왜 그래야만 하는지 좀 더 구체적인 사례를 들어보겠다. 예를 들어 구인자의 "당신의 강점은 무엇이냐?"라는 물음에 구직자가 "저의 강점은 매우 성실하다는 데 있습니다"라는 대답을 했다고 가정해보자. 이 대답에서 그의 성실성이 느껴지는가? 대부분 고개를 갸우

개인이 보유한 핵심역량 분석

순위	성취업적 분석을 통해 추출된 핵심역량
1순위	
2순위	
3순위	
4순위	
5순위	
6순위	

나의 핵심역량은?

구분	핵심역량 요소	기타 핵심역량
1		
2		
3		
4		
5		

뚱하며 "잘 모르겠다" 혹은 "NO"라고 응답할 것이다.

그렇다면 어떻게 해야 구인자가 고개를 끄덕이며 "잘 알겠다" 혹은 "YES"라고 이야기하도록 끌어낼 수 있을까? 이렇게 대답했다면

나는 당당하게 다시 출근한다

어떨까? "저는 지난 30년 동안 일하면서 단 한 번도 결근이나 지각을 해본 적이 없습니다. 과거 과장 시절 팀장님이 개인 사정으로 팀장님이 급작스럽게 자리를 비웠을 때, 매일 야근을 하며 성실하게 임한 결과 당시 주변에서 수행하기 어렵다고 이야기했던 프로젝트를 성공리에 끝낼 수 있었습니다. 그 실적을 인정받아 그 해 우수사원상을 수상하기도 했습니다. 지금도 당시 함께 일했던 팀장님, 그리고 동료 및 후배들은 잊을 수가 없습니다. 그때 제가 얻은 교훈은 무엇이든지 힘들어도 목표를 정하고 열심히 노력한다면 이룰 수 있다는 것이었습니다."

대부분의 베이비붐 세대가 보유하고 있는 강력한 무기는 크게 세 가지다. 경험을 토대로 한 직관과 조직에 대한 충성도가 높다는 것, 그리고 주어진 일에 끝까지 끈기를 갖고 임하는 성실성이다. 그 세 가지 역량만 보유하고 있다면 자신 있게 도전해보라고 이야기하고 싶다.

역량진단 부분을 다루고 나면, 교육생들은 과정은 힘들었지만 과거 경력을 정리하는 시간이 됐다고 이야기한다. 이처럼 과거 경력을 리뷰하고 검토하는 과정에서 자신의 경력목표를 더 구체화하고 명확히 할 수 있다. 새로운 분야로 경력을 전환하려는 퇴직자라면 더욱 필요하다. 과거 경력을 통해 자신이 발휘할 수 있는 역량이 무엇인지 구체적으로 확인해야만 하기 때문이다.

진단 결과 종합을 통한 경력목표 설정

1. 진단 결과 종합하기

마지막으로 진단 내용을 종합해보자. 진단은 실시하는 과정에서 미처 발견하지 못했던 개인의 성향이나 잠재력 등이 도출된다는 데 의의가 있다. 더 중요한 것은 스스로가 진단 과정을 통해 경력과 관련된 시사점을 도출하고, 자신의 역량을 발휘할 수 있는 분야를 명확화 및 구체화할 수 있다는 것이다.

앞에서 파악한 자신의 적성과 성향, 직업가치관, 핵심역량 요소들을 정리하고, 진단 결과의 특징을 통해 명확한 장·단기적 경력목표 설정 및 경력 측면에서의 시사점을 도출해보라.

2. 이상적인 직업선호도

지금까지 자신의 적성 및 성향, 직업가치관, 역량에 관한 내용을 살펴봤다. 진단의 목적은 개인의 이상적인 직업 선호도를 도출하고, 이를 통해 퇴직 이후 제2의 경력목표를 구체화하는 데 있다.

이상적인 직업선호도 진단이란 개인 진단을 토대로 얻은 개인의 기술, 강점, 필요, 흥미 등을 통합해 인생 2막의 직업을 구체적으로 명문화하는 것을 의미한다. 앞서 실시됐던 진단 내용들을 종합하면 자신에게 가장 부합하는 이상적인 직업선호도 진단 결과가 도출된다.

개인 진단 결과 종합

- **나의 적성은?**

- 내가 선호하는 업무 스타일 및 근무 환경은?
- 적성·성향 및 성격의 특징은?

- **내가 직업에서 추구하는 직업가치관은?**

- 내가 우선시 하는 가치는?

- **내가 보유한 핵심역량은?**

- 내가 잘 할 수 있는 일은? 즐겁게 할 수 있는 일은?

- **진단결과를 통한 시사점은?**

이상적인 직업선호도

- **진단 결과를 통해 내가 바라보는 나 자신을 종합해보면?**

-

-

- **이를 한 문장으로 정리해보면?**

3. 진단을 통해 장기적인 경력목표 명확화하기

우리는 진단을 실시하기 전, 자신의 장단기 경력목표에 대한 그림을 그렸다. 앞서 1차적으로 작성한 장기적 및 단기적 경력목표를 다시 펼쳐보라. 그 내용을 다시 한 번 떠올려보고, 종합적인 진단 결과 내용에 연계해 자신의 장기적인 경력목표를 좀 더 구체화해보자. 객관적인 진단 결과 내용 중에서도 특히 자신의 적성, 성향, 직업 가치관, 핵심역량 내용을 염두해 작성하는 것이 좋다.

계속 강조하지만 위의 과정은 반드시 글로 써봐야 한다. 그 이유가 있다. 언젠가 교육생 한 분이 이런 이야기를 들려준 적이 있다. "연수원에 와서 좋은 교육을 받으니 자극도 되고 좋습니다. 그러나 교육이 끝나고 돌아갈 무렵이 되면 이상하게 좋은 내용도 머리에서 연기처럼 사라져 버리곤 합니다."

그렇다. 독자들도 공감하는 내용일 것이다. 성인이기 때문에 주입식으로 지식을 배우기보다는 몸에 자연스럽게 체득되도록 하는 것이 효과적이다. 왜냐하면 몸소 체험한 것은 오랜 기간 동안 머리가 아니라 가슴이 기억하기 때문이다. 현장에서도 글로 직접 쓰고 발표하도록 하니 효과 만점이었다. 퇴직자들은 또한 그 과정을 통해 자신감을 얻고 퇴직 이후 제2의 경력목표를 더 명확히했다. 목표 설정 이론goal setting theory에 따르면 목표가 구체적일수록, 특히 그 설정된 목표가 달성하기에 조금 어려울수록 그에 부합하는 주기적인 피드백

진단을 통한 장기적인 경력목표 명확화

워크시트

- **1차 장기적인 경력목표**

나의 장기적인 경력목표는 _____이다.

- **진단 결과를 통해 수정된 장기적인 경력목표**

장기적인 경력목표는 _____이다.

이나 평가가 있을 때, 그렇지 않을 때보다 목표 대비 성공률이 훨씬 더 높은 것으로 나타났다. 그러니 생각만 하지 말고 글로 초안을 작성한 후, 이를 적게는 수십 번에서 많게는 수백 번을 수정하고 고치다 보면 결국 자신의 경력목표가 명확해질 것이다.

진단 과정을 진행할 때마다 늘 듣는 이야기가 있다. "진단을 하면 뭐 합니까? 이미 머리가 굳어져버린 데다가 무언가를 개발하기도 힘들고, 무언가를 이상적으로 추구한다고 해서 현실에서는 저를 받아줄 때가 없지 않습니까?"

그러나 퇴직 이후 경력전환 성공 여부는 목표 설정에 달려 있다. 첫 단추를 잘못 끼우면 퇴직 이후도 계속 힘들다. 경험상 경력목표만 어느 정도 명확해도 힘든 과정을 얼마든지 극복할 수 있다. "퇴직 이후 목표가 명확하니 진단 과정은 건너 뛰어도 돼"라고 이야기하는 대신 다시 한 번 심사숙고 한다고 나쁠 것은 없다.

진단은 오로지 자신, 즉 초점이 전부 개인에게 맞춰져 있다. 한 가지 당부하고 싶은 것이 있다. 일단 자신을 둘러싼 현실은 자기진단 과정에서 너무 많이 생각하지 말아야 한다는 사실이다. 그것까지 함께 지금부터 고민한다면 경력목표를 설정하는 데 모든 진을 다 빼고 말 것이다.

그렇다면 언제까지 고민해야 하는 걸까? 자신이 설정한 경력목표가 잘 작성됐는지 여부는 자기 자신이 느끼기에 가슴이 뛰는 일인가에 달려 있다. 그 질문에 무언가 석연치 않은 의문이 든다면 처음으로 돌아가 다시 고민을 시작해야 한다.

만일 진단을 통해서 종합적으로 분석해봤는데도 불구하고 자신의 이상적인 직업선호도를 구체적으로 찾지 못했다 할지라도 괜찮다. 자기 자신을 환경에 맞추는 건 지금껏 해온 일이다. 그러나 인생 2막은 자기 자신이 세상의 중심이고 출발점이다. 그것만 계속 가슴에 새기면서 다음 단계로 넘어가라.

CHAPTER 02

고용시장의 변화를 파악하라

    이제 경력목표가 어느 정도 명확해졌는가? 경력목표를 확고히 했다면 지금부터는 공략할 상대를 파악해야 한다. 무엇보다 자신을 둘러싼 환경, 그 중에서도 특히 노동시장의 변화를 읽어내야 한다. 궁극적으로는 채용의 칼자루를 쥐고 있는 기업 및 조직을 알고, 변화에 과감하게 자신을 맞추는 것이 목표다.

    개인 즉, 구직자 측면에서 열심히 이력서 쓰고 면접 준비해봤자 성공률을 높이는 데는 한계가 있다. 노동시장은 구인자인 기업과 구직자 간의 상호작용에 의한 결과물이다. 따라서 노동시장의 변화를 깊이 있게 파악해야 한다. 지금부터 제시되는 내용은 독자에 따라 다소 어렵게 느껴질 수도 있을 것이다. 그러나 지금부터는 그 낯선 용어와 친해져야 할 때이다.

노동시장을 읽는 힘을 키워라

1. 고용관련 통계: 기본 정보 제공

재취업 성공률을 높이려면 우선 노동시장을 알아야 한다. 취업은 노동시장의 변화와 깊은 관계가 있기 때문에, 일자리를 찾는 구직자라면 노동시장의 상황을 파악해야 하는 것이다. 현재 정부에서는 매월 고용시장 동향을 발표하며 고용시장 전반에 대한 정보를 제공하고 있다. 예를 들어 2014년 말 기준으로 우리나라의 전체 근로자 수는 대략 2,560만 명인데, 이 중에 임금근로자는 73%인 1,874만 3,000명이다. 임금근로자 중 상용직(정규직)은 1,215만 6,000명으로 전체 임금근로자의 64.8%에 지나지 않는다. 이는 월급쟁이 중 대략 3분의 2만이 정규직이고 나머지 3분의 1은 임시직이나 일용직임을 시사하고 있어, 고용 조건이 불안정적임을 알 수 있다. 대부분의 사람이 원하는 정규직은 전체 근로자 중 절반에도 미치지 못하는 47%에 지나지 않는다.

또 우리나라 전체 근로자 중에 약 4분의 3을 제외한 나머지는 비

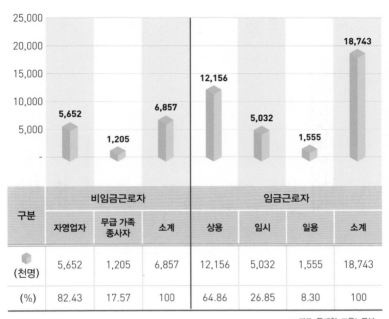

우리나라의 고용 구성(2014년) (단위: 명)

구분	비임금근로자			임금근로자			
	자영업자	무급 가족 종사자	소계	상용	임시	일용	소계
(천명)	5,652	1,205	6,857	12,156	5,032	1,555	18,743
(%)	82.43	17.57	100	64.86	26.85	8.30	100

자료: 통계청, 고용노동부

임금근로자이다. 비임금근로자의 대부분(82.4%)은 자영업자(565만 2,000명)로 구성돼 있다. 월급을 전혀 받지 못하는 무급 가족 종사자 수도 120만 5,000명에 이르고 있다.

최근 기업들의 채용 형태도 과거와는 다른 양상을 보이고 있다. 전에는 정규직을 선호했다면 최근에는 경직적인 노동시장과 각종 규제로 비정규직을 채용하려 한다. 또한 신규 구직자인 청년층보다

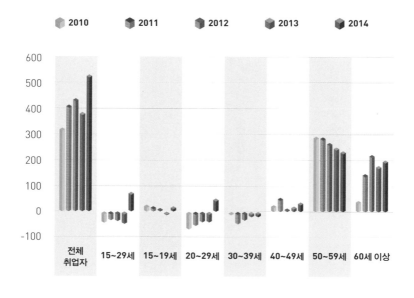

우리나라 고용시장의 연령별 고용 증감 (단위: 천 명)

● 2010　● 2011　● 2012　● 2013　● 2014

자료: 통계청, 고용노동부

는 경험이 많은 중장년 및 경력직을 선호하는 경향이 뚜렷하다. 기업 측면에서 보면, 중장년층을 고용하는 것이 청년층을 고용하는 것에 비해 유리할 때도 있다. 예를 들면 중소·중견기업이 급작스럽게 새로운 사업을 확장하려는 경우, 경험과 노하우를 풍부히 보유하고 있는 구직자를 희망한다. 이때 중장년을 고용하면 사업의 안정성을 확보할 수 있으며, 높은 사업 성공률을 기대할 수 있다. 청년층을 고용했을 때에 비해, 훈련과 향후 이직에 대한 비용도 줄일 수 있다. 따라서 노동시장을 잘 읽고 자신을 필요로 하는 곳을 찾아, 조금만 맞춘다면 재취업 성공률을 높일 수 있다.

또한 우리나라의 최근 2010~2014년 동안 연령별 채용형태를 살펴보면, 중장년층의 고용은 증대되는 데 비해 청년층의 고용은 감소 내지 정체를 보이고 있다.

이 외에도 실업률, 고용률, 산업별 고용 증감, 직업별 고용동향, 종사자별 고용동향, 취업 시간 등 고용시장의 동향을 나타내는 중요한 정보들이 많이 발표된다. 이런 정보들은 고용의 수급 상황을 나타내는 중요한 정보들이다.

2. 경제성장률과 일자리 창출

노동(고용)시장은 기본적으로 노동에 대한 공급과 수요에 의해 결정되는 것은 사실이나 그 외에도 많은 요소들에 영향을 받는다. 예를 들어 호경기 땐 기업 매출이 올라가고 그에 따라 생산량도 증가되므로 더 많은 직원이 필요하게 된다. 반대로 불황일 경우에는 매출과 함께 일자리도 줄어들게 마련이다. 따라서 일자리는 경기의 변동에 민감하다. 또 경기변동은 경제성장률과 매우 긴밀한 관계가 있다. 실제로 OECD의 자료에 의하면 각국의 일자리 변동에 가장 큰 영향을 주는 것은 경제성장률으로 나타났다.

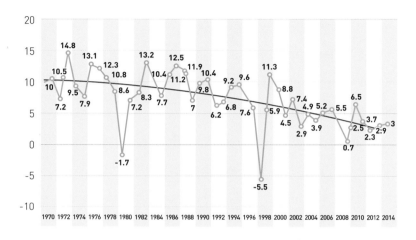

한국의 경제성장률 추세 (단위: %)

자료: 이윤재, 〈2014 중소기업학회 추계학술대회 발표자료〉

경제성장률이 하락하는 추세라면 일자리도 그만큼 줄어든다. 바로 우리나라의 문제이다. 1990년대 초반까지만 해도 우리나라는 잠재 경제성장률을 6~7%대로 유지했지만 1997년 외환위기를 겪고 나선 4~5%로 떨어졌다. 그러나 2015년에는 이보다도 더 떨어졌고, 2016년에는 3% 이하를 예상하고 있다.

문제는 경제성장률 하락이 일시적인 현상이 아니라 장기적이고 구조적인 문제일 가능성이 크다는 점이다. 향후 상당 기간 동안 한국의 경제성장률은 2~3%에 머무를 가능성이 크다. 이는 앞으로도 일자리 창출이 그다지 늘어나지 않을 것이며, 그만큼 일자리 구하기가 쉽지 않을 것임을 시사한다.

저성장기에 진입하면 재취업의 기회도 그만큼 줄어들어 구직자에게 불리하다. 그러나 변화된 경제·경영 환경으로 인해 새로운 비즈니스 기회나 적지 않은 틈새시장niche market이 생겨난다. 그 틈새시장에서 새로운 고용이 창출된다. 예를 들면 저성장기에는 소득이 줄어들고 미래가 불확실하니, 결혼을 늦추고 홀로 사는 싱글족들이 늘어난다. 또한 고령화로 인해 노인계층이 급증하는 추세이다. 이들을 겨냥한 실버산업이 새로운 유망주로 부상하리라는 예상을 해볼 수 있다. 실제로 미리 이 분야에 대한 자격증을 취득하고, 요양원 사업에 뛰어들어 지금은 안정적인 기반을 다진 사람들이 주변에 심심치 않게 있다.

이처럼 10년 후에 새롭게 부상할 분야를 미리 예측해 지금부터 차근차근 준비한다면, 노후가 행복해질 수 있다. 저성장기 진입도 또 하나의 새로운 기회가 될 수 있는 것이다.

통상적으로 경제가 성장하면 일자리도 늘어난다. 그러나 일자리 증가율은 경제성장률과 무조건 비례되는 것은 아니다. 경제성장률이 증가될 때 그에 따른 일자리 얼마나 증가되는가 하는 상대적인 비율을 '고용탄력성'이라고 한다. 즉, 경제성장률이 1%씩 증가할 때마다 일자리가 증가하는 정도다.

우리나라 산업별 및 시대별 고용탄력성 비교				
구분	1970년대	1980년대	1990년대	2000년대
제조업	0.42	0.35	-0.2	-0.18
건설	1.18	0.34	0.48	0.34
서비스업	0.39	0.43	0.6	0.64
전체산업	0.3	0.22	0.17	0.27

자료: 장인성, 〈생산성 향상이 고용에 미치는 영향〉

예를 들어 경제가 1% 성장할 때 일자리도 1%만큼 증가한다면 고용탄력성은 1, 고용은 0.5% 증가에 그친다면 고용탄력성은 0.5가 된다. 즉 고용탄력성이 크다면 경제 성장에 따른 일자리 창출이 많다는 의미이다. 문제는 최근 이 고용탄력성도 줄어드는 추세라는 것이다. 이는 우리나라만이 아니라 전 세계적인 현상으로, 구조적인 문제이다.

우리나라의 고용탄력성이 하락하는 추세를 보이고 있다는 것은 우리나라가 고용 없는 성장jobless growth 중임을 반영한다. 특히 제조업의 경우 1990년 이후 고용탄력성이 (-)를 보이고 있다. 이는 제조업 부문에서 생산은 증대돼도 고용량은 생산자동화 등으로 오히려 줄어들고 있음을 나타낸다. 반대로 서비스업의 경우 고용탄력성이 상대적으로 크게 나타나고 있다.

서비스 산업은 그 영역이 광범위하다. 가장 흔하게 보는 이·미용업, 도소매업, 음식 및 숙박업부터 변호업, 보건업, 경영컨설팅업, 교육업 등에 이르기까지 그 종류가 다양하다. 그러나 자영업자들이 많이 종사하는 음식 및 숙박, 도소매업은 이미 과당경쟁 시장으로 수익률이 낮아 폐업이 속출하고 있다. 대신 보건, 의료, 건강, 한류 문화서비스업, 과학기술 및 전문 지식을 요하는 고부가가치 서비스 산업에서는 앞으로도 많은 일자리가 만들어질 것이다.

3. 기술 발달, 산업구조의 변화, 글로벌화가 고용에 미치는 영향

먼저 기술 발달이 고용에 미치는 영향은 양면성을 지니고 있다. 자동화 등으로 공정과정에서 사람의 일손이 줄어들어 고용을 줄이는 측면도 있지만 다른 한편으로는 새로운 제품이나 기능으로 일자리가 늘어나도록 만들기 때문이다. 지금까지는 새로 생기는 일자리가 줄어드는 일자리보다 더 많아 전체적으로는 기술의 발달이 일자리를 증가시킨다고 믿었지만, 최근에는 비관적으로 바뀌고 있다. 로봇이 본격적으로 생산 공정에 투입돼 노동을 대체하기 시작하면, 단순반복적인 분야의 일자리는 사라질 것으로 예측되고 있다.

한국의 제조업 분야에선 이미 공장의 상당 부분이 로봇을 이용한 자동화가 됐다. 과거보다 생산량이 훨씬 증가하고 있지만 사람은 최소한으로 고용하고 있으며, 그것도 전문직을 위주로 채용하고 있다. 예를 들어 과거에는 상업고등학교 출신들이 대거 은행으로 진출했다. 그러나 컴퓨터와 정보통신 기술의 발달로 이제는 모든 은행들이 ERP(전사적자원관리) 시스템을 도입했고, 상업고등학교 출신들에 대한 필요성은 거의 줄어들었다. 결과적으로 대부분의 상업고등학교가 사라지고, 현재는 정보고등학교 등 다른 형태로 바뀌고 있다.

반면에 기술 발달로 소득이 증대됨에 따라 새롭게 등장하는 유망 직종도 많다. 예를 들어 과거에 수의사는 상대적으로 인기가 없었다. 그러나 최근에는 많은 사람들이 반려동물을 기르기 때문에 동물병원이 성황을 이루고 있으며, 반려동물과 관련된 업종도 새롭게 등장하고 있다.

또한 정보통신의 기술이 발달로 편리한 점도 많지만 정보보안이 새로운 문제로 등장해, 이 분야에 대한 수요도 점차 늘어나고 있다. 예를 들면, 최근 정보 유출이나 전산망이 뚫리는 문제 등 정보보안이 현안으로 떠오르자 금융기관에선 관련 전문가를 찾기에 혈안이 됐다. 그러나 관련 전문가는 아주 부족한 형편이다. 만일 베이비붐 세대 중에 정보보안 전문가가 있다면 아마 몸값이 올라 임금협상에서 매우 유리한 고지를 차지할 것이다. 다음 사례를 살펴보자.

아직 녹슬지 않은 엔지니어

어느 국장님으로부터 직접 들은 이야기다. 그는 최근, 기술력을 확보한 베이비붐 세대들이 동시에 대거 퇴직을 하니 업무 공백이 크게 느껴진다고 했다. 예를 들어 기계에 갑자기 문제가 생기면 젊은 세대들은 우선 A/S 담당자에게 전화하기에 급급하다고 했다. 또 담당 기사가 올 때까지 일손을 놓고 있으니 속이 터질 지경이라는 것이었다.

반면 과거 베이비붐 세대들은 A/S 담당자에게 전화하기 앞서 기계 고장 원인이 어디에 있는지 파악하려 다양한 시도를 했다. 당장 시간은 조금 더 걸릴지 몰라도 근본적인 문제를 해결했다는 것이다. 그들은 이러한 수많은 시행착오를 겪으면서 몸으로 직접 기계 원리를 파악했으며, 특히나 직접 몸으로 익힌 경험을 통해 직관적으로 문제를 해결해 나가는 장점이 있었다. 그러니 베이비붐 세대들을 다시 붙잡고 싶은 심정이라고 했다.

또한 산업구조의 변화는 고용시장에도 큰 영향을 끼친다. 지금은 한창 인기를 누리고 있지만 향후 십수 년 내에 사라질 직업이나 직종들도 많다. 가전제품, 전자제품, 석유화학제품, 조선, 철강 등도 향후 중국 등에 추월당해 한국이 경쟁력을 잃게 되면, 자연히 그 분야의 산업은 쇠퇴하고, 관련 업종들은 사라질 위기를 맞을 것이다.

❗ 산업과 고용의 관계

국제 간 산업구조 변화에 따른 고용의 변화를 상징적으로 대변해 주는 사례가 있다. 미국의 '자동차 도시'였던 미시건 주 디트로이트 공업 도시의 사례이다. 디트로이트는 미국 자동차 산업의 메카였다. 미국 자동차 산업이 활황이던 시기에 3대 메이커였던 제너럴모터스, 포드, 크라이슬러가 이 지역에 둥지를 틀며 수많은 일자리가 생겨났다. 그러나 1980년대 이후 일본 자동차가 미국 시장에서 인기를 누리자 많은 변화가 일어났다. 미국 자동차는 일본 자동차에 밀려 경쟁력을 잃었고, 디트로이트의 자동차 산업도 하향길에 들어섰다. 그로 인해 디트로이트 시의 고용, 경제규모 역시 줄어들었다.

거시적인 관점으로 산업구조가 앞으로 어떻게 개편되고 변화의 방향이 어떻게 흘러가는지 등에 관심을 가져라. 가장 좋은 도구는 신문이다.

4. 청년들과 일자리를 경쟁해야 할까?

우리나라의 경우 매년 약 65만 명의 전문대 이상 대졸자들이 노동시장에 신규로 진입하고 있는데, 매년 만들어지는 일자리는 그 수에 훨씬 미치지 못하고 있다. 구조적으로 취업을 하려는 사람이 채용되는 사람보다 많은 수요자 중심의 시장buyer's market이다. 고용노동부 통계에 따르면 2000~2014년 15년 동안 우리나라의 전문대 이상 대학 졸업자들 중 약 60%만 일자리를 찾고 나머지 약 40%는 제때 일자리를 찾지 못한 것으로 나타났다. 즉, 10명 중 4명은 국내에서 일자리 찾기가 쉽지 않아 청년백수로 지내거나 창업을 해야 하는 형편이다. 청년들이 백수로 지낸다는 것은 사회적으로도 잠재적인 시한폭탄이라고 할 수 있다. 이들을 고용할 수 있는 대체적인 시장을 만들거나 찾아야 한다.

그 답 중 하나가 해외 일자리이다. 1970년대 하반기, 중동에 거대한 건설시장이 형성됐다. 이는 한국의 건설업체들에게 새로운 돌파구가 됐다. 중동 건설시장에서 한국인들은 특유의 끈기와 부지런함으로 명성이 높아졌고, 많은 건설수주를 따낼 수 있었다. 그로 인해 엄청나게 많은 사람이 필요해졌다. 건설업체들은 당연히 많은 수의 신규 직원을 채용하고 훈련시켜, 중동건설 현장으로 내보냈다.

오늘날 우리에게 필요한 것은 바로 제2의 중동건설에 비할 만한 새로운 해외 일자리다. 이젠 우리나라도 소득이 높아져 단순한 건설시공 분야는 맞지 않는다. 최근 신문에 보도된 바 있는 한국형 원전플랜트나 의료시스템, 한류산업 및 관련 분야에 대한 문화산업 수출 등을 통해 많은 일자리를 만들 수 있을 것이다. 물론 넘어야 할 산이 많고, 개인도 철저히 준비해야 한다.

이런 해외 일자리가 지금의 베이비붐 세대들에겐 새로운 도전이자 기회가 될 수 있다. 베이비붐 세대들 중에는 해외에서 근무한 경험이 있는 사람도 많다. 그 경험이나 노하우를 중소·중견기업에 전수하는 일자리를 찾아야 한다. 중견기업이나 어느 정도 규모가 있는 중소기

우리나라 고등교육 졸업자의 취업률 추이

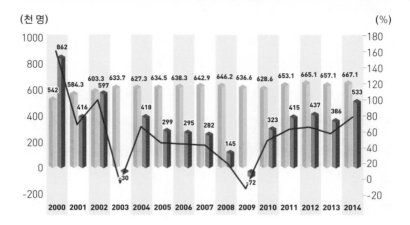

구분	🏫 전문대 이상 대학졸업자(A, 천 명)	🧊 취업자 (B, 천 명)	— (B/A, %)
2000	542.2	865	159.6
2005	634.5	299	47.2
2010	628.6	323	51.4
2011	653.1	415	63.6
2012	665.1	437	65.7
2013	657.1	386	58.8
2014	667.1	533	79.9

자료: 고용노동부

업은 해외전문가에 대한 관심이 많다. 글로벌 시장 개척과 수출 및 현지화 전략을 위해 경험이 많은 인재를 찾고 있기 때문이다.

또한 지난 1970~1980년대 호황을 누렸던 업종은 지금 한국에선 사양되고 있는 추세이지만, 동남아 지역에선 아직도 유망하다고 평가받는다. 예를 들어 지난 20년 전에는 우리나라에서 활황이었던 조선, 석유화학 등 중화학분야의 산업이 현재는 후발국인 중국, 베트남, 인도, 인도네시아 등에서 새롭게 떠오르는 유망 분야이다. 그리고 후발개도국들이 경제개발에 박차를 가하면서 많은 플랜트 건설 투자가 이뤄지고 있다. 이러한 신흥시장에 진출하는 중소·중견기업들에게는 해외시장 프로젝트를 책임지고 완수할 전문가가 필요하다. 따라서 이 분야에 대한 전문지식과 경험을 쌓고 퇴직한 베이비부머들에겐 이러한 직종이 새로운 틈새시장이 될 수 있다.

 토목기술자, 해외에서 러브 콜을 받다!

O 박사는 터널공사 분야의 토목기술사 자격증을 소지한 국내에서 몇 안 되는 전문가이다. 그는 청장년 시절엔 S엔지니어링에 근무하며 해외현장을 누비던 플랜트 분야 전문가였는데, 퇴직한 후에는 중견기업인 D사에서 임원으로 근무하며 해외건설수주에 결

정적인 기여를 했다. 이런 공로로 인해 D사에선 그가 계속 근무해 주길 원했지만, 인생 2막을 다른 분야에 기여하고 싶다고 생각했다. 그가 좀 더 보람찬 인생을 살기 위해 자신의 전문지식과 경험을 후진국에 전수해주고 싶다고 털어놨다. 또한 이제 한국은 선진국 문턱에 진입해 토목에 대한 수요가 많지 않으므로, 이제 막 경제개발을 시작해 토목 전문가 수요가 많은 곳에서 인생 2막을 시작하고 싶다고 말했다.

그는 지금 에티오피아에 전문인 선교사로 진출하기 위해, 산업체와 협력해 새로운 전문인 선교 모델을 모색하고 있다. 아프리카나 동남아 등에 진출하고자 하는 중소·중견업체에 고문으로 근무하면서, 해외건설 투자에 대한 컨설팅을 해주는 대신 일정한 대가를 받아 현지 생활 비용으로 충당하는 것이다.

그는 현지 적응 등 선교에 필요한 교육은 교회에서 훈련을 받고 있으며, 저녁에는 영어회화 학원에 나가 영어 실력을 닦고 있다.

베이비부머들은 다른 세대에 비해 도전정신과 개척정신이 남다르다. 그들은 이미 1970년대 중동 사막에 진출해 우리나라의 건설 수출을 증대시키고, 외환보유고 증진에 혁혁한 공을 이룬 세대이다. 이제 그들이 다시 세계 곳곳을 누비면서 한국의 브랜드 가치를 높일 기회가 찾아온 것이다. 문화한류를 넘어서 산업한류도 전파할 수 있는 기회다.

5. 창업: 우리나라 자영업의 실태

퇴직 이후 길은 크게 두 가지가 있다. 기업에 재취업하는 길, 혹은 스스로 일자리를 만드는 창업의 길이다. 앞에서 이야기했듯 대부분의 퇴직자들이 초기에는 창업을 생각한다. 그러나 창업을 고민하는 사람이라면 우선 우리나라 자영업의 현황부터 파악해야만 한다. 퇴직자들의 창업의 대다수는 자영업이다. 그러나 우리나라의 자영업은 이미 과당경쟁을 하고 있는 경우가 대부분으로, 그만큼 경영이 어렵다는 점을 사전에 인지하고 있어야 한다.

한국의 자영업자 비율은 28.8%로 OECD 평균 15.9%보다 훨씬 높다. 미국 7.0%, 일본 12.3%에 비하면 비교가 안 될 정도다. 순위로 따져도 터키, 멕시코, 그리스 다음이 한국이다.

그럼에도 불구하고 많은 이들이 퇴직 후에 요식업 관련 창업을 많이 한다. 다른 대안이 없으니 놀기는 그렇고, 여유자금을 갖고 익숙한 분야에 소규모 창업을 시도하는 것이다. 그런데 1년 이상을 견뎌내는 업체는 많지 않다. 게다가 살아남는 업체는 가족 모두가 돕는 경우가 많다. 역설적으로 표현한다면 가족 모두가 '올인'해야만 겨우 먹고 산다는 뜻이다.

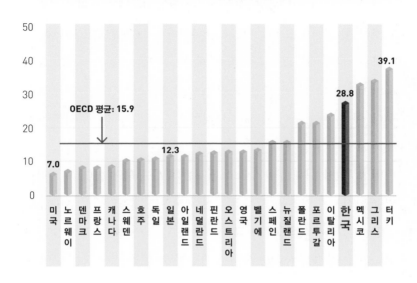

OECD 주요국의 자영업자 비율(2010년) (단위: %)

자료: OECD

베이비붐 세대의 갈 길은 어디인가?

베이비부머들이 직장에서 퇴직한 후의 기간을 평균수명을 감안해 계산해보면 대략 25년이라는 기간이 남는다. 이 기간을 실감나게 느껴보기 위해 시간으로 환산해보자. 2013년 기준 우리나라 근로자들의 월평균 근로일수는 21.1일, 월평균 근로시간은 178.1시간으로 나타났다. 실질근로일 기준으로 평균 8.4시간을 직장에서 일하는 셈이다. 이를 기초로 여생 25년 중에서 평균 10~15년을 더 일한다고 가정하면, 10년 × 21.1일 × 12달 × 8.4시간 = 21,268시간, 15년을 더 일하는 경우는 31,903시간이라는 계산이 나온다. 즉, 퇴직하고 10년 동안이라면 대략 2만 시간, 15년 동안이라면 3만 시간을 더 일해야 한다. 이 긴 시간 동안 뭘 해야 생계를 어느 정도 유지하면서도 보람 있게 보낼 수 있을까?

인생 2막을 위해 구체적이고 중대한 결정을 해야 한다. 우리나라 평균 퇴직 나이인 54세 전후 퇴직한다면 과연 재취업해서 얼마나 더 일할 수 있을까? 그렇다면 그 후에는 창업을 해야 할까? 쉽지 않은 고민이다. 창업을 하려면 오히려 가능한 한 젊었을 때 하는 것이 바람직하다.

퇴직 후 '재취업이냐?' 혹은 '창업이냐?'에 대한 결정도 중요하지만 '퇴직(은퇴) 시기'도 매우 중요하다. 인생에서 중요한 결정을 한 번 더 해야 하는 셈이다. 회사에서 나가라고 등 떠밀 때까지 버틸 것인가, 아니면 한 살이라도 젊었을 때 도전할 것인가?

창업이 성공적이면 좋겠지만 실패하는 경우가 더 많다. 계속 강조하지만 만일 창업으로 자신의 뜻을 펼치겠다면 퇴직 전에 준비 기간을 충분히 갖는 것이 성공률을 높이는 유일한 방법이다.

창업 역시 해외 시장에 관심을 가질 필요가 있다. 특히 해외 경험

40대 창업

장래가 촉망되는 유능한 기자였던 A 씨는 1997년 IMF 위기 후
많은 돈을 벌 수 있다는 벤처 붐에 편승해, 40대 중반 나이에 창업
을 결심했다. 그리고 재력 있는 투자자와 공동 창업을 했지만, 벤
처 붐이 꺼지면서 회사를 이내 접어야 했다.

그 후 몇 년 동안 인생 밑바닥을 경험하는 고통을 겪어야만 했다.
그러나 아이템을 다시 바꿔 창업했고, 이젠 큰돈을 벌지는 못해도
안정적인 노후를 즐기고 있다. 첫 번째 창업에서 많은 교훈을 얻
어 두 번째 창업에서는 제법 규모 있게 회사를 유지하고 있기 때
문이다. 만일 50대 중반에 퇴직한 후 창업해 실패했다면 노후가
힘들었을 것이다. 그는 사업 실패 후에 만회할 수 있는 약간의 시
간적인 여유가 있었기에 재기에 성공할 수 있었다고 말한다.

 퇴직 이후 60대 창업

이와는 대조적인 사례 주인공인 B 씨의 경우는 노후 준비에 많은
스트레스를 받고 있다. B 씨는 국내의 유수한 은행원이었다. 그
는 서울 근교의 은행 지점장으로 정년퇴직했다. 그리고 지점장을

하면서 만난 많은 사업가들의 의견을 참고해 자전거 점포를 개업했다.

최근 자전거 동호회가 많이 생긴 만큼 자전거 업종이 틈새시장이 될 것이란 기대 때문이었다. 그리고 은행 지점장을 하면서 알게 된 네트워크를 활용하면 성공 가능하다고 판단했다. 점포도 제법 규모 있게 시작했다. 그러나 얼마 지나지 않아 매출이 지지부진해졌고, 손실을 감수하며 사업을 접었다.

이제 그의 나이는 60세이다. 물론 재도전은 엄두도 못 내고 있다.

이나 지식이 많은 경우에는 국내 시장보다 해외 시장에서 더 큰 기회를 찾을 수 있다. 실제로 처음부터 아예 미국, 중국, 일본 등에서 특허를 보유하고 해외 시장을 공략하는 이들이 많아지고 있다.

인생 2막의 출발도 역시 타이밍이 중요하다. 자신에게 기회와 행운이 왔을 때 거머쥐려면 철저한 준비만이 살길이다.

변화의 시대, 개인의 변화관리

발명은 더 이상 과학자들의 산물이 아니다. 미국에서는 10세 소년

이 자신이 만든 발명품을 대통령과 인텔 사 앞에서 각각 시연하고, 인텔 사의 최연소 인턴사원이 됐다고 한다. 최근에는 시중에 공개돼 있는 내용을 통해 개인 휴대폰으로 화분 속 식물의 상태를 확인하는 센서를 만드는 등 일반인들도 발명을 하고 있다. 이러한 메이커문화 maker culture는 이미 시작됐다. 게다가 기술의 눈부신 발전으로 말미암아, 미래에는 단순 업무를 기계나 로봇이 대체한다고 한다. 그렇다면 직업 및 고용 분야 역시 대지각변동이 일어나리라는 사실을 예상할 수 있다.

고용 분야에서는 적어도 미래의 10년을 내다볼 수 있어야 한다. 그리고 철저히 준비한 자만이 시장에서 살아남을 수 있다. 그렇지 못하면 자연도태되거나 어쩔 수 없이 다른 곳으로 이동해야 한다. 미래를 위한 준비의 핵심은 변화관리다. 다시 자신을 '리셋reset'해야만 한다.

기업과 개인도 마찬가지다. 현실, 즉 당장의 단맛에 빠지면 미래에 대한 준비를 못한다. 그러나 당장 편하고 쉬운 길만을 쫓다 보면 가까운 미래에 위기가 닥친다. 특히 지금과 같이 변화 주기가 짧고 기술 충격이 큰 시대에는 더더욱 그렇다.

가령 O사가 좀 더 일찍 미래를 대비했다면, 오늘날에도 여전히 성공을 거두고 있을 것이다. 개인도 마찬가지다. 지금 자신이 속한 산업도 향후 기술 및 시장의 변화로 인해 인수합병이나 감원이 생

조직의 변화관리?

지난 2000년 초에 급히 구미 지역에 내려갔던 적이 있다. O사의 요청 때문이었다. O사는 한때 시장에서 수익을 잘 내는 기업이었으나 당시 대규모 구조조정을 피할 수 없는 처지에 놓이게 됐다. 필자가 도착했을 때, 회사 관계자들은 이미 공장라인을 매각하고 있었다.

O사는 미래의 변화를 미리 예측하지 못해 문을 닫게 된 경우다. O사 자신들의 주력상품인 브라운관 시대가 막을 내리고 PDP, LCD, LED의 시대가 닥쳐옴에도 불구하고 당장의 달콤함에 빠져 미래에 대한 대응전략을 준비하지 못했기 때문이다.

구조조정으로 인한 노사 간의 갈등을 현장에서 지켜봤다. 그 과정을 지켜보는 것 자체가 고통이고 힘든 일이었다.

길 수 있다는 점을 늘 상기하라. 인수합병은 우리들에게 더이상 낯선 사건이 아니다. 개인도 이제는 미래의 변화에 주목해야 한다. 변화를 수용하지 못하고 현실에 안주하고 있으면 기회는 영영 오지 않는다.

브라운관 시대가 완전히 막을 내리기 전, 그러니까 급격한 변화

개인의 변화관리?

O사 전직지원 컨설팅 프로젝트는 우여곡절 끝에 시작됐다. 3년간 무려 2,000명이 넘는 퇴직자를 만났다.

하루는 좋은 소식이 필자의 귀를 자극했다. L사가 파주 지역에 대규모 LCD 단지를 조성한다는 것이었다. 당연히 직원들 중에서 해당 분야에 적합한 후보자candidate들을 추출하기에 신이 났다. 그러나 흥분도 잠시, 이내 하늘이 무너지는 듯한 상황에 부딪치고 말았다. 소식을 전해들은 퇴직자들 대부분이 부정적이었던 것이다. 우선 구미에서 파주는 너무 멀다고 말했다. 오랜 기간 동안 살아온 지역을 떠나서, 그리고 가족들과 멀리 떨어져 일하고 싶지 않다는 것이었다.

L사측에서는 그나마 남은 후보자들 중에서도 자기네들 입맛에 맞는 사람만 만나보겠다고 연락이 왔다. 관련 전문성과 기술력을 겸비한 후보자들을 추려보니 5명 정도 밖에 남지 않았다. 2,000명 중단 5명이라니? 정말 한숨 밖에 나오질 않았다.

의 소용돌이가 오기 전, 판을 바꿀 만큼 큰 지각변동은 아니어도 약간의 전조 증세들은 분명 있었을 것이다. 그리고 그들 중 일부만이 변화의 흐름을 파악하고 철저한 대비를 했을 것이다. 그들은 자신의 판단과 직관을 믿으며 미래에 요구될 것 같은 관련 경험, 지식, 기술 등을 연마하는 데 적어도 1~3년 이상 시간을 보냈을 것이 분명하다. 그리고 거대 쓰나미에서 살아남아 그곳을 떠났으리라.

통상 퇴직자들은 과거 일했던 경험을 살려서 일을 하기보다는 전혀 새로운 분야에서 일해보고 싶다고 이야기하곤 한다. 그러나 그건 상당 기간의 고민과 준비가 있을 때만이 가능하다. 준비 없이는 퇴직 이후 단순 기능직 분야만이 당신을 기다리고 있다는 것을 명심해야 한다. 예를 들어 경비직, 운전직, 택배원과 같은 일은 육체적으로든 정신적으로든 결코 만만치가 않다.

우리가 알고 있는 급여 조건 및 환경이 좋은 직업은 전문 기술직이 대부분이다. 재취업 성공률을 높이고 싶다면 개인, 즉 퇴직자가 리셋됐음을 시장에 입증할 수 있어야만 한다. 그러기 위해서는 첫째, 관련 기술과 능력을 입증할 만한 교육 및 자격증이 요구된다. 둘째, 상당 기간의 경험이나 노하우도 필요하다. 이 두 가지를 갖추려면 재직 중에 준비해야 한다. 그리고 퇴직 이후라면 늦었다고 생각하는 대신 자기 자신을 위해 일정 기간 제대로 투자를 해야 한다.

📓 손쉬운 경력전환

다시 O사 사례로 돌아가보자. 대규모 퇴직 쓰나미 앞에서 마냥 손을 놓고 있을 수는 없었다. 적극적으로 일자리 정보를 찾고, 공단 지역의 인사담당자 등을 만났으며, 퇴직자들을 자극했다. O사 대부분의 퇴직자들은 관련 경력이 부족하고 자격증이나 기술도 없어서 막막하기만 했다. 그래서 손쉽게 경력을 전환할 수 있는 자격증과 훈련 정보를 찾기 시작했다.

눈에 띄는 자격증은 '굴삭기 및 지게차 운전' 등 중장비와 관련된 것이었다. 훈련 기간이 평균 6개월 이상으로 다소 길었지만 상당수 퇴직자들을 설득할 수 있었고 훈련 기간 종료 후 대다수가 재취업에 성공했다.

결론적으로 퇴직 전·후 준비 기간을 생략하고 즉시 경력전환에 성공한 사람은 아직 만나보지 못했다. 퇴직 이전에 자신의 경력에 대한 치열한 고민과 준비가 있어야만 한다.

K사 퇴직자, 네 번째 직업을 가지다!

2009년 K사를 퇴직하고, 네 번째 직업을 가진 퇴직자와의 인터뷰를 했다. 그는 선후배들을 위해 가끔 강연을 하기도 하는데, 그의 강의를 듣고 있으면 저절로 힘이 생길 만큼 자신감이 넘친다. 그는 밝게 웃으면서 말문을 열었다. 그의 이야기를 들어보자.

"저는 여러분께 '자기 자신을 결코 버리지 말라'는 이야기를 하고 싶습니다. 여러분 모두가 어디에 계시더라도 존중과 대우를 받을 수 있는 존재입니다. 하지만 그러한 대접은 여러분의 노력 여하에 따라 결정된다는 점을 명심하셔야 합니다. 퇴직 이후를 어떻게 준비해야 할지 제대로 인식하지 못해 갈팡질팡 하는 경우를 주변의 선후배를 통해 많이 봤습니다. 여러분들의 손에는 지금 무엇이 들려 있나요? 그것은 바로 지난 수십 년간 쌓아온 경험과 전문성, 그리고 인맥입니다. 저를 짧게 소개하겠습니다. 제가 보유한 전문성은 대학교에서 배운 토목 기술과 대학원에서 습득한 경제 지식입니다. 또 K사 재직 기간 동안의 경험을 통해 통신 분야의 노하우를 습득했습니다. 퇴직 이후 새로운 직장에 자리를 잡는 데에 큰 역할을 한 요소가 또 있다면 바로 인맥입니다. 네트워크는 정말 중요합니다. 저는 오랫동안 주변 학생들에게 영어를 가르쳤습니다. K사 재직 시절부터 농어촌 지역 학생들을 대상으로 영어 교육 봉사도 다녔고요. 그러다 보니 학부모들과도 자연스럽게 인맥을 쌓게 됐습니다. 친분이 쌓이면서 학부모 중 한 명이 지진 관련 일을 하고 싶어 한다는 사실을 알게 됐고, 자연스럽게 그 분과 연계된 곳에서 퇴직 후 첫 직장을 잡게 됐습니다. 그 직장이 하나의 계기가 돼 현재까지 오게 됐습니다. 새롭게 시작한 대기업 통신 관련 일도 그때 그 일을 계기로 하게 된 것이나 다름없습니다. 퇴직후 저는 지금까지 직장을 세 번 이동했으며, 이제 곧 일하게 될 대기업이 네 번째 직장이 됩니다. 과거 K사에 다닐 때는 그 일만 해도 식솔부양이 됐는데, 퇴직을 하니 수입이 확실히 줄어들어 동시에 두 가지 일을 병행해야 했습니다. 그래서 예전에는 지진과 감리 분야 일을, 현재는 지진과 통신 일을 함께하고 있습니다. 여러분들에게 하고 싶은 이야기는 준비가 없으면 아무것도 얻을 수 없다는 겁니다. 향후 정년퇴직이 다가오는 시점에는 여러분의 양손에 많은 것들이 쥐어져 있기를 바랍니다."

그는 남들보다 퇴직을 5년 정도 앞당긴 덕분에, 정년을 다 채웠더라면 잡을 수 없었던 기회를 낚았다. 그리고 인생 2막을 즐기면서 자신이 진정 하고 싶은 일을 쫓고 있다.

인맥이 자산이다

K 국장은 2014년에 퇴직하며 정든 직장을 떠났다. 그를 처음 만난 것은 수원 B기업 연수원에서였다. 2박 3일 동안 진행되는 퇴직 교육에서, 그는 깊은 감동을 줬다.

교육 기간에 적극적으로 명함을 건네고 인사하는 이는 거의 없다. 그러나 그는 달랐다. 교육 이튿날부터 적극적으로 인사와 이야기를 건넸다.

"나는 퇴직 10년 전부터 직장 동료나 선후배보다는 외부 사람들을 더 적극적으로 만나기 시작했어요. 그리고 한 번 맺은 인연은 계속해서 좋은 관계로 유지·발전시켜 나갔답니다. 그들은 내가 힘들 때마다 적극적인 우군으로 나를 더욱 빛나게 해주더군요. 장교수! 내가 원래 촬영만 평생을 한 사람입니다. 그러니 기회가 된다면 사진 촬영과 관련된 봉사를 하고 싶으니 앞으로도 만났으면 좋겠군요."

그리고 교육 마지막 날, 손수 카메라를 들고 와 강의 중간 중간에 촬영해 사진을 보내주셨다.

현재 그는 대학에서 학생들에게 자신의 경험과 노하우를 아낌없이 주고 계신다. 대학으로 가는 기회를 잡을 수 있었던 이유를 분석해본다면, 그의 '인맥관리 및 네트워킹' 능력과 '진취적인 실행력' 덕분이라고 할 수 있다.

그는 퇴직하고 나니 모든 것이 새롭고, 또 새롭게 인생을 배운다고 생각하니 하루하루가 즐겁다고 했다. 그의 말처럼 단순히 주변 사람들에게 저녁만 산다고 인맥이 생기지는 않는다. 인맥을 만드는 힘은 사소한 일도 상대를 남달리 배려하는 그의 태도에 있다.

몇 장의 사진을 이 책에 소개하고자 한다. 사진들은 모두 위 사례 주인공의 작품이다. 그의 사진은 구도가 남다르다. 이 자리를 빌어서 감사하다는 말을 전하고 싶다.

일대일 컨설팅
진단 피드백

진단 워크샵
퇴직 후 로드맵
설정

집단 워크샵
팀 발표 및 공유

일대일 컨설팅
진단 오리엔테이션

전직기업협의회 커
이러디자인 과정 중
(2013.9.4~6)

두 사례의 주인공들에게는 공통점이 있다. 인맥을 최대한 활용하며, 생각만 하지 않는다는 것이다. 즉, 실행력이 뛰어나다. "우리는 변화의 시대에 살고 있다. 변화를 빨리 읽고 끊임없이 변해야만 살아남는다." 귀가 따갑도록 들었을 이야기다. 변화는 과거의 화려했던 명함을 잊는 것으로부터 출발한다. 진정으로 과거 자신의 명함을 잊을 수 있는가? 그럴 수만 있다면 퇴직 이후 인생 2막의 반은 이미 성공한 셈이다!

CHAPTER 03

인생 2막 경력관리는 마라톤이다

인생 2막은 마라톤과 비슷하다. 인생 1막에는 앞만 보고 뛰었다면 인생 2막에는 주변, 그러니까 집, 혹은 산과 들을 보며 뛸 수 있어야 한다. 또한 인생 1막 때와 동일한 수준으로 목표를 정한다면 심신이 피곤할 수밖에 없다. 즉 오래 뛰지도 못하고 쉽게 지쳐 완주가 힘들어진다. 그래서 인생 2막의 목표는 좀 달라야 한다.

인생 2막을 잘 뛰려면 첫째, 반드시 '목표'가 있어야 한다. 그래야 길을 잃지 않기 때문이다. 둘째, 그 목표가 자신의 '눈높이에 잘 맞아야' 한다. 전 생애적 관점에서 멀리 내다보고, 퇴직 이후 실행 가능한 구체적인 목표를 설정해야만 한다. 마지막 셋째, 출발선에서 기분 좋게 출발했더라도 힘든 상황은 반드시 오기 마련이다. 이때를 잘 극복할 수 있는 차별화된 '전략'이 필요하다.

마라톤을 완주하려면 사전에 충분한 연습이 필요하듯이 인생 2막의 목표가 정해졌다면 충분한 준비 기간을 갖고 연습을 시작해야 한다. 마라톤 당일에는 무엇보다 자신의 상태를 잘 파악해 오버페이스하지 않도록 조절해야 한다. 인생 2막은 생각보다 길다.

경력목표를 설정하라!

인생 2막을 뛰기 위해서는 경력과 관련된 명확하고 구체적인 목표가 필요하다. 퇴직 이후 경력목표 및 설정에 관해 본격적으로 이야기하기 전에 베이비붐 세대들의 생각을 먼저 들어보자.

❗ 베이비붐 세대들의 생각

베이비붐 세대들은 대체적으로 경력목표 및 설정이라는 이야기를 꺼내면 어색하게 느끼거나 어려워한다. 그들이 과거 첫 직장에 들어갈 때만 해도, 호경기라 일자리가 풍부했었다. '골라서' 첫 직장을 선택했기 때문에 이직이나 전직 등 커리어 변화가 거의 없었고, 경력과 관련된 특별한 사건도 많지 않았다. 경력관리 및 개발을 위해서는 구체적인 목표와 타깃을 설정해야 하는데, 솔직히 그러한 개념을 알아야 할 이유도 없었다.

그들은 "퇴직 이후를 솔직히 막연하게 생각했다. 강의를 듣고 나니 인생 2막은 이왕이면 성취감을 느낄 수 있는 봉사 개념으로 접근하는 것이 좋겠고, 그래야만 성공 확률은 높일 수 있다는 것을 알았다"며 강의가 끝날 때 즈음에서야 서서히 인정하기 시작했다.

그럼에도 불구하고 문제는 남아 있다. "입사 이후 퇴직할 때까지 현업에 필요한 사람을 채용한 경험은 있지만 직접 이력서를 작성해본 것이 언제였는지 모르겠다"는 것이다.

결국 그들은 이렇게 결론을 내린다. "강의를 듣고 나니 이론적으로 이해 가는 건 사실이지만 현실적으로는 일단 이력서를 왕창 뿌려봐야죠. 그래서 되면 다행이고, 안 되면 마는 거지!"

이러한 과정이 반복되면 결국 좌절하게 마련이다. "왜 잘 안 되는가?"에 대한 깊이 있는 성찰이 약한 것이 바로 베이비붐 세대의 약점이다.

우선 목표를 정하기 전에 '일'과 '경력'에 대한 개념부터 다시 정립해야 한다. 경력은 일$_{work}$에 대한 경험$_{experiences}$을 포함한다. 흔히 번듯한 직장에 들어가서 돈을 버는 것만을 경력으로 생각하는데, 그렇지 않다. 광의의 개념으로 봤을 때, 기간에 관계없이 일에 대한 경험이면 경력의 범주 안에 포함시킬 수 있다. 예를 들어 단 하루 동안 한 일이나 외부활동, 혹은 봉사활동도 경력이라고 할 수 있다. 그러니 4대 보험을 제공하는 정규직만이 경력이라 생각하는 틀을 깨야 한다.

또한 경력은 평생 동안 잘 관리해야 한다. 경력관리란 환경$_{environment}$과의 끊임없는 상호작용을 통한 문제해결의 과정이다. 따라서 경력관리를 위해서는 개인으로부터 출발하되 자신을 둘러싼 환경 역시 지속적으로 잘 살펴봐야 한다. 특히 빠르게 변화하는 외부 환경에 적절히 대응할 수 있는 자신만의 독특한 무기를 만드는 것이 매우 중요하다. 전쟁터에 나가 승리하려면 전략과 전술이 필요한 것처럼 인생 2막을 준비하는 이들에게도 방향타가 필요하다. 따라서 경력목표 설정이 필수라는 것이다.

필자는 2011년 9월부터 대학에서 일을 시작하며, 그간 수행했던 현장 경험을 좀 더 이론적으로 다지고 분석하고자 했다. 그래서 실제로 그간 수행했던 수많은 프로젝트를 토대로, 퇴직자들을 분석했다. 관심 사항은 다음과 같은 질문이었다. 퇴직자 중에서 어떤 이들의 성공률이 가장 높은가? 어떤 특성을 보유한 퇴직자가 그렇지 않은 퇴직자에 비해서 재취업 성공률을 높이고, 구직 기간을 단축시키는가?

연구 결과, 퇴직자들의 경력목표가 성공과 실패를 가름하는 중요한 핵심요소임이 학술적으로 입증됐다. 즉, 경력전환 성공자들의 대표적 특성 중 하나가 퇴직 이후 자신의 경력에 대한 목표가 명확하고 구체적이었다는 점이었다. 그렇다면 반대로 구직자들도 경력목표를 구체적이고 명확하게 정하면 재취업 성공률을 올릴 수 있다고 해석할 수 있다.

경력목표 설정은 크게 두 가지로 구분된다. 우선 전 생애적 관점에서의 장기적인 경력목표 설정, 그 다음으로는 그 연계선상에서 단기적인 제2의 경력목표 설정이 필요하다.

이는 앞서 진단 과정에서 수행한 1차 장·단기 경력목표 설정과 유사한 형태로 진행하면 된다. 이때 진단으로 인해 경력목표가 어떻게 수정·보완됐는지 비교해보는 것이 좋다. 다시 한 번 강조하지만 앞서 살펴봤던 '진단'도 바로 목표 설정을 위한 것이다. 목표 설정이 명확해져야만 다음 단계로 넘어갈 수 있다.

실제 현장에서도 목표가 명확한 퇴직자는 컨설팅이 순조롭게 진행된다. 그러나 이와 정반대의 고객은 구직 기간이 상당히 소요되며, 고객과 컨설턴트 모두가 힘들다. 무엇을 어떻게 해야 할지 막막하니 답답하고 두렵기만 할 것이다. 그러나 다른 대안도 없고 지름

길도 없다. 무조건 목표 설정부터 해야 한다.

경력목표가 모호한 퇴직자는 곧 평소 자신에 대한 객관적인 진단과 환경 및 노동시장에 대한 분석이 부족했다는 뜻이다. 또한 자신의 경력에 대한 관심이 없다 보니 다양한 분야에 대한 경력 탐색도 없었던 경우가 많다. 목표가 어느 정도 그려져야 깊이 있는 정보를 획득할 수 있는 것은 당연하다.

지금 당장 펜을 들고 경력목표를 설정해보라. 장기적인 경력목표는 다소 추상적이어도 좋다. 인생 후반기의 인생 목표를 세운다고 생각하는 것이다! 장기적인 경력목표가 설정됐다면, 좀 더 현실적인 부분을 고려해 실행 가능한 단기 목표를 그려야 한다.

성공적인 경력전환 준비

자신의 경력에 대한 목표 설정이 확고해졌다면 공격하고자 하는 분야의 범위를 좁혀야 한다. 즉 선택과 집중을 해야만 성공률을 극대화할 수 있다. 이러한 과정을 타기팅, 즉 시장표적화라고 한다.

예를 들어 양궁선수는 과녁의 중앙 부분을 향해 끊임없이 활시위를 당긴다. 경력전환을 시도할 때도 마찬가지로, 퇴직자는 자신이 목표로 할 과녁을 설정해야만 한다. 허공에 대고 활시위를 당긴다면 답은 뻔하다. 힘만 들 뿐 성공률은 매우 낮다. 구체적인 타기팅 과정을 잘 이해하고 싶다면 경력전환의 개념을 가장 먼저 확인할 필요가 있다.

일반적으로 실제 전직지원 컨설팅의 초점은 경력전환에 있는 경우가 많다. 이때 급격하게 전혀 다른 분야로 경력을 전환하기보다는 상당수가 이전 분야와 비슷한 직종과 산업 분야로의 이직을 하게 된다. 한 번에 완전한 경력전환은 어렵기 때문이다. 한 분야에서 경력을 어느 정도 쌓고, 또 다시 새로운 직업 혹은 산업분야로 진출해야만 성공률을 높일 수 있다.

또한 동일 산업군 내에서도 직업 및 직무 분야, 혹은 시장 상황에 따라 인력 수급이 달라진다. 따라서 동일 산업군일지라도 직무를 조금만 바꾼다면 재취업이 쉬워질 수도 있다. 퇴직 이후 무리하게 전혀 다른 분야로의 전직을 고려하기보다는 앞서 지적한 바와 같이 산업 혹은 직무를 부분적으로 전환하며 점차적으로 이동해야 하는 또 다른 이유이다.

그러나 예외가 있다. 급작스럽게 해당 기업에서 대규모 구조조정 작업이 진행돼 어쩔 수 없이 직장을 나와야 할 때에는 일반적인 접근이 오히려 발목을 잡기도 한다. 대기업이 구조조정을 진행하는 이유는 대부분 해당 산업이 어려운 상황에 놓여 있기 때문이다. 즉 대기업과 관련된 협력업체 등 산업 자체가 전반적으로 힘들다는 뜻이

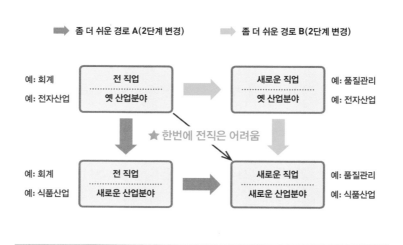

경력전환 예시

➡ 좀 더 쉬운 경로 A(2단계 변경)　　➡ 좀 더 쉬운 경로 B(2단계 변경)

| 예: 회계
예: 전자산업 | **전 직업**
옛 산업분야 | ➡ | **새로운 직업**
옛 산업분야 | 예: 품질관리
예: 전자산업 |

★ 한번에 전직은 어려움

| 예: 회계
예: 식품산업 | **전 직업**
새로운 산업분야 | ➡ | **새로운 직업**
새로운 산업분야 | 예: 품질관리
예: 식품산업 |

다. 이 경우는 오히려 자신이 속한 산업 분야만을 고집하면서 마냥 일자리를 기다리는 대신 적극적으로 전혀 다른 산업 혹은 분야를 공략해봐야 한다.

이런 경우처럼 어쩔 수 없이 퇴직 이후 경력목표를 전혀 다른 산업군과 직무로 설정했다면 '준비 기간'을 상대적으로 길게 가져야 한다. 준비 기간은 적어도 1년 이상 소요된다. 우선 시장에 진입하기 위해 필요한 자격요건부터 갖춰야 하기 때문이다. 다음으로 해당 분야에 공격적으로 진입해서 실제 관련 경험을 쌓는 것이 중요하다.

❗ 경력전환 컨설팅

경력전환에 대해 다음 사례를 통해 좀 더 살펴보자. S사 프로젝트를 수행했을 때, 퇴직자에 대한 컨설팅이 어느 정도 진행되면 그들을 다음과 같이 크게 아홉 가지 레벨로 각각 구분했다. 이처럼 체계적으로 분류하는 것이 중요하다.

그리고 공략할 대상 기업target company을 정리해 매칭matching한다. 이 과정은 한 번에 끝나는 것이 아니다.

컨설팅을 진행하는 동안 고객을 분류 및 재분류하는 과정을 지속적으로 반복하게 된다. 당연히 퇴직자가 공략해야 할 기업도 계속 변화한다. 이때 개인이 처한 상황과 이력, 경력은 물론이고, 무엇보다 개인의 니즈, 즉 욕구에 초점을 맞추게 된다.

이러한 과정도 타기팅이라 할 수 있다. 타기팅 과정은 공략할 대상을 명확히 함으로써 재취업 전략을 수립할 수 있게 하며 이는 효율적인 직업 탐색으로 연결돼 궁극적으로는 구직 기간을 단축시킨다.

다음에 제시된 아홉 가지 레벨을 살펴보라. 당신은 어떤 레벨로 목표로 정하고 싶은가? 점진적으로 레벨 1부터 출발해야 한다고 생각하는가? 아니면 처음부터 레벨 9로 출발할 것인가?

목표 지점에 따라 준비 과정의 출발선도 완전히 다르다. 예를 들

직종 및 산업 매트릭스

동일 직종 다른 산업 (레벨 5)	유사 직종 다른 산업 (레벨 7)	다른 직종 다른 산업 (레벨 9)
동일 직종 유사 산업 (레벨 2)	유사 직종 유사 산업 (레벨 4)	다른 직종 유사 산업 (레벨 8)
동일 직종 동일 산업 (레벨 1)	유사 직종 동일 산업 (레벨 3)	다른 직종 동일 산업 (레벨 6)

"경력전환 설정에 따른 컨설팅 진행"

어 레벨 1에서 출발하는 경우는 이전 경력과 산업군이 기초가 되니 무엇보다 퇴직 이전에 재직 당시 네트워킹에 집중해야 한다.

레벨 9에서 출발해야 하는 경우는 준비 기간이 다소 길다. 새로운 직무와 산업군에 대한 이해는 물론 지식을 쌓고 연마해야 한다. 그리고 자격증 취득이나 교육훈련과정도 필요하다. 새로운 시장으로의 진입 방법에 대한 구체적인 전략도 요구된다.

목표 지점을 명확히 하지도 않은 채 이력서를 성급히 제출하려 하지 마라.

차별화된 재취업 전략을 세우려면?

퇴직 이후 아무런 전략 없이 뛰다가는 큰 낭패를 보게 된다. 다시 한 번 강조하지만 차별화된 전략이 필요하다. 공략할 기업을 선정하는 '방향타'가 나와야 한다.

예를 들어 이전과 동일한 직종과 산업분야를 공략한다면 준비 기간을 단축시킬 수 있다. 그러나 퇴직 이후 3~6개월 정도 구직활동을 하다 보면 전략이 수정될 수도 있다. 노동시장은 변화무쌍하며 자신의 가치도 계속 변한다. 또한 재무 분석 결과 급작스럽게 1년 이내에 경제활동을 하지 않으면 안 되는 경우도 발생한다.

전략은 특히 대안이 없는 구직자에게 성공률을 높여주는 중요한 역할을 한다. 대안이 없다고 퇴직 이후 아무 것도 안 하며 계속 시간만 보내는 경우엔 상황이 더 나빠질 수 있다. 상황과 환경이 전에 비해 조금이라도 변했다면 재빠르게 전략을 수정해야만 한다. 노동시장은 시시각각 변화한다. 자신이 원하는 시점에 원하는 일자리가 존재하는 경우는 거의 없다. 그래서 베이비붐 세대 재취업 전략 수립의 첫 단계에서는 모든 가능성을 열어둬야 한다.

즉 재취업 전략은 실제 실행 과정에서 시장 상황에 맞춰 내용도 그때그때 수정될 수 있어야 한다. 한 번 세운 재취업 전략을 계속 고집하면 곤란하다. 가능성을 열어라.

재취업 분야는 어떻게 정해야 할까?

급작스럽게 퇴직한 O사의 직원 상당수가 퇴직 이전과 동일 직종과 산업으로의 이동을 원했지만 쉽지 않았다. 그 지역에서 O사는 대규모 기업에 속했다. 해당 산업에서 막대한 비중을 차지하는 대기업이 흔들리면 관계를 맺고 있는 협력업체 및 하청업체 역시 연쇄적으로 힘들어지는 것은 당연하다. 계속 강조했듯이 대기업 출신들 보유하고 있는 노하우 및 경험을 갖고 중소·중견업체에 이직을 한다면, 기업과 개인 모두 윈-윈이다. 그러나 해당 분야 전체가 전반적으로 어렵다보니 관련된 기업에서도 고용을 창출하기 어려워진 것이다.

나중에 경기가 좋아진다 할지라도 관련 산업(사양 산업, 새로운 기술로 인해 퇴보하는 산업)에서의 고용창출은 잘 일어나지 않는다. 이런 경우 과감하게 이전과는 전혀 다른 분야로의 도전이 필요하다. 그래야만 경력전환 성공률을 증진시킬 수 있다.

게다가 지금 시대에서 이직과 전직은 새로운 사건이 아니다. 어찌보면 너무나도 당연하기까지 하다. 그러므로 이전과는 전혀 다른 새로운 분야에서 일하는 것도 더이상 낯선 일이 아니다. 앞으로는 더 늘어날 것이다.

강의를 가면 퇴직을 앞둔 베이비부머들이 자주 묻는 질문이 있다. "우리를 받아주는 곳이 정말 있긴 한가요?" 그 질문을 받을 때면 마음이 착잡해지곤 한다. "오라는 데가 있으면 어디든 가야죠, 뭐. 우리가 찬밥 더운밥 가릴 땐가요?"

그러나 무작정 급하게 들어간 직장은 떠나기도 쉬운 법이다. 마음이 급할수록 돌아가라는 옛말처럼 차근차근 컨설팅 내용을 이해하고, 문제를 단계별로 풀어간다면 보람 있게 일할 수 있는 곳은 반드시 찾을 수 있다. 지금부터 그 틈새시장을 찾아보자.

에릭 브린욜프슨Erik Brynjolfsson 교수 등 미래 연구자들은 기계로 인해 많은 노동자가 일자리를 잃어버릴 것이라고 예견했다. 기술의 발전으로 직업군의 양극화가 일어날 것으로 보고 있다. 창의성 및 전문 기술을 요구하는 분야와 그와는 정반대로 아주 단순한 분야만 존재하게 된다는 것이다. 따라서 미래에는 중간관리자가 따로 필요가 없게 된다고 한다.

IT 및 로봇의 발달로 인해 개인도 새로운 기술을 끊임없이 학습하고 혁신하지 않으면, 노동시장에서 오랜 기간 생존하기 힘들다. 기계와 달리 창의적으로 사고하는 분야가 앞으로 각광 받는다고 하니 베이비붐 세대 입장에서는 더 가슴이 답답해질 수도 있겠다. 그러나 새로운 일에 대한 호기심만 있다면, 자신의 경험과 노하우를 바탕으로 자신의 경력을 다른 분야와 접목할 수 있다.

퇴직 이후 인생 2막 그리고 3막은 새로운 분야로의 직종과 산업군을 자주 넘나들게 될 것이다. 그래서 인생 2막이 더 궁금하지 않은가? '먼 미래에 지금과 다른 일을 한다면, 무슨 일을 하게 될까?' 하고 말이다. 재취업 전략을 수립할 때 다음 내용을 한 번 점검하고 준비해봐라.

첫째, 방향타가 있어야 한다. 없다면 배가 어디로 향할지 모른다. 따라서 반드시 방향타를 정해라. 구직활동 기간 설정과 경력목표$_{goal}$는 구체적이어야만 한다. 타기팅을 분명히 하는 것도 성공률을 증진시킬 수 있는 방법이다.

둘째, 전략은 실제 현실을 감안해 구상하라. 그리고 늘 가능성을 열어둬야 한다. 자신에게 전혀 다른 분야에서 제안$_{offer}$이 들어올 수도 있다는 것을 잊지 말라.

셋째, 과감하게 전직을 시도$_{action}$하라. 전략은 실제 성공률을 높이기 위해 존재한다. 과거 경력만을 살려 이직하려는 관점에서 빨리 벗어날수록 당신에게 더 많은 기회가 온다. 그러나 새로운 분야로의 전직을 위해서는 준비 기간이 상대적으로 많이 요구된다. 특히 새로운 분야를 탐색$_{exploration}$하고 익히려면 자격증 등 관련 지식을 필요로한다. 재취업을 하려면 그 지식을 상대, 즉 구인업체에 입증할 수 있어야 하기 때문이다. 예를 들어 해당 지식을 입증하기 위해 자격증이나 훈련과정에는 무엇이 있는지 찾아보고, 취득해야 한다.

넷째, 재취업에 성공한 사람들에게는 공통적인 특징이 존재한다. 전략이 상당히 구체적이라는 것이다. '구체적'이라는 단어에 감을 잡기 어려울지도 모르겠다. 이를 한 마디로 표현한다면 '자기 자신이 그 전략에 대해 분명한 확신이 있다'는 뜻이다. 따라서 당신의 직관intuition을 믿고, 자신이 세운 전략에 대해 확신을 갖자. 본인 스스로도 확신이 없는데 자신을 찾는 업체가 있을 리 만무하다.

마지막으로 아직 자신이 세운 전략이 못마땅하거나 확신이 들지 않는다면, 수정하고 또 수정해야 한다. 마라톤을 지속적으로 하는 사람은 완주를 위한 구체적인 전략이 있다. 보기에는 그냥 뛰는 것처럼 보일지도 모르겠지만, 마라토너는 사전에 파악한 내용을 머릿속에 전부 지니고 있다. 예를 들어 구간별로 특징을 미리 파악하고, 어느 구간에서 마지막 있는 힘을 다해 전력 질주할 것인지도 미리 계획한다. 그래야 완주할 수 있다.

베이비붐 세대는 젊은 청년에 비해 빨리 뛰지는 못한다. 그러니 오래 뛸 수 있다는 장점을 살려야 한다.

CHAPTER 04

일과 삶을 동시에
추구하는 분야를 찾아라

우리나라 베이비붐 세대는 퇴직 이후에도 상당 기간 일을 해야 한다. 일부 사람들은 이러한 현실 앞에 울상을 짓는다. 그러나 이러한 현실이 꼭 부정적으로만 느껴지지는 않는다.

일이 인생에 미치는 영향은 말로 설명이 안 된다. 인생 2막은 개인이 자신의 일을 어떻게 규명하느냐에 따라 삶의 질이 결정된다. 따라서 어떤 일을 하느냐가 중요하다. 자신이 하는 일을 통해서 인생을 보다 값지고 아름답게 만들 수 있다. 이상적인 이야기로 들릴 수도 있겠지만 일에 대한 편견만 깬다면 가능하다.

우리는 흔히 우아한 사무실에서 일을 해야지만 대접 받는 것이라고 생각한다. 그리고 성공한 사람이라고 부러워한다.

 우리 사회의 퇴직에 대한 생각들

한 선배 교수님의 아버지는 오랜 기간 동안 학교에서 교장으로 일
하시다 퇴직을 맞이했다고 한다. 평소 취미로 서예를 하셔서 그 수
준이 상당하다 했기 때문에, 퇴직 이후 인근 구청에 나가 일반인들
을 대상으로 서예를 가르쳤지만, 이내 그만둬야 했다.

주변에서 "아니, 자제분이 대학 교수라면서 이런 일까지 하셔야
합니까?" 하고 하도 이야기를 해서 도저히 계속 그 일을 할 수가
없었기 때문이었다. 요즘은 손주들 돌보는 일이 생활의 전부로,
소일거리가 없어 힘들어하신다고 했다.

이처럼 우리나라는 퇴직 이후에 주변의 따가운 시선 때문에 일,
심지어 봉사를 하고 싶어도 마음 편히 할 수가 없는 지경이다. 언론
에서 화려한 경력을 지닌 기업의 전 CEO가 식당에서 서빙을 하는
모습이 포착되며 화제가 되기도 했다. 그러한 사례는 더 이상 큰 이
슈가 돼서는 안 된다. 앞으로는 과거에 화려하게 일했던 사람들이 퇴

직 이후 사회에 아무런 기여도 하지 않을 경우, 오히려 비판 받는 세상이 와야 한다. 이는 대기업과 공사 등에 강의를 갈 적마다 강조하는 내용이다. "퇴직 이후에는 큰돈을 벌 길만을 찾기보다는 용돈 정도를 벌면서 사회에 기여할 수 있는 일을 찾는 것이 중요하다."

인생 2막의 일에 대한 개념은 어떻게 가져야 하는 걸까? 일과 관련된 몇 가지 단어들을 나열해보자. 보람, 행복, 봉사, 기여, 용돈벌이, 나눔, 관계, 건강, 가족, 부부 등…. 이런 단어를 보고 있으면 일에 대한 개념도 혁신적으로 변화된다.

첫째, 직업 범위가 훨씬 더 광범위해진다. 예를 들어 보람을 찾기 위한 일은 도처에 널려 있다. 조금만 욕심을 버리면 일할 곳이 너무 많아서 탈이다. 예를 들어 과거 직장에서 쌓은 노하우와 경험을 중소기업에 전수할 수도 있다. 또 조직 관리 경험은 전혀 다른 분야의 조직에서도 유용하다.

둘째, 직업 탐색을 개인으로부터 출발하게 된다. 직업 탐색을 기업, 즉 구인업체가 아닌 개인으로부터 출발하면 할 일을 더 많이 찾을 수 있다. 봉사활동도 기업 및 조직으로 확대하라. 자신의 전문성을 기부할 수 있는 일도 찾아보자. 봉사를 하면 일의 기회는 점점 늘어난다.

셋째, 궁극적으로는 일의 기회가 증대된다. 일의 기회는 작은 인연으로부터 출발한다. 아주 작은 일로라도 사람들과 관계가 맺어진 다면, 곧 자신에게 새로운 기회가 생기는 셈이다. 그러므로 일로 생긴 인연은 모두 소중히 생각하라. 상대는 당신을 반드시 기억한다. 예를 들어 봉사로 시작한 일이 언젠가는 당신에게 공식적인 오퍼로 들어올 수 있다.

인생 2막 직업 탐색은 어떻게 해야 하는가?

앞서 강조한 것처럼 퇴직 이후에 일자리를 찾기 위해서는 과거 인생 1막에서 생각했던 일에 대한 개념부터 혁신적으로 바꿔야 한다. '퇴직 이후 나를 받아주는 곳이 없을 것이다'라고 생각하는 이유는 과거 일에 대한 개념에 사로잡혀 있기 때문이다.

인생 1막에서 일이라고 하면 주로 생각했던 개념부터 살펴보자. 이때 일자리를 판단하는 기준으로 급여 수준, 안정성, 4대 보험, 복지제도, 조직의 규모, 시스템, 기업의 업력 및 매출 규모 등을 생각할 수 있다.

컨설팅을 실시하고 구인업체를 어렵사리 연계하며 재취업을 성공시켰는데, 출근한 지 일주일도 채 안 돼 퇴사하는 분들이 더러 있었다. 그러면 해당 업체 인사담당자로부터 심한 불만을 들어야만 했다.

중소기업의 인력난

우리나라 기업들은 사람이 없어서 힘들다 하고, 구직자들은 일자리가 없다고 이야기한다. 즉 인력 미스매칭 현상이 심각하다. 규모가 상대적으로 작은 중소기업은 사태가 더 심각하다.

꽤 탄탄한 중견기업의 CEO에게 들은 이야기다. 인턴으로 채용한 직원이 하도 일을 잘해, 필요한 인재라 여겨 심사숙고 끝에 정규직 제안을 했다고 한다. 그러나 그 사원은 자신도 이곳에서 정말 일하고 싶지만 결혼을 앞두고 있다 했다. 결혼을 하려면 대기업 간판이 필요하다며, 대기업에 잠시 갔다가 다시 이 회사로 반드시 오겠다고 하고 그는 회사를 나갔다. 해당 기업의 CEO는 이러한 현실을 묵묵히 받아들일 수밖에 없었다고 하소연 한다.

사실 15년 넘게 일하면서 자주 접하는 사례다. 문제는 이런 사례가 늘어날 적마다 이제 막 전직지원센터를 방문해 열심히 재취업을 준비하고 있는 중장년층 구직자들의 기회가 점점 줄어든다는 것이다. 이렇게 한 번 중장년층 구직자가 무작정 퇴사하고 나면, 이후 구인업체는 자리가 있어도 아무런 요청을 하지 않는다. 아예 컨설턴트와 인연을 끊어버리는 경우도 발생한다. 퇴직자 한 분이 이렇게 구인업체에 부정적 이미지를 남기면, 구인업체는 적합한 일자리 정보가 있어도 연계하기가 어려워진다.

이 책을 읽는 독자도 비슷한 상황에 놓일 수 있다. 향후 당신에게 실질적인 재취업 기회가 주어진다면 겸손하게, 그리고 신중하게 접근해야 한다. 그래야 자신뿐만 아니라 다른 선후배 일자리도 망치지 않을 테니 말이다.

 굴러든 복을 걷어차다!

어느 날, 인사담당자가 전화를 받자마자 화를 내며 "어떻게 그런 분을 우리 기업에 연계할 수 있냐?"고 호통을 쳤다. 구직자가 아무런 통보도 하지 않고 회사를 나오지 않았다는 것이었다. 필자는 퇴직자에게 서둘러 전화를 걸어, 왜 아무런 통보로 하지 않고 급작스럽게 업체를 나오셨는지 물었다. 그런데 전화선을 통해 들려온 답변은 필자의 예상을 완전히 빗나갔다. 뒤통수를 한 대 얻어맞은 듯 했다.

"아니, 내가 출근을 했는데 책상에 컴퓨터도 주지 않고, 게다가 참고 일하려 했는데 회사가 전반적으로 시스템이 엉망이야! 내가 그런 곳에서 어떻게 일을 할 수 있겠어?"

필자는 아무런 답변도 하지 못하고 전화를 끊어야만 했다.

이후 전직지원센터가 문을 연 지 거의 일 년째 되던 무렵이었다. 호통을 쳤던 퇴직자가 전직지원센터를 다시 방문하셨다. 그리고 는 책상을 치며 후회하며 말했다. 그 업체가 알고 보니 코스닥 상 장도 된, 정말 괜찮은 기업이었는데 지난 날 너무 성급하게 판단 했다는 것이다.

결국 그 분은 이후에 힘들게 구직활동을 해야 했고, 이전 기업보다 여러 가지 측면에서 조건이 낮은 기업에 재취업할 수밖에 없었다.

직업탐색은 이렇게 출발하면 된다. 경력목표가 설정되면 우선 관련 분야의 최근 일자리 정보를 찾아보는 것이 급선무다. 즉 관련 구 인공고를 최소 10개 이상 검색해봐라. 스마트폰으로 관련 웹을 다운 받으면 즉시 확인이 가능하다. 고용노동부가 운영하는 워크넷WORK NET, HRD-Net, 한국산업인력공단Q-Net 등을 적극 추천하고 싶다.

이왕이면 '장년우대 채용 정보'를 확인해보는 것이 좋다. 다음 예 시 내용은 '사회복지 보조원' 분야를 검색한 내용이다.

관련 직종과 직무 내용이 상세하게 기술돼 있다. 특히 구인업체에 서 요구하는 자격증이나 우대조건 내용을 확인해야만 한다. 기타 우

구인업체 공고 예시 ※ 분야: 사회복지 보조원

• 모집요강

모집직종	요양보호사·노인요양사(제가 제외)
관련직종	사회복지 보조원
직무 내용	- 노인 주간보호센터 어르신 케어 - 프로그램 운영 보조 - 차량 동행 및 운전(1종 보통 가능자) - 나이, 성별 제한 없음
접수마감일	채용시까지
고용 형태	기간의 결함이 없는 근로계약
모집인원	1명
임금조건	월급 120만원 이상 상여금 0%(미포함)
경력조건	관계없음
학력	무관

• 우대사항

외국어 능력	-
전공	-
자격 면허 1	요양보호사(필수)
자격 면허 2	자동차운전면허 1종 보통(필수)
병력특례 채용희망	비희망
컴퓨터 활용 능력	-
우대조건	운전가능자, **장년우대**
장애인 채용희망	비희망
기타 우대사항	중간에 어르신을 모시고 병원에 가야 할 때가 있어서 1종 보통 운전이 가능해야 합니다.

• 전형방법	
전형 방법	서류, 면접
접수 방법	방문, 우편, 팩스, 이메일
제출서류	이력서, 자기소개서, 경력증명서, 기타(자격증 사본)

• 근무환경 및 복리후생		
근무 예정지		부산광역시
근무시간·형태		주 5일 근무(월, 화, 수, 목, 금) 09:00~18:00 일요일 근무 시 대체휴무 및 시간외 수당 지급 주소정근로시간: 40시간
복리후생	연금·4대보험	국민연금, 고용보험, 산재보험, 건강보험
	퇴직금 지급 방법	퇴직 시 퇴직금
	기타복리후생	중식 제공(또는 중식비 지원)

자료: 고용부 워크넷

대사항도 반드시 점검해야 한다. 앞의 예시에서는 기타 우대사항 내용으로 '중간에 어르신을 모시고 병원에 가야 할 때가 있으니 운전이 가능해야 한다'고 언급돼 있다. 따라서 구인업체가 특별히 요구하지 않아도 이력서에 반드시 운전면허가 있다는 사실을 기술하고, 필요하면 사본을 제출해야 한다. 제출서류란에 '기타(자격증 사본)'로 언급되므로 자격증 사본이 필요한 것을 다시 한 번 확인할 수 있다. 그리고 근무시간 및 형태를 확인해라.

이렇게 구인정보를 찾다보면 자신이 희망하는 분야에서 요구하는 핵심 내용들을 추출할 수 있다. 직업분야를 제대로 탐색하기 위

직업 탐색

체크시트

퇴직 이후 제2의 경력목표 설정 :

• 직무 탐색(일자리 정보 검색 등을 통해 분야별 직종·산업·직무 등 주요 특성을 파악):

• 요구되는 필수 자격증 :

• 훈련 정보 :

• 기타사항 :

해서는 해당 분야별로 직종이나 해당 산업 및 직무에서 요구하는 주요 특징들을 파악해야 한다. 퇴직 전에 반드시 필요한 작업이다.

우선 자신의 퇴직 이후 경력목표를 설정하고, 관련 분야를 '탐색exploration'해 일자리 정보에 대한 자료를 수집한다. 마지막으로 탐색을 통해 '노동시장에서 요구하는 특성(요구되는 자격 및 능력, 역량)'

체크시트

- 해당 직무에서 요구되는 필수 역량 요소 추출:

- 역량개발 계획 수립:

도 파악할 수 있다.

열심히 자료를 검색하고, 수집하다 보면 자연스럽게 해당 분야에서 특별히 요구되는 필수 자격증 및 훈련 정보를 추가적으로 획득할 수가 있다. 또한 다른 구직자와 차별화할 수 있는 기타 요소들도 추출할 수 있다.

마지막으로 경력목표 달성에 필요한 필수 역량 요소들을 체계적으로 추출해보고 남은 재직 기간 동안 무엇을 어떻게 준비하고 계획할지에 대한 구체적인 역량개발 계획도 세워보자. 이 나이에 무슨 역량개발이냐고 불평하지 말고 최근 강조되고 있는 단어인 글로벌과 혁신, 융합, 그리고 중소기업 적응에 필요한 리더십, 적성 및 성향과 관련된 내용들에 주목해보라.

퇴직 이전에 이렇게만이라도 간략하게 정리를 해두면 성공 가능성을 크게 높일 수 있다. 이러한 과정은 목표를 구체화하며, 체계적인 계획을 통해 자신감을 증진시킨다. 대부분의 퇴직자들은 준비 없이 막연하게 생각만 하다 퇴직을 맞이한다. 결국 준비가 안 된 구직자들과의 경쟁에서 이길 수밖에 없는 것은 당연하다.

역량을 개발하라

경력탐색을 통해 관련 정보를 어느 정도 파악했다면 자신이 세운 경력목표에서 요구하는 역량 요소가 무엇인지 우선 규명해야 한다. 먼저 직무에 관계없이 시장에서 공통적으로 요구하는 핵심역량이 무엇인지 파악해라. 다음으로 해당 직무나 산업에서 특별히 요구하는 역량 요소들을 구체적으로 추출한다.

역량을 구체적으로 파악했다면 역량개발 계획도 세워야 한다. 이제부터 차근차근 준비해보자. 최근 변화주기가 짧아졌다지만, 조금만 관심을 기울이고 정보를 찾는다면 중장년 베이비붐 세대는 신규 구직자에 비해 역량개발이 상대적으로 쉽다.

몸값을 올리는 자격증

몇 년 전, 겨울에 눈이 펑펑 내리던 날이었다. K사 원주 연수원에서 오후 강의가 시작됐지만, 이렇게 눈이 내리면 서울에 차를 몰고 어떻게 가야 할지 생각에 집중이 안 됐다. 그러나 이내 함박눈은 잊어버렸다. 한 퇴직예정자의 눈물겨운 사연 때문이었다.

그는 오래 전부터 IT 분야와 베트남, 라오스 등 동남아 국가에 대해 관심을 갖고 있었다. 퇴직을 앞두고는 보다 전문적인 분야의 자격요건을 갖춘다면 국내는 물론 해외에서도 일할 기회를 잡을 수 있다는 생각에 힘겨운 자격증 과정을 준비하기 시작했다. 모두 일반 자격증이 아니라 전문적인 수준을 요하는 자격증이었다. 그가 이미 보유한 자격증에는 정보통신기사, PMPproject management professional, 정보통신 특급 기술자, 정보통신 엔지니어링 특급 등이 있었다.

처음에는 안하던 공부를 하려니 책상 앞에 1시간 앉아 집중하기도 힘들었지만, 1시간, 2시간 하다 보니 1년 후에는 공부하는 게 오히려 습관이 됐다고 했다.

근데 문제는 시험 보는 당일, 몸이 아파 일어나기조차 힘들었다는 것이다. 그럼에도 불구하고 그는 불굴의 투혼을 시작했다. 겨우겨우 택시를 잡아 시험장에 도착했으나, 늦기도 했고 책상 앞에 앉기도 힘든 지경이었다. 그러나 시험관에게 사정사정해 시험지라도 보게 해달라고 부탁을 했다고 했다.

이렇듯 그가 자격증을 확보하려는 과정이 눈물겨웠다. 당시 강의를 함께 듣던 퇴직자 및 퇴직예정자 모두가 숙연해졌다. 그는 현재 퇴직을 했지만, 전문 자격증을 통해 매월 상당한 수익을 올리고 있다.

재취업 전략 수립 계획서

역량은 어떻게 준비하고 개발해야 하는 걸까? 다음은 교육생들에게 강의에 오기 전 주로 [사전과제]로 제출토록 하는 워크시트이다. '경력목표 및 관리' 그리고 '자유 형식의 이력서'를 미리 제출하도록 하면 교육성과가 배가 되기 때문이다. 이처럼 퇴직 이전에 재취업 전략 수립 계획서를 작성해보라.

[사전과제] 재취업 전략 수립 계획서 사례 ※ 분야: 통신업체

1. 인생의 목표와 경력관리

- **당신은 다시 태어난다면 지금의 일을 다시 할 것인가?**

  예____○____   아니오_____

  그렇다면 그 이유를 구체적으로 설명하시오.

- '예' 선택
- 확대되는 통신시장에서 좀 더 폭넓은 경험이 필요합니다.

- '아니오' 선택
- 무궁무진한 전기 계통의 실무를 담당하면서, 국민들에게 질 높은 전기를 공급해 보다 더 편리한 세상을 만들고 싶습니다.

- **어린 시절 자신이 진정 갈망했던 꿈은 무엇이었나?**

- 군인
- 투철한 사명감으로 나라에 이바지할 수 있는 훌륭한 군인이 되고 싶었습니다.

2. 제2의 경력목표 설정 및 관리

- **퇴직 이후, 희망하는 분야를 구체적으로 작성하시오(예 건물 관리, 감리 등).**

- 전기안전관리
- 퇴직 전: 전기기사 자격증 취득
  전기안전관리 시장 조사(기업, 개인 자가수전설비 현황 파악 및 안전관

리 실태)

- 퇴직 이후: 전기안전관리 법인 설립, 안전관리 업무 추진을 위한 인원 확보
- 법인 설립 후: 전기안전관리 구체적인 시장 확보, 체계적인 전기안전관리 업무 추진

■ **경력목표를 달성하기 위한 나만의 차별화 전략은 무엇인가?**

• 전기안전관리 정보 공유

- 체계적인 업무를 위해 전기수전설비 소유자와의 지속적인 유대관계 유지
- 새로운 정보를 전기설비 소유자와의 공유

• 체계적인 시설관리

- 전기안전관리 업무에만 머물지 않고 시설 고장 및 보수에 필요한 정보를 소유자에게 제공
- 시설 고장으로 인한 보수에 필요한 사항을 소유자에게 정확히 설명해 전기설비 유지보수 업무도 함께 추진함으로써 수익 창출

• 완벽한 행정업무 처리

- 전기설비 소유자를 위한 전기안전관리 관련 행정업무 처리
- 정기적인 전기시설 안전관리일정을 사전에 통보해 기간 내에 완료할 수 있도록 조치

• 단계별 안전관리 사업장 확대

- 꾸준한 방문을 통해 소유자에게 안전관리 수주할 수 있도록 홍보

■ **경력목표 달성을 위한 구체적인 실행 계획**

• 전기안전관리 업무를 수행하기 위한 자격 취득

- 전기기사(2014년), 산업안전기사(2015년), 소방설비기사(2016년) 등

• 전기안전관리 업무를 수행할 수 있도록 관심과 정보 공유

■ 경력목표 달성에 필요한 핵심역량은 무엇인가?

■ 역량개발 준비 정도

예) 전문 자격증 사외교육, 자격증, 어학 등	
요구되는 역량 요소	달성률(%)
1. 전기기사	80
2. 산업안전관리기사	20
3. 소방설비기사	30
4. 전기기술자 및 감리원 특급	40
5. 위험물안전관리기사	30

[사전과제] 자유 형식의 이력서

■ **경력목표(응모 부문)**   *예) 안전관리/전기/통신/주택관리 등*

1차 경력 목표: 통신 분야

■ 경력요약

예) 지류제조 O업체에 입사해 다음과 같은 업무를 수행했습니다.

　– 인사관리 업무(3년 4개월): 효율적인 사규 개정완료, 안정적인 노무관리

　– 안전관리 업무(3년 6개월): ○○공장으로 전보돼 무사고 기록 수립

　– 교육(6년 6개월): 중앙연수원으로 파견된 후 경영관리 및 전문교육부
　　를 맡아 원만한 업무를 수행

　– 물류(3년 6개월): 본사로 복귀한 후 물류 관리 업무를 수행

● K 통신사에 입사해 다음과 같은 업무를 수행했습니다.

- 통신운용 및 기술지원(16년): 교환기, 신호망, 지능망 등 운용 및 기술
　지원

- 연수원 교수 업무(2년 6개월): 사내 연수원 강의

- 품질계획 및 관리업무(2년 1개월): K사 구매 장비 품질계획, 관리, 검수

- 설계 및 구축, 감리 업무(4년 10개월): 시내 구매 장비 유·무선 설계, 구
　축, 감리

- NSC 경영 총괄(5년): 망 관제센터 및 NSC 경영

■ 경력사항

담당업무 1			
수행 기간	1979. 8 ~ 1998. 7	담당 업무	운용 및 기술지원
주요 업무 내용	전국 AXE-10교환기 운용 및 기술지원	성취업적	전국 AXE-10 교환기 소프트웨어, 하드웨어 고장 및 변경 기술지원

담당업무 2			
수행 기간	1998. 7 ~ 2000. 12	담당 업무	연수원 강의
주요 업무 내용	AXE-10교환기, 지능망, 신호망 등 강의	성취업적	담당 과정 교재 집필 및 해외교육 후 사내 적용·강의

담당업무 3			
수행 기간	2001.1 ~ 2003.2	담당 업무	구매 장비 품질계획/검수/관리
주요 업무 내용	구매 장비 품질 계획, 검수, 관리	성취업적	사내 구매 장비인 교환기, 인터넷, 전원장비 품질관리 및 품질계획, 시행, 대형밴더 등 현장 품질 검수 등

담당업무 4			
수행 기간	2003. 2 ~ 2007. 12	담당 업무	시설본부에서 설계 및 구축, 감리
주요 업무 내용	망 설계 및 구축, 감리	성취업적	- 교환기, 신호망, 지능망, 특수망 설계 및 구축, 감리 - 와이브로 수도권 망 구축 및 감리

담당업무 5			
수행 기간	2007. 12 ~ 2012. 1	담당 업무	망 관제센터 및 NSC 경영
주요 업무 내용	센터장	성취업적	전남 외 망 관제센터 및 NSC 경영 총괄

■ **학력사항**

- A공업전문대학 전자과 졸업(1979년)

■ **교육사항**

- 신임과장 과정(2002년)
- 팀장급 AC 역량 향상(2006년)
- 신임부장 과정(2007년)
- 인재평가사(AC/면접)양성(2008년)
- 현장 지사장 선비문화수련(2009년)
- 조직 관리(2011년)
- 지사 경영스쿨(2011년)

■ **자격증 및 특이사항**

- 정보통신감리원(특급)
- 정보통신기술자(특급)
- 전자산업기사
- 사내 인재평가사(AC_A급)

■ **생년월일**

- 1959년 0월 0일생

본인은 위 사실과 틀림없음을 증명합니다.

년   월   일

필자는 교육 및 프로그램 결과물로 크게 두 가지를 산출하도록 한다. 첫 번째는 취업 및 창업 전략 수립서, 두 번째는 경력기술서다. 경력기술서에 대해서는 뒤에서 자세히 다룰 예정이다. 두 가지를 퇴직 이전에 작성하고 완성할 수 있다면 재취업 및 창업 성공률은 배가 된다.

기존 연구 결과를 살펴보면 퇴직 이후 경력에 대해 미리 구체화하고 있는 직원은 그렇지 않은 직원에 비해 조직몰입도가 높아 업무 성과가 좋았다. 또한 퇴직 이후에도 기업에 대한 좋은 이미지를 구축하고 있는 것으로 나타났다.

개인적인 측면에서도 인생 2막에 대한 그림이 있는 경우 미래에 대한 막연한 불안감이 줄어들기 때문에, 그렇지 않는 사람에 비해 현재 주어진 직무에 몰입할 뿐만 아니라 자기개발에 더 시간을 쏟게 된다. 당연히 퇴직 이후 경력전환 성공률도 높았다. 회사나 개인 모두에게 이익인 것이다.

특히 역량을 개발하는 데 있어서 강조하고 싶은 내용이 있다. 나이가 들어도 배움에 대해 인색하지 말아야 한다는 것이다. 우리나라 사람들은 공부라 하면 질색을 한다. '여태 일하느라 평생이 힘들었는데 이 나이에 무슨 공부냐'는 반응이 대부분이다.

공부하라! 기회가 온다

지난 2000년대 중반, 박사 과정 때 일이다. 당시 동기들 중 중장년층이며 퇴직을 앞둔 분들이 몇 분 계셨다. 그 중 한 분은 대기업 S계열사에서 퇴직을 1년 앞두고 있었다. 그는 간만에 공부하려니 힘들긴 하지만 대학에서 젊은이들과 함께 공부하니 그 자체가 행복하다고 이야기했다. 사건은 졸업이 다가왔을 무렵이었다. 졸업을 하려면 필수적으로 졸업 시험을 치러야만 했다. 특히 영어 시험이 필수 관문이었다.

당시 그가 영어 시험을 꼭 보겠다고 강하게 이야기하시기에, 다른 대안을 말씀드렸다. 직접 시험을 치르지 않아도 영어 관련 교과목을 수강해서 대체할 수 있다는 정보였다. 그러나 그는 화를 냈다. "시간이 다소 걸리더라도 스스로의 힘으로 시험을 치르고 싶다"는 이유였다. 그 다음 학기에 그는 영어 시험은 물론 전공과목 시험에서도 모두 통과했다. 논문도 역시 열심히 준비해, 심지어 졸업도 필자보다 한 학기 먼저 했다.

시간이 흘러 졸업 후 1년 정도 지났을 무렵, 갑자기 만나자는 연락을 주셨다. C기업체에서 연락이 왔고, 무려 1년여의 채용과정을 거쳐 전무로 가게 됐다는 것이다. 그는 그 기업에 재취업해 자신이 쌓아온 경험과 노하우를 맘껏 펼쳤다. 그는 더욱 성실하게 일했을 뿐만 아니라 대기업에서 다년간 닦은 역량을 바탕으로 해당 기업, 즉 중견기업에 큰 기여를 하셨다. 지금 계산해보면 만 7년 정도 더 일한 셈이다.

노동시장에서는 그를 먼저 알아보고 연락을 해왔지만, 바로 오퍼를 던지지는 않았다. 그 기업은 1년 정도 계속해서 여러 가지를 타진했다. 그 과정이 결코 만만치는 않았을 것이다.

그러나 당시 C기업은 환갑이 넘은 나이에도 불구하고 박사학위를 받으시는 등 늘 긍정적이며, 에너지가 넘친다는 점에서 그를 높이 평가했다. 또한 나중에 파악해보니 C기업은 그가 몸담았던 S계열사와 조직체계 및 시스템이 매우 유사했다.

장년층의 고민 중 하나는 무엇보다 '나이가 많다'는 것이다. 그러나 지금부터 편견을 불식시킬 수 있도록, 나이가 많을 때의 장점들을 먼저 고민해보자고 제안한다. '구직자가 나이가 많다'고 하면 일반적으로 다음과 같은 생각이 든다.

❗ 나이가 많으면?

- 고집이 셀 것이다.

- 다른 사람 말을 잘 안 들을 것이다.

- 새로운 지식을 습득하는 데 어려움이 있을 것이다.

- 열정이 부족할 것이다.

- 새로운 일에 대해 자신감이 없을 것이다.

- 새로운 일에 도전하려 하지 않을 것이다.

- 말이 많을 것이다.

- '나이가 많다'는 이유 하나로 대접만 받으려 할 것이다.

이제부터 구인자가 우려하는 위의 내용을 불식시킬 수 있는 대안과 무기를 함께 만들어보자.

다음과 같이 다시 해석해보면 어떨까? 나이가 많다는 장애물은 이처럼 생각하기 나름이지만 사회통념상 불리한 건 사실이다. 그러므로 이러한 편견을 불식시킬 수 있는 자신만의 독특한 무기가 있어야 한다.

❗ 나이가 많으면?

고집이 세다.	→	추진력이 강하다.
다른 사람 말을 잘 안 듣는다.	→	상대나 고객을 설득할 수 있다.
새로운 지식을 습득하는 데 어려움이 있다.	→	실무에 대한 노하우가 있어 기반만 마련되면 신규 채용자보다 업무 습득 능력이 더 빠르다.
열정이 부족하다.	→	퇴직 후에도 재취업을 꾸준히 준비한 것으로 열정을 증명할 수 있다.
자신감이 없다.	→	겸손하다.
새로운 일에 도전하려 하지 않는다.	→	혁신은 기존 가치를 살리는 것부터 출발한다.
말이 많다.	→	소통에 도움이 된다.
대접만 받으려 한다.	→	대접을 받아본 사람이 타인에게도 잘한다.

자신만의 독특한 스토리를 만들어라
: 마라톤이 나이를 이긴다

모토로라에서 일했던 B 전무님은 평소 마라톤을 즐기신다. 10여
년 간 알고 지내며, 그는 특히 이전 나이키에서 일하셨을 때 일을
가끔 들려주곤 한다.

"장 교수! 나는 외국계 업체로부터 면접제의가 올 때마다 비행기
타고 날아가서, 마라톤 이야기를 꼭 합니다. 그 이유는? 큰 조직의
리더에게 요구되는 능력 중의 하나가 끈기와 인내심이라는 거야.
그 역량과 능력을 검증하고 싶은 것이 구인자의 입장에선 당연한
거지. 그런데 내가 마라톤 이야기를 해주면 아주 쉽게 입증이 된
다네. 마라톤을 완주하려면 사전에 피나는 연습을 해야 하고, 자
기 절제와 관리가 요구되지. 게다가 완주 후에 느끼는 성취감은
아무나 맛볼 수 없는 것이며, 자신감을 주기 때문에 인사담당자들
에게 좋은 인상을 남길 수 있어. 그러니 면접 과정에서 내 나이는
신경도 안 써."

그는 사실 1958년생이다.

이처럼 자신만의 독특한 히스토리는 퇴직 후에 급작스럽게 만들어지지 않는다. 하지만 아직 늦지 않았다. 마라톤을 뛰고 싶다면 지금부터 5킬로미터라도 시작하면 된다. 노동시장에서도 나이에 주눅 들지 말고 젊은 사람 못지않은 도전을 해야 살아남을 수 있다. 이것이야말로 재취업에 가장 필요한 핵심역량이다.

노동시장의 주인공이 돼라

1. 잡-서치 의미의 변화

노동시장에서 자신에게 잘 맞는 일자리를 찾기란 어려운 일임에 틀림없다. 매시간 인터넷에 올라오는 일자리 정보를 계속 들여다볼 수도 없는 노릇이니 말이다.

그래서 일자리를 찾는 데도 방법과 전략이 필요하다. 우선 잡-서치job search 과정에 대한 개념과 그 의미의 변화부터 알아보자. 과거 전통적 의미에서의 잡-서치 과정은 단순히 구인자와 구직자의 연결에 초점이 맞춰져 있었다. 예를 들어 기업은 사람이 필요하면 구인공고를 함으로써 사람이 필요하다는 것을 노동시장에 알렸다. 그 다음으로는 구직자가 공고를 확인하고 구인업체에 최대한 자신을 맞췄다. 구인업체에서 요구하는 내용에 따라서 지원한 것이다. 따라서 전통적 의미의 잡-서치는 구인업체가 결정권을 쥐고 있는 '수요자 중심'이었다.

그러나 최근 잡-서치의 개념이 변하고 있다. 잡-서치를 전 생애에 걸친 경력관리 및 개발의 탐색 과정으로 보고 있으며, 무엇보다 개인 즉 구직자에게 초점이 맞춰져 있다는 것이 특징이다. 따라서 잡-서치 과정의 첫 출발은 나 자신, 즉 개인으로부터 출발한다. 개인으로부터의 탐색에 모든 것이 달려 있다.

그래서 대학에서 청년들에게 강의할 때, 졸업 후 취업 분야를 탐색하는 과정에 있어서 인터넷 사이트에 너무 의존하지 말라고 주장한다. 개인이 중심이 돼 직업 탐색을 하다 보면 흥미를 느끼는 분야를 확실히 알 수 있고, 더 나아가 거시적으로 보는 눈이 생긴다. 관련 산업 및 기업체들에 대한 파악도 저절로 된다. 후에는 해당 산업 관련 분야나 기업체 사이트에 주기적으로 들어가서 정보를 취득하면 될 일이다.

예를 들어 기업체가 구인 사이트에 공고(광고)를 하기 위해서는 별도의 비용이 필요하다. 그러나 해당 기업의 홈페이지에 사람이 필요하다고 글을 올리는 것은 별도의 비용이 발생되지 않는다. 따라서 제일 먼저 해당 업체의 홈페이지부터 확인해야만 한다.

그러나 만일 자신이 관심 있는 분야에 대해 열심히 찾고 또 찾아봤지만 마땅하게 잘 맞는 기업이 전 세계 그 어디에도 없다면 창업을 하라고 힘줘 이야기한다.

중장년층의 경우도 마찬가지다. 인생 2막을 탐색하는 과정에서 구인공고란에만 지나치게 의존하면, 그들이 늘 하는 말처럼 '갈 데가 없다'. 전통적인 잡-서치 개념을 탈피해야 하는 이유다.

2. 일자리 정보의 종류

일자리 정보는 이론적으로는 크게 두 가지로 구분된다. 우리가 흔히 접할 수 있는 공개된 일자리 정보_open job_와 비공개된 일자리 정보_hidden job_다.

공개된 일자리 정보에는 온라인 취업 사이트나 신문, 구인광고란에 게시되는 정보 등이 있으며, 비공개된 일자리 정보에는 회사 내부의 일부 직원에게만 공개되는 정보, 네트워킹_networking_을 통한 정보, 서치펌_search firm_ 등 헤드헌팅 업체를 이용하는 정보, 전문 컨설팅 업체가 선정한 타깃 업체의 정보 등이 있다.

실증 연구 결과 이들 중 비공개된 일자리 정보를 얻는 경우, 취업 성공률이 월등히 높은 것으로 확인됐다. 따라서 우리는 비공개된 일자리 정보에 주목할 필요가 있다. 좀 더 자세히 설명하면, 실제 재취업에 성공한 사람들 중 70% 이상은 구인 정보를 지인을 통해 얻었다고 이야기한다.

실제 퇴직자(구직자)를 대상으로 실시한 설문조사에 따르면, 재

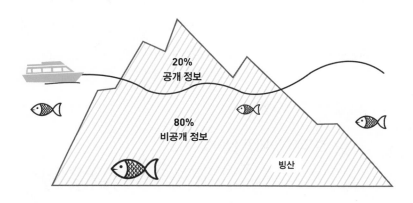

일자리 정보의 종류

20%
공개 정보

80%
비공개 정보

빙산

자료: DBM Korea

취업을 하려는 사람들이 갖는 가장 큰 애로사항 중 하나는 자신에게
필요한 일자리 정보가 어디에 있는지 잘 모르겠다는 것이다.

많은 사람들이 '정보'하면 인터넷을 가장 먼저 생각한다. 인터넷
이 원하는 정보를 효율적으로 발굴할 수 있는 강력한 도구임에는 틀
림없는 사실이다. 그러나 검증되지 않은 수많은 오류도 도사리고 있
다. 그리고 한번 인터넷 서핑에 빠지면, 개인의 밤낮 사이클은 아주
쉽게 바뀐다. 이 사소한 습관이 퇴직 이후 생활에 큰 변화를 줄 수도
있다. 그래서 일자리 정보 검색은 하루 평균 1~2시간 내외로 제한하
는 것이 좋다. 그래야만 좀 더 성공률이 높은, 비공개된 일자리 정보

에 시간과 자원을 쏟을 수 있기 때문이다.

그러나 대다수의 사람이 퇴직 후 자신의 에너지를 거꾸로 투입하는 경향이 있다. 퇴직 이후 성공률이 높은 네트워킹을 관리하는 데는 점점 소원해지고, 컴퓨터 앞에서 보내는 시간만 점점 늘어난다.

 컴퓨터 앞에만 앉아있다간

지난 1998년 외환위기 직후 일이다. 당시 지금의 고용노동부에서는 서울대학교와 함께 장기실직자를 위한 집단상담 프로그램을 국내 처음으로 개발해 시행했다. 필자가 맡은 역할은 프로그램 진행자였다. 성취 프로그램에 참여한 장기실직자들 대다수는 자신감이 없으며, 구직 스트레스가 있다고 응답했다.

상당수 퇴직자들은 실직 후 6개월이 지나가자 자신감이 급격히 떨어졌다고 했다. 퇴직 후 처음에는 이곳저곳 이력서도 내고 열심히 구직활동을 했지만, 단 한 군데서도 면접 제안이 들어오지 않으니 점차 구직을 포기하게 됐다는 것이었다.

그 이후로는 집밖을 나가는 것이 두렵고 답답해 컴퓨터 앞에서만 내내 시간을 보냈다고 했다. 그렇게 시간이 지나면 지날수록 밤낮의 패턴이 바뀌었으며, 차츰 주변인들을 피하게 됐다고도 말했다. 이와 비슷한 처지에 있었던 구직자들은 총 5일 동안 진행되는 프로그램에 참여하면서 점점 변해갔다. 그들은 밤낮의 패턴을 바꾸고 구직기술을 익히며 점차 얼굴에 미소를 띠기 시작했다. 그리고 놀랍게도 자신감을 회복하고 다시 적극적인 구직자로 변신했다. 그리고 기적과 같은 일이 벌어졌다. 반 이상이 프로그램 종료 후 실제로 재취업에 성공한 것이다!

우리나라의 경우 노동시장 유연성이 떨어진다. 그럼에도 불구하고 자신에게 적합하고 성공률 높은 일자리 정보를 탐색하려면 무엇보다 개인, 즉 자신을 출발점으로 삼아야 한다는 것을 잊지 말자. 그리고 무엇보다 성공률이 높은 비공개 일자리 정보를 획득하는 데 시간을 보내라.

일을 찾고 싶다면, 가장 먼저 해당 분야와 직접적으로 관련돼 있는 사람을 꾸준히 만나야 한다. 그러니 지금부터 자신의 관심분야는 물론, 비슷한 분야의 사람들을 만나고 관계를 유지하라.

그렇다고 공개된 일자리 정보를 무시하라는 이야기는 결코 아니다. 공개된 일자리 정보를 꾸준히 탐색하는 과정도 필수적이다. 이책을 읽는 독자라면 일주일만 검색해도 해당 분야의 시장 상황을 쉽게 파악할 수 있을 것이다.

CHAPTER 05

네트워킹이 무기다

　지금부터는 비공개된 일자리 정보에 대해 하나하나 자세히 알아볼 것이다. 결론부터 미리 이야기하자면 비공개된 일자리 정보 획득의 핵심은 네트워킹이다. 네트워킹을 하지 않으면 재취업 성공률이 급격히 떨어진다. 더 중요한 사실은 네트워킹은 명함이 있을 때 해야 한다는 것이다.

　앞에서 이야기했듯 우리나라 한국 남성들 대부분은 명함이 사라지면 동창회 등 각종 모임에 얼굴이 비치는 빈도가 떨어진다. 실제로 명함이 없어지면 사람 만나는 게 전처럼 쉽지 않다. 그러니 퇴직 전, 지금부터 사람 만나는 일에 투자해라. 물론 매일 사람을 만나서

식사하고 술을 사라는 건 아니다.

그렇다면 어떻게 해야 효율적으로 네트워킹하면서 자신에게 필요한 알짜 구직 정보를 획득할 수 있을지 알아보자.

네트워킹은 퇴직 전부터

일반적으로 퇴직 이후에는 인맥관리만 잘 해도 재취업 성공률을 올릴 수 있다. 문제는 실행이다. 네트워킹은 사실 쉽고도 어려운 작업이다. 평소에 꾸준히 해야 하며 점차적으로 확장도 해야 한다. 지인에게만 머물러 있으면 곤란하며, 더 나아가 다각화가 요구된다. 따라서 헤드헌팅 업체 등에도 추가적으로 관심을 가지면 더 좋다.

 회사 말고 외부에서 식사부터 해보세요

K사는 국내에서는 처음으로 퇴직예정자를 위한 라이프 플랜 과정을 운영하고 있다. 이곳에서는 재직자 및 퇴직예정자를 대상으로 프로그램을 기획 및 실시하고 있었다. 그런데 본격적인 교육 진행

전, 당시 교육을 기획하던 담당자와 퇴직예정자가 나눴던 대화 하나가 아직도 기억에 생생히 남아 있다.

"선배님들, 혹시 퇴직 이후 창업을 고민하고 계시다면 이제부터는 사내 식당에서만 혹은 직원들끼리만 식사하지 마시고 외부에서도 많이 드세요. 우리 회사 밥 말고 맛있는 것도 이것저것 드셔보시면서, 새로운 경험을 많이 해보셔야 합니다."
"아, 그런데 말이야, O 차장! 시간이 있어야 말이지?"

짧은 대화 속에서 많은 것을 느낄 수 있지 않은가?

1. 서치펌 업체 정보를 수집하라

서치펌이란 우리가 흔히 알고 있는 헤드헌팅 업체를 일컫는다. 헤드헌팅 업체의 정보는 사실 일반인들에겐 거의 열려 있지 않다. 헤드헌터*는 일반적으로 면접을 보러가기 전까지 구직자(후보자)에게 업체명도 잘 알려주지 않는다. 다만 구체적인 직무에 대한 해설

---

* 원래 헤드헌터란 원시 시대에 상대 부족들의 머리를 잘라 오는 머리사냥head hunting에서 나온 말이라고 한다. 국내에서는 기업에서 필요로 하는 인재를 소개해주는 사람이나 업체를 뜻한다. 헤드헌터라는 말은 속어로, 정식 명칭은 서치펌이다.

서 같은 직무기술서$_{job description}$는 파악할 수 있다. 직무기술서란 직무 특성에 대한 구체적인 내용을 담고 있으며 직무 내용 및 필요한 요건도 포함하고 있다.

기본적으로 서치펌은 철저하게 직무 내용을 중심으로 해당 분야에 가장 적합한 인재를 사냥하기 위해 필사적으로 집중한다. 대부분의 인사담당자는 채용이 필요한 경우, 서치펌 한 군데에만 의뢰하지 않는다. 즉 이곳저곳 다양한 서치펌에 의뢰를 하곤 한다. 그렇기 때문에 헤드헌터들은 그야말로 '인재 사냥'을 시작한다. 따라서 구직자는 평소에 준비가 돼 있어야 한다. 헤드헌터들은 일반적으로 공격적이다. 그리고 적합한 인재를 발굴했다 싶으면 아주 집요하다.

그러므로 구직자는 평소 헤드헌터와의 관계를 잘 유지해두는 것이 좋다. 불쑥 걸려온 전화에 대충대충 성의 없이 이야기해버린다면, 헤드헌터는 이후 좋은 일자리 정보가 있어도 당신에게 전화하지 않을 것이다. 헤드헌터는 노동시장에서 살아 움직이는 고기를 낚으려는 듯이 움직인다. 그러니 전화가 걸려왔다면 기분 좋게 이야기를 풀어나가고, 그들이 보유하고 있는 정보를 최대한 활용해야 한다. 이왕이면 직무기술서를 이메일로 받고 고민해보겠다며 시간을 조금 버는 것도 방법이다. 사실 해당 분야에서 잔뼈가 굵은 구직자라면 직무기술서를 조금만 신경 써서 읽어도 해당 구인업체가 어떤 산업에 속해 있는지, 혹은 어떤 기업인지 대충이나마 짐작할 수 있다.

그리고 직무 내용에 관심이 간다면 그때부터 헤드헌터와 상의하면 된다. 다만 시간이 충분하지 않으니 마음이 있다면 헤드헌터에게 빨리 연락해야 할 것이다.

참고로 헤드헌터하면 흔히 일반직 실무자가 아닌 고급인력만을 주로 찾는다고 생각하기 쉽다. 그러나 지금은 시장 상황이 많이 변했다. 기업들은 전문적인 고급인력뿐만 아니라 실력 있는 실무자 구인 역시 서치펌에게 의뢰하고 있다. 최근에는 서치펌도 온라인 시장에 진출했으며, 잡-포털 업체들이 서치펌을 겸비하는 경우도 많다. 그러므로 퇴직자들도 온라인 구직사이트 뿐만 아니라 서치펌 업체와의 네트워킹에 관심을 기울여야만 한다.

가장 쉬운 방법은 헤드헌터도 접근할 수 있는 온라인 포털 구직 사이트에 자신의 이력서를 올려놓는 것이다. 이력서 작성 등에 관한 내용은 뒤에 좀 더 자세히 설명하겠다.

2. 타깃 업체를 공략하라

원하는 회사에 가고 싶다면 주어진 정보에만 머물러 있지 말고, 자신이 직접 선정한 타깃 업체를 공략해야 한다. 지금부터 타깃 업체의 정보를 어떻게 수집하는지 알아보자. 타깃 업체는 사실 전직지원 컨설팅 업체의 전문가들이 핵심적으로 선정하고 공략한다.

일반적으로 대기업에서 대규모 구조조정이 일어나면, 어쩔 수 없이 기업을 떠나야만 하는 퇴직자를 대상으로 전직지원 컨설팅 서비스를 제공한다. 컨설턴트들은 퇴직자를 분석하고 재취업을 진행할 수 있는 기업을 공격적으로 선정한다. 이들 중 상당 기업은 지금 당장 사람이 필요치 않을 수도 있다. 그럴 때도 컨설턴트는 해당 기업 인사담당자와 직접 접촉contact해 향후 생길 수 있는 비공개된 일자리 정보를 미리 획득한다. 또 해당 기업에 가장 적합한 퇴직자의 경력기술서를 보내, 기업에서 우수 인재 정보를 미리 확보할 수 있도록 도와준다. 서치펌과 다른 점은 컨설턴트가 구직자와 구인자를 연계하는 가교 역할을 수행하는 데 있어서 별도의 수수료를 받지 않는다는 것이다.

예를 들어 전직지원센터가 발굴한 업체의 개수를 보면 알 수 있겠지만 타깃 업체는 약 400개가 넘을 수도 있다. 사실 구직자 혼자서 이들과 전부 접촉하는 것은 그리 쉬운 일이 아니다.

그렇다면 컨설턴트가 아닌 구직자도 타깃 업체를 직접 공략할 수도 있을까? 힘들겠지만, 평소 꾸준히 직업을 탐색한다면 가능하다. 먼저 관심이 가는 기업을 별도로 선정해 추출하고 정리한다. 꾸준히 검색하고 정보를 취하다 보면 마음에 드는 일자리 정보가 눈에 들어오게 마련이다. 이때 과감하게 접촉을 시도한다면 재취업 가능성을 높일 수 있다.

구직자가 좀 더 차별화된 타기팅 작업을 하기 위해서는 개인의 이

전직지원 센터의 타깃 업체 발굴 현황 예시		(단위: 개)
구분	3차 네트워킹 발굴업체	4차 네트워킹 발굴업체
대기업	45	45
중견업체	161	194
대기업 협력업체	10	54
아웃소싱	11	14
서치펌	53	62
농공단지	-	93
총 업체	280	408

자료: O사 전직지원센터

상적인 직업선호도를 구체화해야 한다. 그 다음, 관심이 가는 기업을 별도로 추출하고 관리한다. 많을수록 좋다. 그리고 해당 기업 사이트를 꾸준히 들어가 정보를 획득한다.

자신의 이상적인 직업선호도를 미리 구체화하면 온라인상에서의 불필요한 검색 시간이 대폭 줄어든다. 예를 들어 검색 조건을 '출퇴근 거리 1시간 내외' 혹은 '연봉은 높지 않아도 내가 보유한 노하우와 경험을 제공할 수 있는 기업' 등으로 하나하나씩 구체화해보는 것이다.

이상적인 직업선호도는 크게 '유형적 요소'와 '무형적 요소'로 구분할 수 있다. 유형적 요소에는 지리적 여건, 임금 부문, 근무 환경,

직장 분위기, 매출규모, 업무적인 측면, 복지, 회사 측면 등이 있다. 그리고 무형적 요소에는 기업문화, 기업의 인재상, CEO 스타일, 인사 시스템, 조직 구조 등이 있다. 이후 세부 내용은 온라인이나 사전 탐방 등 다양한 채널을 통해 정보를 수집한다.

특히 무형적 요소의 경우는 실제 그 기업에서 일해보지 않고는 쉽게 파악할 수 없다. 때문에 실제 해당 분야 즉, 현직에서 일하고 있는 사람의 최신 정보가 필요하다. 앞서 강조한 네트워킹이 필수적인 것이다.

유형적 요소와 무형적 요소의 내용을 각각 구체화해 이상적인 직업선호도가 구체화되면 어느 정도 타기팅이 된 셈이다. 기존의 시장에서 수많은 기업을 놓고 검색할 때와 달리 이렇게 유형적 및 무형적 조건을 고려하면, 탐색 시간을 훨씬 효율적으로 관리할 수 있다. 또 나머지 시간을 네트워킹에 집중할 수 있으므로, 이는 향후 면접 및 협상 부문에도 실질적인 도움이 된다.

3. 네트워킹이 생명이다

그렇다면 네트워킹은 어떻게 해야 할까? 네트워킹을 통한 일자리 정보는 비공개된 일자리 정보 중에 단연 으뜸이다. 재직 당시에 네트워킹을 잘 해둔 사람은 퇴직 이후에도 다시 일을 하게 될 가능성이 높다. 네트워킹은 재취업과 특별한 관계가 있기 때문이다.

재취업 성공 여부는 결국 구인정보를 누가 먼저 선점하는가에 승패가 달려 있다 해도 과언이 아니다. 정보를 먼저 획득하면 체계적인 준비 기간을 충분히 확보할 수 있으며, 특히 비공개된 일자리 정보의 경우 소수만 그 정보를 확보한 상태이기 때문에 유리한 고지에서 출발할 수 있다.

네트워킹과 재취업의 관계

네트워킹과 재취업과의 관계를 파악하는 것에서부터 출발해보자. 비공개된 일자리 정보를 효율적으로 획득하기 위해서는 '구직망 구축', 즉 인맥 지도가 필수적이다.

예를 들어 당신은 퇴직 이후 인생 2막에 대해 아주 편하게 이야기할 수 있는 지인이 있는가? 다음 페이지의 '구직망 예시'를 살펴보면 '나'를 둘러싼 1차 접촉 대상자로는 친구 1, 상사, 인사담당자, 선배 1, 외부 전문가 등이 존재한다. 그리고 이들을 중심으로 다시 선을 따라 확장해보면 선배 1은 선배 2와, 상사는 친구 2, 인사담당자 2와 아주 가까운 사이라는 사실을 알 수 있다. 이때 상사 혹은 선배 1과의 관계가 소원해졌다면 '나'는 선배 2, 친구 2, 인사담당자 2가 가진 비공개된 일자리 정보는 결코 받을 수 없게 된다. 따라서 구직망 구

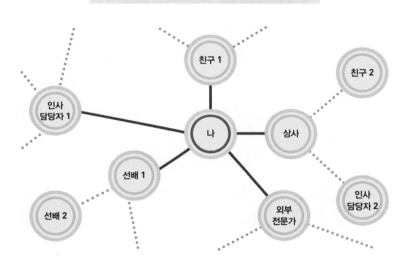

구직망(인맥 지도) 예시

━━ 1차 접촉 대상자 ···· 2차 접촉 대상자

친구 1

친구 2

인사
담당자 1

나

상사

선배 1

선배 2

외부
전문가

인사
담당자 2

축의 첫 출발은 자신을 중심으로 하는 1차 접촉 대상자를 잘 구축하고 꾸준히 관리함으로써 굳이 발로 뛰지 않아도 구직 정보를 효율적으로 할 수 있도록 확대하는 것이 핵심이다. 구직망 구축 요령을 요약하면 다음과 같다.

첫째, 자신을 둘러싼 1차 접촉 대상자를 선정하고 기록하라. 1차 접촉 대상자는 이왕이면 퇴직 이전에 설정해야 한다. 목록을 기록하는 과정에서 그 수가 적다고 실망할 필요는 없다. 사람에 따라 널리 두루두루 관계를 맺는 것을 좋아하는 사람이 있는가 하면 소수의 사람과 깊은 관계를 맺는 것을 좋아하는 사람도 있기 때문이다. 1차 접촉 대상자는 자신의 이야기를 쉽게 털어놓을 수 있는 사람, 자신에게 구직과 관련된 실질적인 정보를 줄 수 있는 사람, 상사, 직장, 선후배, 인사 담당자 등이 될 수 있으며, 친구나 관련 커리어 전문가 등도 가능하다.

둘째, 1차 접촉 대상자를 추가적으로 확대해보라. 공개된 일자리 정보를 효율적으로 관리하다 보면 현업에서 뛰고 있는 사람 등이 1차 접촉 대상자에 추가될 수 있다. 이를 위해서는 우선 하나 이상의 온라인 구직사이트에 자신의 이력서를 등록하고, 자신의 경력에 맞춰 주기적으로 수정 및 업데이트해야 한다. 또한 구직사이트 외에 자신이 공략하는 기업 사이트 등에 접속해 관련 정보를 수시로 취득하다 매력적으로 느껴지는 정보를 알게 됐다면, 지나치지 말고 실제 접촉을 시도해봐야 한다.

회사를 직접 방문해 실무자를 만나봐라. 물론 그냥 무턱대고 갈 수는 없는 노릇이다. 우선 구인공고란의 담당자와 접촉해야 한다. 인사 관련 부서의 담당자가 전화를 받을 가능성이 매우 높다. 자, 여기서 인사담당자에게 구체적인 질문을 하지 말고 "공고란에 명시된 분야의 실무자와 연결해달라"고 요청하는 것이 중요하다. 자칫 잘못해 채용과정에 대한 뭔가 유리한 단서를 잡으려는 듯한 인상을 주게 된다면, 정보를 얻거나 자문을 구하기도 전에 인사담당자가 오해하거나 부담을 가질 수도 있기 때문이다. 실무자 접촉 시에는 본인의 소속과 이름을 밝혀라. 그리고 지금 당장 재취업하려는 게 아니라 관련 정보에 대해 전문가(실무자)의 자문을 구하고 싶다는 목적을 분명하게 이야기해야 한다.

다음으로 이메일 주소와 연락처를 얻어 접촉 전에 미리 정리한 질문을 묻는다. 나중에도 궁금한 내용이 있으면 연락해도 좋은지를 조심스럽게 요청하는 것도 중요하다. 이러한 접촉과 시도는 처음이 가장 어렵다. 어색하고 무슨 말을 꺼내야 할지도 모르겠다고 생각하겠지만, '이 분야 최고의 전문가에게 자문을 구한다'고 하면 상대는 생각보다 아주 편하게 정보를 줄 것이다. 그리고 잘만 하면 구직망 구축의 1차 접촉 대상자로도 손색이 없다.

이렇게 하다 보면 일반 구직자와 점점 차별화된다. 이미 현직에, 그리고 실무 분야에 있는 전문가를 통해 필요한 요건과 자격, 그리고 기타 필요한 사항을 미리 체크하고 지속적으로 정보를 획득할 수 있기 때문이다. 게다가 관계를 잘만 유지한다면 직접 실무자를 만날 수 있는 기회도 생기며, 나아가 면접 제안이 올 가능성도 높아진다.

향후 면접에서 기존에 접촉했던 실무자를 만날 수도 있을 것이다. 그 경우 면접에서 기존에 유리한 고지에 설 수 있는 것은 당연하다. 용기 내 건 전화 한 통에 이런 좋은 기회와 가능성이 걸려 있는데 안 할 이유가 없지 않은가?

가끔 인사담당자를 만날 기회가 생기면, 이렇게 불쑥 전화하는 구직자가 어떻게 느껴지냐고 물어보곤 한다. 답은 다 비슷하다. 일단 기분이 좋고, 제발 이렇게 우리 기업에 관심이 있는 사람이 회사에 지원했으면 좋겠다는 것이다. 진정성이 느껴지는 사람은 언제나 환영 받는다. 지금 당장 용기 내 도전해보라.

CHAPTER 06

구직 스킬을 미리 배워라

　최근 이력서를 작성해 본 경험이 있는가? 아마도 기억이 가물가물할 것이다. 게다가 회사 인사 시스템에 들어가본 지도 오래됐을 것이다. 자신이 언제 무슨 일을 했는지, 어떤 교육을 받았는지, 무슨 자격증을 취득했는지조차 잘 모르는 퇴직자가 태반이다. 그동안 다른 사람들의 이력서를 검토하고 면접 보기만 했지, 정작 자신의 이력서를 수정하거나 평가를 당한 경험은 거의 없을 것이다.

　그러나 지금 당장 이직이나 전직을 하지 않더라도 이력서 작성 그 자체만으로 여러 가지 이득을 챙길 수 있다. 그래서 퇴직 이전에 반드시 이력서를 작성해봐야 한다. 귀찮지만 꼭 필요한 작업이다.

흔히 이력서 작성을 구직 과정의 하나로만 인식한다. 실제로 이력서 작성의 가장 큰 목적은 채용 과정의 꽃이라 할 수 있는 면접에 도달하기 위함이다. "면접 볼 수 있는 기회를 주세요"라고 공식적으로 조심스럽게 요청하는 서류라는 뜻이다.

그러나 이러한 목적 외에도 이력서 작성은 그간 자신의 이력과 경력을 정리할 수 있는 좋은 기회가 된다. 즉, 일차적으로 자신의 경력을 정리하고 점검해볼 수 있다. 그리고 6개월이나 1년 등 주기적으로 이력서를 수정 및 보완하면, 별도의 경력관리 컨설팅을 받지 않아도 될 만큼 자신의 경력을 체계적으로 준비할 수 있게 된다. 새로운 경력을 위해 필요한 내용들이 있는지 빨리 점검해 부족한 부분을 개발할 수도 있다. 예를 들어 작년에 작성했던 이력서를 꺼내봤는데 올해 추가하거나 수정할 내용이 없다면 경력관리 및 개발이 잘 이뤄지고 있는지 심각하게 고민해봐야 할 것이다.

필자 역시 이 분야의 일을 시작하기 전에는 이력서를 작성하는 데 소요된 시간은 1~2시간 정도였다. 우리가 흔히 알고 있는 문방구 이력서, 즉 '인사서식 1호 양식' 칸 채우기에만 급급했다. 그러나 이 분야에서 전문적인 교육을 받고난 후 이력서와 경력기술서, 자기소개서를 작성하는 데 시간이 얼마나 소요됐을까? 무려 6개월이라는 시간이 걸렸다. 그리고 이후 수정 과정을 거치니 거의 1년이라는 시간이 흘렀다.

이력서의 진정한 의미를 알게 되니 구직서류가 쉽게 써지지 않았다. 자연스럽게 단어 하나하나를 검토하는 데도 많은 시간이 걸렸다. 그리고 작성한 이력서를 주변 지인들에게 보내 피드백을 부탁했다. 지인들은 필자에게 전혀 보이지 않았던 오탈자 지적은 물론 강점이 더 잘 드러날 수 있도록 조언을 아끼지 않았다.

그렇다면 어떻게 해야 이력서를 잘 작성할 수 있을까?

경력기술서 작성 요령

구직자는 종합 포트폴리오를 반드시 구성해야만 한다. 당신은 이제 덩치 큰 대기업이 아니라 재취업이 가능한 중소기업에 도전장을 내밀어야 한다. 중소기업은 도전적인 인재를 찾는다.

그렇다면 당신 자신에 대한 상품소개서와 함께 새로운 사업 제안 biz proposal을 해보는 건 어떨까? 독자 대부분은 그동안 현장에서 쌓은 노하우와 경험으로 충분히 해당 중소기업에 새로운 사업을 제안할 수 있을 것이다. 직접 현장을 방문해 담당자를 만나보고, 사업 제안서도 준비해보자.

벤처기업 인사담당자의 조언!

벤처기업 아이카이스트의 인사담당자에게 중장년 구직자들에게
조언하고 싶은 점을 들어봤다.

"공백기가 있는 퇴직자일수록 단순한 이력서와 경력소개서보다
는 본인만의 포트폴리오가 필요합니다. 구직자가 자신을 판매해
야 하는 상품이라 생각하고 경력기술서를 작성한다면, 또 사업 제
안서까지 제시한다면 회사(구인업체)에서도 지원자에 대해 적극
검토할 것입니다. 이는 지원자 본인의 역량을 적극적으로 어필할
수 있는 기회가 될 것입니다."

구직자가 이런 열정을 지녔다면 어떤 인사담당자든 그를 만나보
고 싶어 하지 않을까?

상품소개서인 경력기술서, 자기소개서, 커버레터cover letter, 향후 업
무계획서 등 포트폴리오를 체계적으로 준비해라. 사업 제안서까지
제출한다면 이미 반은 성공한 셈이다.
경력자의 경우 이력서뿐만 아니라 경력기술서를 잘 작성하는 것

이 중요하다. 이력서는 개인의 인적 정보 및 경력등을 다양하게 서술하는 반면 경력기술서는 주로 경력에 초점을 맞춘다는 것이 차이점이다.

그러나 처음부터 경력기술서를 작성하려면 어렵다. 먼저 일반적인 이력서 작성법부터 알아보자. 작성하기 전에 해야 할 것이 있다. 바로 당신이 과거 신입사원 시절 작성했던 이력서를 잊는 일이다.

특히 이 책은 중장년 경력자를 위한 핵심적인 내용만을 다루고자 한다. 서점에서 당신이 책을 한 권 판매한다고 가정해봐라. 수많은 책들 중에서도 당신의 상품이 눈에 띄게 매력적이어야 팔린다. 이력서도 마찬가지다. 이력서를 검토하는 채용담당자와 인사담당자 눈에 매력적으로 비춰져야만 한다. 그리고 이력서의 주인공 즉, 구직자를 만나보고 싶도록 만들어야 한다.

그러니 이력서에 많은 내용을 넣지는 마라. 당신을 직접 만나 검증해보고 싶게 만드는 수준까지만 담으면 된다. 결론적으로 이력서의 목적은 채용담당자에게 당신에 대한 호기심을 자극시켜 궁극적으로 면접 기회를 얻기 위함에 있다.

이력서를 처음 읽는 사람은 누구인가? 일반적으로 수많은 이력서를 기업의 대표가 모두 다 검토하지는 않는다. 현실적으로 불가능하다. 그러므로 처음 당신의 이력서를 읽는 사람은 1차 검토자screener다. 1차 검토자들은 간결하고 읽기 쉬운 형식의 이력서를 선호한다.

❗ 이력서 작성 전 필수 확인 요소

1. 이력서를 검토하는 사람의 필요에 잘 맞고 관심을 끌 수 있는 내용을 부각시켜야 한다.
2. 기본적인 내용은 잘 명시하면서도, 긍정적이고 특별한 인상을 줄 수 있어야 한다.
3. 이력서는 자신이라는 상품에 대해 멋진 광고를 한다는 생각으로 작성해야 한다.
4. 당신이 향후 채용됐을 경우, 주어진 업무를 성공적으로 수행할 수 있음을 입증시켜야 한다.
5. 이력서는 향후 면접에 있어 큰 테두리 역할을 한다. 면접관은 이력서에 기초해 당신에게 질문을 할 것이다. 따라서 거짓이나 과장된 내용은 금물이다.

그들은 아주 많은 수의 이력서를 취급하며, 지원자를 우선 선별하는 것에 주요 목적을 두고 있다. 따라서 자세하게 검토할 이력서를 결정하는 것은 단 몇 초 내, 실제로 이력서를 읽는 시간은 몇 분 내이다. 이를 통해 구직자가 채용 요구needs 조건에 맞는지를 우선적으로 검토한다.

1차 검토자의 선별 과정이 끝나고 난 후에야 면접 담당자가 이력서를 검토한다. 실제 면접 과정은 이력서에 의존해 진행될 가능성이 매우 높다. 따라서 불명확한 내용이나 거짓을 적어선 절대 안 된다. 면접 과정에서 대부분 들통나기 때문이다. 면접관은 아주 집요하다는 것을 잊지 마라. 궁금한 내용이 있다면 계속해서 후속 질문을 던지기 때문에, 구직자가 거짓말하는 순간을 면접관은 직감적으로 느낀다.

이제부터 틀에 박힌 '인사서식 1호 양식'의 이력서는 아예 생각하지도 마라. 같은 관리 감독직 이력서라도 '인사서식 1호 양식'의 이력서와 '간략형 이력서'와 비교해보면 느낌이 다를 것이다.

사실 이력서 형식에 정답이 있는 것은 아니다. 이력서의 핵심 구성요소는 경력목표, 경력요약, 경력사항, 학력사항, 남성의 경우 군 복무 사항, 교육사항, 자격증 및 특이사항, 개인 신상 등이다. 이러한 핵심만 들어간다면 나머지는 자유롭게 구성하면 된다. 그러나 중장년 구직자라면 무엇보다 '자유 형식의 이력서'를 추천하고 싶다.

이력서 필수 구성요소
경력목표
경력요약
경력사항
학력사항
교육사항
자격증 및 특이사항
군 복무
개인 신상

인사서식 1호 양식 이력서 ※ 지원 분야: 관리감독직

(사 진)	이력서				
	성명(한자)	홍길동 (洪吉童)		주민등록번호	
				000000-0000000	
	생년월일	1900년 00월 00일			
주소	서울시 ○○구 ○○동			전화번호	02-000-0000
E-mail	hgd000@ha00.net			휴대폰	000-000-0000
호적관계	호주와의 관계	본인		호주성명	홍길동

년	월	일	학력사항	비고
1900	00	00	A공업고등학교 전기과 졸업	

년	월	일	경력사항	비고
1990	00	00	O사 ㈜ LCD 제조부	
			* TN LCD GLASS 절단, 액정주입 및 임시반장 업무	
2015	00	00	* STN LCD 불량 검사 및 공정 인원 관리 업무	
			* LCD 제조기술 파견(시료 채취, 불량 분석, 데이터 정리)	
			* CPT LINE AL공정 KEEPER 업무(장비 및 공정 관리)	
1990	00	00	B사 자재과(자재 및 제품관리 업무)	

년	월	일	병역사항	비고
1900	00	00	육군 만기제대	

년	월	일	특기사항	비고
1900	00	00	운전면허 1종 보통 취득	지방경찰청
1900	00	00	PQM(불량감소 및 생산성) 훈련 수료	
1900	00	00	전자상거래 3개월 과정 수료	
1900	00	00	인터넷 정보검색사 4개월 과정 수료	

위의 기재사항은 사실과 틀림이 없음

년　월　일

간략형 이력서 샘플

• 개인 신상

(사 진)	지원 분야	현장관리 감독직
	인적사항	홍길동(000000-0000000)
	주소	서울시 ○○구 ○○동
	연락처	02-000-0000, hgd1234@hanmail.net
자격사항		지게차 운전 2급
병역사항		육군 만기제대

• 경력사항

1900년 00월 00일	A 공업고등학교 전기과 졸업
1900년 00월 00일 ~ 2015년 00월 00일	O사 생산직 - PDP, CRT 불량관리, 공정관리, 품질관리 - 현장 인원 관리 - PDP 스크린 인쇄(전 공정 인쇄 및 검사 기능) - 스크린 마스트 세정

• 특기사항

컴퓨터	워드, 엑셀 상급 수준
외국어	중국어 중급 수준
교육	일본 도시바 해외 연수
기타	PQM(불량감소 및 생산성) 훈련 수료

• 성취업적

1900년 00월 00일	- 형광체 소거 및 얼룩 불량률 80%에서 0%화에 기여 - 인쇄재료 재활용으로 독자적인 제조비 절감 기억

자유 형식의 이력서는 '연대기적 이력서 형식'과 '기능적 이력서 형식'으로 구분된다.

❗ 연대기적 이력서 형식의 특징

첫째, 일반적으로 많이 사용되는 양식으로 채용담당자가 선호하는 경우가 많다.

둘째, 직급 중심으로 어떤 회사에서 얼마 동안, 어떤 일을 했는가에 중점을 둔다.

셋째, 각각의 업무에 따른 성취업적을 구체적으로 서술한다.

넷째, 최근의 직업부터 시간 역순으로 기술한다.

❗ 기능적 이력서 형식의 특징

첫째, 특별한 경우(이직 경험이 많거나 다른 분야로 직업을 전환한 경우, 공백기가 긴 경우 등)에 사용한다.

둘째, 실행한 업무의 종류 및 기능, 업무성취도에 역점을 둔다.

셋째, 경력사항(회사명, 근무일자, 직급 등)을 후반부에 언급한다.

연대기적 이력서 형식은 자신의 경력 중 전반적으로 이직 및 전직 횟수가 적은 편이고, 한 분야에서 일관성 있게 경력관리를 해온 사람에게 적합하다. 그중에서도 업무경력 부분이 핵심이라 할 수 있다. 업무경력은 가급적 최근 내용, 그리고 자신의 성취업적이나 강점 등으로 시작해 역량이 잘 부각될 수 있도록 작성하는 것이 중요하다. 인사담당자는 잔뼈 굵은 당신이 신입사원 시절 무슨 일을 했는지에는 비교적 관심이 적다. 이를 위해서는 앞에서 살펴본 역량진단을 통해 '성취업적'과 '핵심역량' 요소 추출이 선행돼야만 한다.

반면 기능적 이력서 형식은 이직이나 전직 빈도가 잦으며, 다양한 경력을 보유한 경우 작성이 용이하다. 잦은 이직 등으로 인한 약점은 보완하면서도 강점을 부각시킬 수 있기 때문이다. 업무경력 부분은 시간순이 아닌 괄목할 만한 성과 중심으로 나열한다. 특히 지원하고자 하는 부분과 연계된 성취업적이 인사담당자 눈에 매력적으로 비춰질 수 있도록 구성하는 것이 좋다. 자신의 경력과 지원 분야가 다르더라도, 자신의 경력을 통해 지원 분야에서 역시 실질적인 성과performance를 낼 수 있는 인재임을 증명하는 것이 중요하다. 즉 이력서 형식도 자신의 장점은 극대화하고 약점은 최소화할 수 있도록 선택해야 한다.

우리가 앞으로 집중적으로 살펴볼 것은 '자유 형식'의 이력서다. 이 형식의 강점은 구직자의 강점을 최대로 부각하는 데 있다.

■ **지원 분야:** 품질관리 및 자재관리

■ **경력 요약**

약 15년 이상 동안 품질관리 업무를 담당. 전반적인 품질검사항목 관련 자료 분석 및 피드백 업무를 통한 괄목할 관리 능력 보유. 강한 성취욕 및 성실성을 바탕으로 사내에서 경쟁력을 보유한 사원으로 인정 받음.

■ **업무 경력**

● O사   1988. 3 ~ 2014.12
- 담당 부서 및 주요 업무: 품질경영팀
- CDT(모니터 브라운관) 품질관리 업무 – 출하검사
- 성취 업적

  출하품질 검사 업무(관리 감독)
  신속, 정확한 품질 품위를 파악해 공정품질 안정화로 품질 향상
  품질 검사 항목 관련 자료 분석관리·피드백 업무
  정확한 피드백으로 불량 cost down으로 6시그마를 달성함
  품질 향상 TFT 업무(시료 불량 분석 사후관리)
  정확한 시료불량 분석으로 공정품질 안정화 달성

● D사   1987. 9 ~ 1988. 2
- 담당 부서 및 주요 업무: 품질관리 업무

  품질 보증 체계 수립 시스템화, 품질 보증 계획 수립 및 현장 관리

■ **학력**

- A전문대학교 졸업   ~ 1900년 00월
- B공업고등학교 졸업   ~ 1900년 00월

■ **병역 사항**

- 육군 만기제대

■ **기술/자격/특기사항**

- 사내 품질관리 2급, 산업안전관리 3급 자격증 취득
- 전산 정보처리(컴퓨터활용능력) 4개월 과정 수료
- 품질 검사 실무자 과정 교육 이수(H협회)
- SPC(통계적 공정관리) 과정 수료, 사내 관리감독자 과정 이수

상기 내용은 사실과 틀림 없음을 증명합니다.

2015년 00월 00일

홍길동　(인)

자유 형식의 이력서에는 좀 특별한 부분이 있다. 바로 '경력 요약' 부분이다. 지원하는 분야에 관련된 자신의 경력사항과 함께 직무 능력, 성취업적 및 지원동기 등을 간략하게 요약함으로써, 인사담당자가 구직자의 강점을 쉽게 파악할 수 있도록 차별화한 부분이다.

따라서 지원 분야와 함께 경력 요약은 반드시 작성해야 한다. 이 부분을 구성하는 것만으로라도 당신은 이미 다른 구직자와 차별화된다.

마지막으로 두 가지를 당부하고 싶다.

- **지원 분야:** 생산기술

- **경력 요약**

1993년 A사에 입사해 SEM(전자현미경) 및 EDAX(원소분석기)의 필요성을 파악해 처음으로 회사에 도입했으며, 12개월 동안 담당하면서 불량 매뉴얼 및 공정 개선책을 현장에 지원했음. 1996년까지 CRT(민생용, 공업용) 제조공정 개선을 통해 불량감소 및 리드 타임Lead time을 줄였으며, 1997년에는 종합연구소에 근무하면서 CRT의 새로운 부품 개발(금속, 화공류)을 통해 업체 다원화 및 원가 절감을 이뤄냄. 입사 초부터 지속적으로 국제안전규격 기관(UL, CSA, TUV, VDE, CCIB, BSI, JQA 등)과 접촉하면서 CRT 안전규격을 취득함.

- **경력 사항**

회사명 / 부서 및 직위: O사 / 생산기술팀 과장

1900년 00월 ~ 2014년 00월

담당업무: 생산기술(CRT 후공정 리더) - 공정개선 및 부품 개발

- **성취업적**

- 6시그마 활동: 2가지 항목 BBBlack belt 획득
- TCO '99 VLF 대응: VLF값(유해전자파, V/m) 개선(0.65V/m → 0.3V/m)을 통해 50억 원의 원가 절감
- 29"CRT 내전압 불량 대응: CRT의 내전압 불량 감소(7.5% → 2.7%)를 통해 3억 7,000만 원의 원가 절감
- SEM & EDAX 분석을 통한 불량 매뉴얼 작성 및 공정 대응 교재 작성

- EI~Engineering Information~의 전산화 시스템 구축: 부품 EI, 공정 EI 등
- CRT 부품(Glass, S-band 등) 추가에 따른 국제 안전규격(UL, CSA, TUV, VDE, CCIB, BSI, JQA 등) 취득을 위해 각 기관에 승인서 신청 및 승인 SPL' 제작, 테스트를 진행했음
- 새로운 모델(19"Flat CDT) 개발 시의 라인 구축 기간을 3개월 단축 (7개월 → 4개월)
- 17"CDT 생산 Lead time을 12.5초에서 11.5초로 1초 단축(6,912 개/일 → 7,513개/일로 601개/일 생산량 증대 향상 효과. 양품 100% 기준)
- 현장에 기술적 진단을 지원하며, 새로운 생산 기술 및 이론을 적용

■ 주 업무

- 신입사원 교육을 통한 인재 양성 및 CRT 공정 이해
- 공정 개선을 통한 불량감소 및 리드 타임 단축
- 부품 개발을 통한 업체 다원화 및 원가절감
- 고객 클레임 원인 분석 및 대응을 통한 고객만족

■ 학력 사항

A대학교 무기재료공학과 졸업(1900년 00월)

■ 교육 사항

- D사 Management developing course 58기 영어과정 수료(외국인과 10주간의 합숙훈련 교육, TOEIC 000점)
- 통신 교육: PL법 대응 교육(H진흥회)
- 중국어 교육: 학원 3개월째 수강 중

■ **자격 및 특기 사항**

- 운전면허증 1종 보통(D지방경찰청, 1994년)
- PC 능력: 워드, 엑셀, 파워포인트, 그래픽스, 인터넷

첫째, 이력서에 희망연봉을 기재하지 마라. 이력서에 희망연봉을 기재하려면 사전에 지원하고자 하는 분야는 물론 해당 산업과 기업에 대해 많은 정보를 알고 있어야 한다. 높은 희망연봉이 이력서 상단에 기입돼 있으면, 인사담당자는 당신의 이력서를 검토하기도 전에 부담을 가질 수밖에 없다. 반대로 지레 겁먹고 연봉을 낮게 기입할 경우엔 연봉 협상에서 불리한 입장에 처할 수도 있다. 구인 업체에서 꼭 써달라고 요구하면 '협상 가능'이라 적으면 된다.

이력서 작성의 목적은 면접까지 가야 하는 것이라는 사실을 잊지 마라. 연봉은 얼마든지 협상 가능하다는 인상을 심어줘야 한다. 그래야 면접 기회가 온다.

둘째, 이력서 및 경력기술서는 담기는 내용뿐만 아니라 외관(디자인, 포맷, 글자 크기 및 폰트 등)도 중요하다. 같은 차를 마시더라도 어떤 그릇에 담느냐에 따라 그 품격과 느낌이 달라진다. 이력서도 마찬가지다. 급하게 대충 작성한 이력서는 인사담당자가 금방 눈치챈다. 보통 급히 찍은 듯한 증명사진이 붙어 있고, 너덜거리는 용지

에 오탈자, 지원 분야와 관련 없는 내용들로 가득하다. 그러나 정성스럽게 작성한 이력서는 그 자체로 인사담당자에게 감동을 준다. 핵심적인 내용이 한눈에 들어오고, 형식과 내용이 간결하다.

구인업체에는 하루에도 수백 통의 이력서가 쌓인다. 우선 인사담당자들의 눈에 띄는 것이 중요하다. 이왕이면 인쇄도 최고의 품질을 보장하는 전문 업체에서, 고급 용지에 출력하는 것이 좋다. 자신의 이력서에 투자하라.

선진국 대학생들은 졸업 무렵 이력서를 작성하는 데 6개월 이상의 매우 긴 시간을 투자하고, 이력서를 인쇄하는 데 드는 비용도 아끼지 않는다고 한다. 당신도 이력서 및 경력기술서에 정성을 듬뿍 담아야 한다.

그렇다면 이력서의 완성은 언제일까? 바로 이력서를 읽고 있으면 지원하는 회사에 미치도록 출근하고 싶은 인재라는 느낌이 들 때다. 그때까지 끊임없이 수정하고 검토해야 한다. 가능하면 주변의 지인들에게도 이력서 검토를 요청하라. 비판적인 조언이 있어도 불쾌하게 생각하지 말고, 적극적으로 반영하는 것이 좋다.

자신이 만족하지 못하는 이력서는 구인자도 만족하지 못한다. 그러니 이력서에 공을 들여야 한다. 그만큼 결과가 돌아온다.

나만의 포트폴리오 구성하라!

1. 경력기술서는 이력서와 다르다

앞서 잠깐 언급한 바와 같이 경력기술서는 이력서와 다르다. 이력서가 완성됐다면 이제 겨우 개인의 상품판매서 작성의 1단계가 끝난 셈이다. 지금부터는 본격적으로 자신의 포트폴리오를 만들어야 한다.

경력기술서는 이력서 내용 중에서도 특히 경력에 초점을 맞춰 기술한다. 이제는 전쟁터에 나가 싸울 무기를 만들어야 한다. 계속해서 강조하지만 포트폴리오라는 재취업 무기에는 이력서는 물론 경력기술서, 자기소개서, 커버레터 뿐만 아니라 향후 업무 계획서도 필요하다. 왜 준비해야 하는가? 답은 뻔하다. 당신이 면접관이라면 인사서식 1호 이력서 하나만 제출한 구직자와 구체적으로 기술된 이력서에 경력기술서, 자기소개서, 커버레터, 향후 업무 계획서까지 첨부한 구직자 중 누구를 먼저 만나보고 싶은가?

경력기술서에는 주요 경력만 기술한다. 이력서에 작성하긴 했지만 좀 더 구체적으로 설명할 필요가 있는 경력을 중심으로 나열하는 것이 중요하다. 계량화할 수 있는 내용이 있다면 숫자로 내용을 가능한 한 강조한다. 지원 분야와 가장 관련성 높은 내용을 중심으로, 핵심역량이 잘 드러날 수 있도록 기술해야 한다.

경력기술서 샘플

근무처	A사	근무기간	1900.00.00 ~ 2014.00.00
근무부서	생산기술팀	담당업무	브라운관 제조 부분 후공정 프로세스 & 시스템 엔지니어

- **공정 합리화 업무**
- 공정 INDEX-UP을 통한 생산성 향상: 중형관종CPT/15 ″ 14 ″ CDT/29 ″ 이상 대형관종CPT
- INSPECTION 검사 시스템 개선: EKCO 관련 1차 불량 튜브 적체 현상 해소(약 400개/주)
- NECK DAG 및 INNER DAG COATING 공정 개선: 15 MNN 화면 왜곡 개선 효과
- FRIT LOADING 공정 자동화(소형 CDT / 중형 CPT): 2인×3조/라인 인원 감소
- 고압 처리 PROCESS 개선: 내전압 불량/화면 흑점/NECK 흑화/내면박리 현상 감

- **기술 표준화 관련 업무(ISO 9001)**
- EI_{engineering instruction} 제정 및 개정(연간 100여 건)
- 제조2과 FRIT~ITC 공정 WI_{working instruction} 정립(700여 건)

- **6시그마 프로젝트 수행**
- 그린벨트 교육 이수
- AG/AS 공정 불량 감소 활동
- 관내 이물 감소를 통한 O-8 생산성 향상 활동
- 대형 관종내전압 불량 감소 활동

- **신관종 개발 및 신규 공장 BUILD-UP**
- 32 ″ WIDE FLAT 관종 부품 개발 및 초기 양산 적용
- 21 ″ FLAT 관종 양산 적용
- 15 ″ MNN CDT 관종 양산 적용 및 조기 BUILD-UP
- O-8 재가동 공장 개조 및 BUILD-UP

- **원가 절감**
- GLASS 개발(21 ″ FLAT 29 ″ SA, 29 ″ FLAT): 5~9달러/개 효과
- RASTER AGING 공정 제거: 연간 1억 800만 원 효과
- 29 ″ 이상 대형 관종FUNNEL GETTER 적용: 튜브 40개/일 재생 효과
- 내장재 소재 국산화 개발(I/S, CLIP, PF CONNECTOR)

- **제조 후공정 품질 향상 활동 후 공정 리더로 활동**
- 제조 원가 업무: 공정별 표준원가, 자재소모율, 손익 분석, 공수분석 관리 등
- 거래선별 생산 일정 관리 및 진척도 관리
- 생산 라인 일선 관리자(반장, 계장) 관리
- 이물 불량 감소 TFT 활동 주도: 이물불량 감소(2.5% → 0.7%)

- **고객 품질 대응**
- VOC_{Voice Of Customer} 부서 Key-man으로 활동
- 고객 불만 사항 대응(불량 원인 분석 및 재발 방지책 수립 후 실행)

이상과 같은 업무를 하면서 보낸 첫 직장 생활 동안 어떠한 일이 주어져도 해낼 수 있다는 자신감과 업무 추진 능력을 배운 것이 가장 큰 수확이었습니다. 또한 개인과 마찬가지로 기업 역시 끊임없이 미래를 준비하지 않으면 안 된다는 진리를 배울 수 있었던 소중한 시간이었습니다. 향후 귀사에서 근무할 기회가 주어진다면 품질 향상과 생산성 향상에 전념함으로써, 귀사의 비전 있는 발전에 일익을 담당하고 싶습니다. 감사합니다.

'경력기술서 샘플'처럼 자기소개서 자체에 처음부터 경력을 기술해도 좋다. 이처럼 경력기술서는 구직자의 개인적인 정보보다는 경험 많은 구직자의 구체적인 기술과 역량을 담아, 짧은 시간에 자신이 핵심역량을 두루 갖춘 인재임이 입증될 수 있도록 돕는다는 장점이 있다.

실제 현장에서 정답은 없다. 예를 들어 한 구직자가 마케팅 분야에 지원한다고 가정해보자. 기업에서는 가장 먼저 마케팅 관련 경력이 궁금할 것이다. 그리고 현장에서 특별히 어떤 과업을 수행했는지, 구체적으로 어떤 주요 성과를 냈는지, 궁극적으로는 우리 회사

에서 향후 어떤 기여를 할 수 있을지 등을 궁금해하는 것은 당연하다. 따라서 경력기술서에 지원 업체에서 궁금해할 내용을 미리 밝혀 주는 것이다. 최근의 괄목할 만한 성과나 수행했던 프로젝트 중심의 사례도 좋다. 다만 20~30년 이상의 경력을 A4 용지 1~2장으로 압축 해야 한다. 그러니 과감하게 해당 지원 분야와 관련이 적은 경력이나 사례는 삭제하자. 경력기술서에도 과감한 다이어트가 필요하다.

2. 자기소개서로 장점을 강조하라

자기소개서 작성에는 두 가지 목적이 있다. 이력서에 작성하긴 했는데 좀 더 강조하고 싶은 내용이나 이력서에 전부 담기에는 한계가 있는 내용을 자세히 기술하는 것이다.

자기소개서는 일정한 형식이 존재하지 않지만, 자신에 대한 일반적인 소개, 경력 및 성취업적과 역량, 지원동기의 분량을 각각 1 대 3 대 1의

자기소개서 형식 및 비율	
1/5	자신에 대한 일반적인 소개
3/5	경력 및 성취업적, 역량
1/5	지원동기

법칙을 활용해 적당히 안배하면 된다.

일반적으로 자기소개서에는 성장과정, 성격의 장단점 및 생활신조, 장래포부, 지원동기, 주요 경력에 대한 내용 등을 담는다.

그러나 만약 업체가 자기소개서 양식을 별도로 제공하는 경우에는

1. 성장 과정

1989년 7월 A사에 입사해 약 14년 동안 생산기술팀에서 제조 공정의 프로세스&시스템 및 신뢰성 엔지니어로 업무를 수행했습니다. 농가에서 화목한 조부모님과 부모님 슬하 차남으로 태어났으며, 부모님의 헌신적인 사랑과 책임감을 본받으며 자랐습니다.

2. 성격의 장단점 및 생활신조

소박한 시골에서 자란 덕분인지 모나지 않고 예의가 바르며 솔직합니다. 특히 책임감이 강하며, 공과 사를 분명히 구분할 줄 압니다. 또 주어진 일은 이성적, 합리적이며 정당한 방법으로 강한 책임감을 갖고 끝까지 해내는 인내심이 있습니다. 또한 업무에 있어서 신중한 검토를 거친 후 추진하는 등 완벽을 기하는 편입니다. 단점으로는 인정에 약한 모습을 보이기도 합니다. 생활신조는 엔지니어 생활을 하면서 느끼게 된 것으로, 어떤 일을 추진함에 있어서 신중한 검토를 통해 한 번 한 실수는 다시 하지 말자는 것, 그리고 현재의 일에 충실하자는 것입니다.

3. 장래 포부

직장인에게는 해박한 지식과 경험, 긍정적이고 발전적인 사고 및 자세, 일에 대한 열정, 그리고 타인의 이론이나 주장에 대해 객관적이며 개방적인 자세가 필요하다고 생각합니다. 위와 같은 필요사항을 모두 갖춘 전문가가 되는 것이 저의 장래 포부입니다. 제가 맡은 분야에서 최고의 전문가가 되기 위해 매진하는 과정 속에서 행복을 찾고자 합니다.

4. 지원 동기

총 14년간의 직장생활 속에서 많은 것을 느꼈습니다. 엔지니어의 판단과 사고가 얼마나 중요한지를 알게 됐고, 어떤 업무가 주어져도 잘 해낼 수 있다는 자신감을 얻은 것이 저에게는 무엇보다도 소중한 경험이 됐습니다. 그리고 일류가 되려고 노력하지 않는 기업은 발전을 이룩할 수 없고, 구성원 개개인은 노력하지 않으면 직장인으로서 가치를 상실할 수밖에 없다는 의미 있는 진리를 배울 수 있었습니다.

저의 이러한 포부를 기술개발, 생산기술 업무에 펼치고자 합니다. 또 제가 맡은 분야에서 전문가가 되기 위해 항상 노력하는 자세로 최선을 다하는 모습을 보여드리고자 귀사에 지원하게 됐습니다. 감사합니다.

회사가 원하는 것에 무조건 맞춰야 한다. 업체가 원하는 구성 꼭지들을 중심으로 나열하라.

'자기소개서 샘플 1'에서는 각각의 구성 부분을 간략히 서술했으며 특히 지원동기를 강조함으로써 자신의 열정을 부각시켰다.

자기소서개서의 형식에는 정답은 없으므로, 자신의 강점을 부각시킬 수 있는 새로운 형식으로 재구성해도 좋다. '자기소개서 샘플 2'는 자기소개서와 경력기술 형식의 혼합형을 띠고 있다. 샘플 2는 자신의 생활신조 및 성격 부분은 서두에 간략히 서술했으며 본론 부분은 자신의 성취업적과 경력을 중심으로 기술한 것이 특징이다.

저는 인생의 모든 어려움이 걸림돌이 아니라 오히려 디딤돌이라는 적극적인 자세로 살아왔다고 자부합니다. 이런 자세는 가진 것 없이 맨몸으로 현재의 터전을 일궈내시고 저희 형제를 현재의 위치에 서게 만들어주신 부모님께 배운 근면성실함과 함께 제 삶의 근간이 되고 있습니다. 이 같은 마음자세를 학창시절이나 사회생활에서도 일관되게 가져왔다고 생각합니다.

특히 이는 온갖 쓰레기와 씨름을 하는 등의 고역 때문에 기억 속에서 잊히지 않을 대전 세계 박람회의 환경미화 봉사활동에서도 결코 달라지지 않았습니다. 정신없이 뛰어다닌 3개월간의 봉사활동 기간 중 관람객들의 미소를 보며, 박람회의 성공을 위해 작지만 일익을 담당했다는 뿌듯함과 노동의 참된 가치를 느낄 수 있습니다. 동시에 성격이 담대해지고 적극적으로 변한 것도 큰 수확이 아닐 수 없습니다.

B사에 입사한 이래 생산기술 엔지니어로서 일하며, 어느 곳에서도 제 몫을 충분히 다할 수 있다는 자신감을 얻은 것은 큰 수확이었습니다. 특히 비상 경영 시기 중의 제조 후공정 파트 리더로서 3년은 연구, 영업, 품질, 구매 등 각 부문 간의 원활한 업무 조율을 위해 힘썼고 생산 및 품질관리 영역에서 큰 기여를 했다고 자부합니다.

지금까지의 성취업적과 업무 경험 등에 대해 요약하면 다음과 같습니다.

첫째, 리더십 및 업무 조율 능력

- 당사 제품 개발 후 조기 양산 라인 구축 및 라인 안정화에 주도적인 역할을 수행했으며, 특히 양산 시기를 1개월 앞당겨 매출 증대에 기여함
- 공정 합리화 및 설비 개선 시 관련 부서들, 설비 업체들 간의 업무 조정 및 조율에 앞장서 원활하고 신속한 업무 진행에 기여함

둘째, 경영 혁신 활동 및 품질 대응 시스템 구축 등으로 품질 관리의 고도화 실현

- 6시그마, TP활동(종합생산성), DPO(표준 지키기)등의 혁신 활동 등을 적극적으로 수행하며 공정 최적화에 만전을 기하는 한편 철저한 품질관리의 고도화 실현을 위해 최선을 다했음. 특히 6시그마 프로젝트를 통해 84%대를 밑돌던 화면코팅 공정의 수율이 95%대에 육박했으며 완벽한 공정 최적화 업무를 수행함

- 공정 품질 전반을 담당하며 공정 모니터링을 통한 이상품질 발생을 사전에 차단하고 품질 추이에 대한 상세 분석, 이상품질에 대한 즉각적인 조치로 공정 목표 수율을 달성하기 위해 최선을 다함

- 제조 라인의 ISO 9001 품질인증 사후심사와 관련해 품질 시스템 정비, 품질기록 관리 및 현장 교육 등을 도맡아 사내 품질관리 수준의 향상에 크게 기여함

셋째, 제조 라인의 생산 관리자 경험

- 라인의 생산 관리 및 기술 파트를 총괄하며 공정별 표준원가, 손익 분석 및 공수 분석 관리 업무를 성공리에 마쳤으며 또한 전사적인 원가 절감 활동 추진 및 그에 따른 제반사항을 적극적으로 지원해 순익 달성에 크게 기여했음. 특히 자재 소모율의 경우, 소모 자재에 대한 적극적인 원가 절감 활동을 통해 자재 소모율을 제조원가 대비 70%에서 61%로 낮추는 데 크게 기여함

- 거래선별 생산 일정 및 진척 관리를 맡아 품질, 수량, 원가, 납기 계획에 따른 개별 활동에 주도적인 역할을 수행했으며, 출하 품질 획득에도 만전을 기해 고객 만족 품질 달성에 크게 기여함

이상과 같은 저의 업무 경험을 바탕으로 귀사에 큰 기여를 할 수 있는 기회

를 주십시오.

수출에 주력하며 사회에 기여하는 수출 유망 중소기업의 면모, 연구 개발 분야에 대한 적극적인 투자, 그리고 우량기술 기업의 면면으로부터 귀사가 세계 시장을 적극적으로 개척해 나가는 통신장비 분야의 리딩 기업이 된다는 꿈이 결코 헛되지 않다는 확신을 얻게 됐습니다.

경영혁신 프로젝트 수행을 포함해 품질관리 분야의 다양한 경험을 통해 귀사에 기여를 할 수 있는 부분이 많으리라 생각합니다. 또한 어학, PC 능력 등 끊임없는 학습 기회를 취한 것은 스스로의 경쟁력을 높이기 위한 것일 뿐만 아니라 다양한 자극을 통해 업무 효율성을 극대화하는 데 있었음은 두 말할 나위 없다고 생각합니다.

이에 앞으로 귀사가 발전을 위해 발돋움하는 데 본인이 함께 할 수 있기를 고대합니다. 감사합니다.

'자기소개서 샘플 3'은 좀 더 구체적으로 기술했다. 주요 특징은 자기소개서에 특별한 제목을 달았다는 점이다. 그리고 서론에 자신의 신념과 경력을 간략히 요약했으며, 본론 부분은 좀 더 구체적으로 작성했다. 후반부에는 자신의 입사 후 계획도 작성했다. 따라서 샘플 3은 이력서에 경력기술서, 향후 업무 계획서까지 모두 혼합돼 있는 형식이라 할 수 있다.

자기소개서 샘플 3

• 현장 사원과의 일심동체

3남 2녀 중 차남으로 태어났습니다. 초등학교와 중학교는 고향에서 다녔으며, 이후 고등학교와 대학교 대구에서 유학 생활을 하면서 어렵게 지냈습니다. 이때부터 어려움이 저에게 있어 걸림돌이 아니라 오히려 디딤돌이 될 수 있다는 적극적인 자세로 살아왔다고 자부합니다.

1985년 봄, C사에 입사한 이래 생산기술 엔지니어로서의 12년 동안 근무 경험이 어느 곳에서도 제 몫을 충분히 다할 수 있다는 자신감을 얻은 것이 큰 수확이었습니다. 특히, 1998년 초 비상경영 시기 중 생산 제조 라인 책임자로서 5년 동안 영업, 품질, 구매 등 각 부문간의 원활한 업무 조율을 하면서 생산 및 품질관리 영역에서 큰 기여를 했다고 자부합니다.

지금까지 저의 성취 업적과 업무 경험 등에 대해 요약하면 다음과 같습니다.

첫째, 업무 추진 능력 및 업무 조율 능력

- 생산기술(제조기술) 공정 담당 엔지니어로 제품 개발 후 신제품 양산 라인 구축 및 라인 안정화에 주도적인 역할을 수행했으며 특히, 양산시기를 1개월 앞당겨 양산화에 성공시킴.
- 공정 합리화 및 설비 개선 시 관련 부서와 업체 간의 업무 조정 및 조율에 앞장서 원활하고 신속한 업무 수행으로 공정을 조기에 안정화시킴.

둘째, 생산 라인의 생산 책임자의 리더십 경험

- 라인 기능직사원 340~360여 명의 인원 관리를 위한 방법으로, 1회/분기 사원 개별 면담을 통해 사원들의 건의사항과 개인별 애로사항 등을 듣고 사원들의 고충사항을 해결함
- 라인 생산을 총괄하며 공정별 표준 원가표를 만들고 우리 공정의 손익 분

석 및 공수 분석 관리 업무를 정착을 시켰으며 또한 전사적인 원가 절감 활동 추진 및 그에 따른 제반 사항을 적극적으로 활동해 사업계획 목표를 달성함

- 특히 현장 중심의 공정 불량률 감소팀 구성 및 활동, 전개로 원자재 소모율 및 소모 자재에 대한 적극적인 활동으로 자재 소모율을 제조원가 대비 5% 감소시킴
- 거래선별 생산일정 관리는 물론 거래선별 특정 품질 기준을 설정해 품질은 물론 납기 계획에도 문제없이 대응했으며, 고객만족 품질 달성함

셋째, 경영 혁신 활동 및 품질 관리 시스템 구축

- TP활동(종합생산성), DPO(표준 지키기)등의 혁신활동 등을 적극적으로 수행하며 라인 최적화에 만전을 기하는 한편 철저한 품질관리 시스템을 구축함. 특히, TP활동(종합생산성)를 통해 88%대를 밑돌던 생산수율이 94%대를 달성했으며 완벽한 공정 최적화 업무를 수행함
- 2000년에는 공정 DPO(표준 지키기) 및 공정 모니터링을 통한 이상품질 발생을 사전에 차단하고 품질추이에 대한 상세분석, 대책으로 공정 사업 계획 목표를 초과 달성함[2001, 생산성 최우수부서상 수상]

● **귀사에 근무 시 업무 계획**

- 기능직 사원관리: 제품의 생산과 품질은 제품을 만드는 사원들의 마음자세와 컨디션에서 나온다고 믿습니다. 따라서 1회/월 정기적인 개별 면담으로 사원들의 개인 애로사항 및 공정의 문제점, 건의사항 등을 청취해, 해결하고 항상 현장 사원들과 일심동체가 돼 사원들과 직접 몸으로 부딪치며 모든 문제를 해결하도록 하겠습니다.
- 생산 관련: 첫째, 매일 현장 순회를 통해, 현장의 설비 및 제조 조건의 불합리점을 사원들과 함께 발굴하며 그에 대한 대책을 수립해 돌발불량을

사전에 차단하고 일일 생산량은 기필코 달성하겠습니다.

- 매일 아침 조장 조회를 실시해 회사의 공지사항 전달과 전일 근무 시의 공정의 문제점 및 금일 생산의 주의점, 특이점을 전달해 생산에 차질이 없도록 하겠습니다. 돌발불량 발생 시 원인을 분석하고 대안을 만들어, 한번 대책된 불량은 두 번 다시 재발되지 않도록 대책사항 및 주의사항을 현장에 부착해 관리하겠습니다.

- 전 공정 작업방법 등 중요 제조 조건, 체크 포인트, 검사 빈도, 작업표준을 작성하고 관리해 제품의 품질이 항상 일정하게 생산이 되도록 하겠습니다. 품목별/거래선별 품질 중점관리 항목 설정, 관리로 고객의 품질불만이 없도록 하겠습니다.

이상과 같이 생산기술부 엔지니어 경험과 제조 라인의 생산 책임자로서 업무 수행한 것을 포함 다양한 저의 경험을 통해 귀사에 기여 할 수 있는 부분이 많으리라 생각합니다.

또 귀사의 근무 시 저의 다양한 경험을 살려 현장 사원과의 일심동체가 돼저의 꿈을 펼치고 싶고 귀사의 발전에 밑거름이 되겠습니다. 그리고 귀사에 큰 기여를 할 수 있는 기회를 주십시오.

앞으로 귀사의 발전을 위해 발돋움하는 데 본인이 함께 할 수 있기를 고대합니다.

지금까지 소개한 다양한 자기소개서 샘플 중에서 어떤 것이 가장 마음에 드는가? 하나를 꼽으라고 하면 사람들마다 다른 선택할 것이다. 그러나 확실한 것은 자기소개서가 매력적인지 아닌지 자체는 판단할 수 있다는 사실이다.

성공률 높은 이력서 형식의 공통점은 단 한 가지다. 자신의 약점은 최소화하면서 강점을 최대한 부각시킨다는 것이다. 지금까지 제시된 자기소개서 사례는 실제 퇴직자가 컨설팅 받은 내용을 가져다 조금 재구성했을 뿐이다. 그리고 솔직히 고백하면 모두 재취업에 성공한 자기소개서다. 자기소개서는 경력이 화려하다고, 혹은 스펙이 뛰어나다고 좋은 것이 아니다. 재취업에 성공한 이력서와 자기소개서가 정답이다. 결국 지원하는 분야에 가장 잘 어울리는 구직서류가 최고인 셈이다.

그러니 다른 구직자에 비해서 자신의 스펙이 턱없이 부족할 거라는 생각에 지레 겁부터 먹지 마시라. 인사담당자가 스펙이나 계약조건 등으로 오히려 부담을 느끼는 순간, 면접의 기회는 사라진다. 그리고 인사담당자가 자기소개서 내용을 이해할 수 없어, 당신에게 되물어온다면 매우 불리해진다는 점을 잊지 마라. 차라리 해당 분야에서 요구하는 내용만 언급하는 편이 인사담당자에게 당신이 적임자라는 사실을 어필하는 데 유리하다.

경력기술서 등 다른 구직서류들처럼 자기소개서도 2페이지 내외면 충분하다. 채용담당자는 다량의 구직서류를 검토하고 있다는 점을 잊지 마라. 읽어야 할 분량이 많으면 쉽게 지칠 수밖에 없다.

또한 하나의 이력서와 자기소개서를 여러 번 사용하려 하지 마라. 그러면 백전백패 할 수 밖에 없다. 따라서 구직서류 하나를 잘 구비해 제출할 적마다 형식도, 내용도 재구성해야만 하다. 그리고 파일

이력서와 자기소개서가 20페이지나 된다?

2000년대 중반 S사 전직지원센터에 중간 간부직의 퇴직예정자가 방문했다. 그의 손에는 두꺼운 서류 뭉치가 들려 있었다. 컨설팅 룸으로 이동하자마자 건네 받은 서류는 눈으로 얼핏 봐도 20페이지가 훌쩍 넘었다. 그 서류뭉치는 다름 아닌 이력서와 자기소개서였다.

당연히 이력서를 2페이지 내외, 그리고 자기소개서를 1페이지로 요약해달라고 그에게 주문했다. 그러자 퇴직자는 난감해하며 물었다. "저는 지난 S사에서 쌓은 경력도 많고, 프로젝트 경험도 다양합니다. 하나도 버릴 것 없는 소중한 내용들인데 어떻게 정리해야 하나요?"

"이력서와 자기소개서 분량이 많다고 해서 경력이 화려하다거나 적임자라는 인상을 주지는 않습니다. 정 반대로 이력서가 1~2페이지라고 구직자의 역량이 떨어져 보이는 것도 절대 아닙니다"라는 대답에도 그의 눈빛은 여전히 의구심을 떨구지 못하는 듯했다. 하는 수 없이 다른 퇴직자 분들의 이력서 및 자기소개서 샘플을 보여드렸다. 그제서야 그는 고개를 끄덕였다. 컨설팅을 받은 후 그의 이력서는 3페이지로 압축됐으며, 자기소개서도 1페이지로 정리됐다.

명을 '구직서류 2', '구직서류 3', '구직서류 4' 등 각각 다른 버전으로 저장해두자.

필자는 연도별로 프로필을 새롭게 구성하고, 저장해둔다. 그리고 기관에서 요구가 있을 때마다 새롭게 이력서를 재구성해 송부한다. 그것이 당연하며 기본 예의이기도 하다. 당신도 이러한 작업이 몸에 배도록 해야 한다. 구직서류는 자신의 얼굴이나 다름없다. 상황에 맞춰 예쁘게 화장하고 치장하라.

마지막으로 앞서 소개된 경력기술서 및 자기소개서 샘플들은 컨설팅 과정을 통해 적어도 6개월 이상 고민하고 노력한 끝에 도출됐다는 점을 기억하라. 자기소개서에 다른 구직자와의 차별성을 담기 위해 고민하라.

3. 커버레터는 자신을 적극적으로 마케팅하는 수단이다

커버레터는 지원하는 회사에 관심을 표명하고, 면접을 요청하며, 읽는 사람으로 하여금 짧은 시간 내에 당신이 잠재적으로 응모 부문에 적합하다고 판단하게 하는 것이 목적이다. 반드시 제출해야 하는 것은 아니다. 다만 정성스럽게 작성된 커버레터를 읽을 인사담당자 입장을 생각해보라. 선택은 당신에게 달려 있다. 다시 이야기하건데 커버레터는 반드시 작성해야 하는 것은 아니다. 그러니 부담은 갖지 마라.

"귀사에 적합한 인재입니다"

인사담당자 귀하

평소 본인은 귀사의 품질관리 부서 업무에 많은 관심을 갖고 있었습니다.
이에 귀사의 품질관리 부서에 지원하고자 합니다.
귀사에서 요구하는 직무 자격 요건과 본인의 경력을 비교하면 다음과 같습
니다. 단, 학력이 전문대졸이나 귀사에서 요구하는 다른 모든 조건은 두루
갖추고 있다고 생각합니다.
귀사에서 저의 이력서를 적극 검토하시어, 인사담당자님을 만나뵐 수 있기
를 진심으로 기대하겠습니다. 감사합니다.

구분	귀사의 품질관리 분야 자격 요건	본인의 경력사항
학력	대졸 이상	A전문대학 화학공학과 졸업
경력	품질관리부서에서 5~10년 이상	B사 품질관리부 8년 근무
자격증	관련 자격증 우대	품질관리기사

* 첨부서류: 1. 자기소개서 1부

2. 주민등록등본 1부

홍길동 배상

(연락처: 000-000-0000)

커버레터의 구성은 다음과 같다. 먼저 본인 주소, 날짜, 받는 곳의 상호를 기입한다. 첫 문장은 지원 분야에 자신이 왜 적합한지에 대해 기술하고, 회사에 기여할 수 있는 내용을 강조하며, 회사에 대한 관심을 표명한다. 마지막으로 면접을 조심스럽게 요청하고 자신의 연락처를 남기면 된다.

커버레터는 자신이 평소 관심 있었던 기업이나 타깃 업체에 공격적으로 지원할 때 효과적이다. 특히 해당 기업에서 구인공고가 올라오지 않았을 때는 이력서만 제출하는 것보다는 커버레터를 첨부해 조심스럽게 면접을 요청하는 것이 훨씬 더 좋은 인상을 남길 수 있다.

기업은 늘 핵심인재를 보유하고 싶어 한다는 것을 잊지 말고, 타깃 기업에 커버레터와 함께 자신의 이력서 등 포트폴리오를 보내보자. 구인업체가 당신에게 분명히 연락을 줄 것이다. 자신을 적극적으로 마케팅해라. 구인공고에만 지나치게 의존하지 말아야 한다.

4. 향후 업무 계획서에는 스토리가 있어야 한다

향후 업무 계획서에서는 지금까지 언급했던 내용을 하나의 스토리로 엮어낼 수 있어야 한다. 업무 계획서는 해당 분야의 업무 내용은 물론 해당 기업에 대한 정보가 필수적이다. 그리고 자신이 보유한 역량으로 향후 회사에 어떻게 기여할 수 있을지를 명확히 그려내야 한다. 직접적인 관련성을 무엇보다 강조하고 이를 객관적으로 입증할 수 있어야 한다.

앞서 '자기소개서 샘플 3'에서 확인했듯이 업무 계획은 자기소개서 내용 안에 담아도, 별도의 형식으로 구성해도 좋다. 파워포인트 등 다양한 도구를 활용해 하나의 새로운 제안서처럼 작성하는 경우도 있다.

대학에서 졸업을 앞둔 대학생들에게 강의할 때는 한 학기 동안 자신의 포트폴리오를 작성해보라는 과제를 별도로 준다. 다소 긴 시간을 주는데도 불구하고 학생들 대부분은 너무 어렵다고 한다. 관련 경험이나 활동이 없어 쓸 내용이 없다는 것이다. 그러나 당신은 청년 구직자와 달리 풍부한 경험과 노하우를 보유하고 있다. 정성스럽게 담아내기만 하면 된다. 스토리텔링 기법을 총동원하라.

> **❗ 업무계획서 작성 시 고려할 내용**
>
> 첫째, 지원하는 회사의 업무와 연계돼 있는가? 그 기업의 '직무기술서'와 연계하라.
> 둘째, 실행 가능한 내용인가?
> 셋째, 논리적으로 구성됐는가? 전반적으로 설득력이 있는가?

이제 구직서류가 전반적으로 완성됐다. 1차 관문은 이처럼 준비해야 할 내용들이 많다. 그러나 막상 다 준비하고 나면, 퇴직자들은 "내 인생을 되돌아볼 수 있는 자기성찰의 시간이 됐다"고 말한다. 이제 무기가 준비됐으니 전쟁터에 나가야 한다. 노동시장에 나가 보자. 공개된 혹은 비공개된 일자리 정보에 용기 내 지원하라. 자신이 직접 하지 않으면 아무도 당신에게 연락하지 않는다.

면접 준비 및 협상 요령

구인공고를 보고 '이거다!' 싶어 용기 내 지원했는데 면접 제의offer까지 받았다고 상상해보라. 즉 구직서의 첫 관문을 통과했다고 말이다.

시간이 별로 없다. 면접 일정이 잡히면 상당수 퇴직자들이 "당장 다음 주에 오라고 하는데 면접 준비는 어떻게 해야 할까요?"라고 필자에게 묻곤 한다. 20~30년 이상 면접관 역할만 했지, 막상 자신이 면접 보러 간 적은 없으니 막막하다는 것이다. 사실 어색하고 힘든 일이 맞다.

우선 다음 면접 사례부터 살펴보자.

마음을 울린 주부 구직자

2014년 한 기관에 면접관으로 다녀왔을 때의 일이다. 기관에 도착하자마자 면접 후보자들의 구직서류와 기본 내용들을 살펴보는데, 눈에 띄는 후보자가 있었다. 40대 초반으로 다른 후보자들에 비해 나이가 상대적으로 많았지만, 최근 공공 부분에 나이 제한이 풀렸기 때문에 이런 사례는 종종 있었다. 후보자와 눈에 띈 이유는 구직서류 자체가 너무도 매력적이었기 때문이다. 논리적이며 설득력 있는 내용과 함께 해당 분야에서 요구하는 능력과 기술을 겸비하기 위해 노력한 흔적이 한 눈에 들어왔다. 그는 가장 마지막 후보자였기 때문에 면접 후반부가 더욱 기대됐다.

시간이 흘러 어느덧 마지막 후보자가 눈앞에 나타났다. 면접관 앞에 앉은 그녀는 아이 둘을 키우며 부모님도 모시고 사는 주부였다. 그녀의 이야기를 듣는 내내 면접관들은 가슴이 뭉클해졌다. 이전까지는 행정 보조 업무를 담당했었는데, 그 당시에도 열정적으로 일했다는 것이 저절로 느껴졌다. 그러나 계약직이었기 때문에, 이 일이 하고 싶어서 시부모 모시랴, 아이 키우랴 바쁜 와중에도 열심히 시험 준비를 했다고 했다.

게다가 면접 후반부에 그녀는 면접관들에게 왜 자격증 내용은 질문하지 않느냐고 오히려 반문했다. 그리고 자신의 자격증은 모두

1급이며, 어학능력 수준도 상당하다고 당당히 이야기했다.

면접 결과는 이미 나온 것이나 다름 없었다. 면접관들의 펜은 모두 높은 점수 쪽을 향해 움직였다.

젊고 당찬, 그리고 준비된 여성 구직자

같은 날, 면접 중반부에서도 멋진 사람을 만났다. 당시 필자는 눈을 의심했다. 대학교 1학년생이 들어왔기 때문이다. 통상 이 분야는 적어도 2~3번 탈락 고배를 마셔야 합격한다고 한다. 그러니 이 후보자는 어찌 된 일인가? 시험도 한 번에 붙었다고 했다. 그럴 수 있었던 이유가 궁금해 묻자 그녀는 고등학생 때부터 이 일이 하고 싶어 꾸준히 준비했다고 대답했다. 마음속으로 그 후보자가 참 기특하다는 생각을 했다. 자신의 경력에 대해 어릴 때부터 미리 고민하고 준비했다는 것이 부럽기까지 했다. 대학 학부 과정은 어떻게 해서든 일과 병행해 졸업도 하겠다고 그녀는 말했다. 그녀 앞에 펼쳐질 미래가 정말 궁금하다.

당신이라면 이런 후보자를 뽑겠는가?

면접의 마지막 사례다. 그 후보자는 자리에 앉자마자 다리부터 꼬았다. 그리고 면접관이 질문하는 내용에 모두 귀찮다는 듯이 불성실하게 답변했다. 심지어 면접관들 앞에서 행정과 교육에 대한 불평불만만 늘어놓았다.

면접관은 총 3명이었는데, 면접 후반부에 다다르자 힘이 빠지기 시작했다. 결국 나머지 질문은 후보자가 답변하기 어려운 것들로 이어졌다. 답변이 궁색하다 보니 면접 시간도 생각보다 짧게 끝나고 말았다.

총 세명의 사례 주인공 중 당신은 어떤 후보자를 만나보고 싶은가? 혹은 어느 후보자와 함께 일하고 싶은가? 마지막 사례에서 알 수 있듯이 준비 없이 면접을 보면 면접관에게 좋은 인상을 주기 어렵다. 사전에 충분한 준비가 없었기 때문에 긴장하게 됐고, 면접이 자신의 의도와는 다른 방향으로 흘러간 것이다. 역으로 구직자에게 지원하고자 하는 분야의 업무 특성과 업체 정보가 많으면 많을수록 유리하다. 그러려면 특별한 준비가 필요하다.

면접을 체계적으로 준비하기 위해서는 먼저 기본 개념을 알아야 한다. 구직활동의 꽃은 단연코 '면접'이라 할 수 있다. 면접이란 구직자가 입사하기를 희망하는 회사의 채용 관련 담당자(헤드헌터, 인사담당자, 일선관리자, 최고경영자 등)를 설득해 소기의 목적(입사, 근무조건 등)을 달성하는 과정이다. 그 과정에서 구직자도 회사를 직접 방문해 자신이 근무하기에 적합한 곳인지를 탐색할 수 있다. 또 면접에서 면접관들에게 좋은 인상을 남기기 위해 노력하는 것도 나중에 협상할 때 유리한 고지를 점하기 위한 방편이다. 그래서 면접은 재취업 성공을 위한 마지막 관문이라는 것이다. 몇 번이나 강조했지만 앞에서 살펴본 자기진단, 네트워킹, 잡-서치, 구직서류 준비 등은 모두 면접 기회를 얻기 위한 과정일 뿐이다.

1. 면접 목적에 따른 구분

면접은 목적에 따라 다음과 같이 세 가지 유형으로 구분된다.

첫째, '네트워킹 면접'은 정보 획득이 목적이다. 구직자가 설정한 타깃 업체 및 업종 등에 대한 구체적인 정보를 얻기 위해 먼저 접촉한다. 일반적으로 비공식적인 형태로 진행되며 이때 접촉 대상자(네트워크)에게 좋은 인상을 남기는 것이 중요하다고 할 수 있다.

둘째, '검증screening 면접'은 면접 여부를 사전에 검증하기 위한 것이다. 주로 헤드헌팅 업체나 인재파견 업체 등에서 진행된다. 그러나 이 면접은 채용에 결정적인 영향을 미치기도 한다.

셋째, '최종decision making 면접'에서는 채용 여부가 결정된다. 주로 인사 관련 최종 결정권자 및 최고경영자가 진행하며, 면접자의 자질 및 태도에 대해서 최종 검증하고자 한다.

이 중 네트워킹 면접이 다소 생소하게 느껴질 것이다. 기존의 면접에 대한 개념을 깨고 이 네트워킹 면접을 독자들에게 적극 권유하고 싶다. 성공률이 매우 높기 때문이다.

보통은 구인업체가 사람이 필요할 때 구인광고를 내고, 구직서류를 접수받고, 면접하고, 협상하고, 통보하는 일련의 과정으로 생각한다. 또한 구직자는 구인공고가 올라와야 비로소 업체에 노크할 수 있다고 믿는다. 그러나 반드시 그렇지는 않다. 구인업체는 사람이 필요하다고 당장 자신들의 기업 홈페이지나 구직 포털 사이트에 공고를 올리지 않는다.

따라서 구직자는 구인공고에만 의존하지 않아도 된다. 특히 20년 이상 경력을 쌓은 경력자라면 말이다. 관련 담당자를 직접 만나라! 인사담당자는 직접 찾아온 구직자의 이력서를 결코 버리지 않는다.

인사담당자와의 사전접촉

아주 오래 전, 첫 직장에서의 일이다. 어느 날, 낯선 사람이 인사 책임자를 찾았다. 당시 부서 막내였던 터라 인사담당 부장님께 그를 안내했다. 그들의 이야기는 생각보다 길어졌다. 장시간 대화가 끝난 후, 그가 누구인지 궁금해 부장님께 물었더니 의외의 답변을 들었다. 불쑥 전화 연락을 받았는데 회사에 방문한다는 것을 거절할 수가 없었다고 했다.

그는 구인공고가 나지 않았는데도 불구하고 회사를 직접 찾아온 것이었다. 회사에 대한 이런저런 이야기를 나눈 후 그는 깔끔한 대봉투에 구직서류를 남기고 사라졌다. 부장님께서는 그의 서류를 서류철에 담아두라고 지시하셨다.

따라서 구인공고가 나기만을 기다리지 마라. 기다려서 진행하는 면접에는 나 말고도 쟁쟁한 후보자들이 많다 그들과 싸우려면 힘들지 않겠는가? 관심이 가는 업체가 있다면 망설이지 말고 네트워킹 면접을 적극 시도하는 것을 추천하는 이유이다.

구인공고가 나지 않더라도 지원해라!

경력자의 경우, 여러 가지 이점이 있다. 무엇보다 관심 있는 직무와 관련된 기업을 발굴하기 쉽다. 그런 기업을 찾았다면 앉아서 마냥 기다리고 있지 마라!

필자는 오래 전부터 전직지원 컨설팅 분야에 관심이 많았다. 외환위기 이후에서야 그 개념이 우리나라에 처음 도입됐기 때문에 일반인들에게는 단어조차 생소할 때였다. 아무리 생각해도 이 일이 적성에도 잘 맞을 것 같고, 꼭 하고 싶었지만 당시 할 수 있는 일이라고는 국내외 관련 정보를 찾는 일뿐이었다. 그러던 어느 날 국내에 세계 최대 규모의 전직지원 컨설팅 업체가 설립됐다. 가슴이 뛰었다. 용기 내 홈페이지에 올라와 있는 회사 대표전화로 연락해서, 대표님께 자문 구할 일이 있다며 이메일을 알려달라고 요청했다. 다행히도 데스크에 있던 직원은 흔쾌히 필자의 청을 들어줬다.

서둘러 대표이사 이메일을 확인한 다음 정성스럽게 구직서류를 보냈다. 그리고 왜 구직서류를 보냈는지 솔직하게 썼다. 그랬더니 시간이 얼마 지나지 않아 기적 같은 일이 일어났다. 직접 연락이 온 것이다!

그때 용기 내 시도해보지 않았다면 필자는 지금 이 자리에 없을 것이다.

2. 면접 형태에 따른 구분

면접 형태는 다음 세 가지 유형으로 구분된다.

첫째, '일대일 면접'은 그야말로 일대일(구인자-구직자)로 면접이 진행된다. 주요 목적은 구직자가 보유한 능력이나 역량을 깊이 있게 파악하려는 데 있다. 최초 면접이나 최종 경영진의 면접이 이에 속하는 경우가 많다.

둘째, '패널 면접'은 면접관이 다수(2~5명 정도)다. 일대일 인터뷰의 단점을 보완하고 장점을 극대화하기 위한 방법이다. 일대일 인터뷰는 면접관 개인의 주관이 면접 결과에 부정적인 영향을 줄 수 있기 때문이다. 최종 인터뷰보다는 주로 중간 과정에 검증용으로 활용되는 경우가 많다.

셋째, '기술 면접'은 인사담당자가 아닌 해당 분야의 전문 기술자가 진행한다. 전문 기술을 확보했는지 여부를 실제 테스트를 통해 검증하기 위한 절차다.

면접 형태는 대개 면접 당일 날 파악하게 된다. 구직자가 사전에 파악하기는 현실적으로 힘들다. 더구나 중장년 구직자가 경력직에 지원하는 경우는 단순히 1차 면접으로 채용이 결정되지 않는다. 실무자 면접, 임원 면접도 추가적으로 진행될 수 있다. 그리고 최종적으로 대표이사 면접이 기다리고 있다. 채용 프로세스를 다 밟으려면 시간이 꽤 걸린다. 길게는 1년 이상 소요되는 경우도 있다.

구직자 입장에서 면접 과정은 까다롭고, 다소 길게 느껴질 수도 있다. 그러나 구인업체 입장에서 보면 지극히 당연한 과정이다. 업체는 직원 한 명 한 명을 채용할 때마다 돌다리도 두드린다는 심정으로 임한다. 그래서 당신에 대해 궁금해하며, 깊이 있게 알고 싶어하는 것이다. 특히 당신의 '진정성' 여부를 파악하려고 한다.

그러니 면접 단계가 계속 이어진다면 오히려 기분 좋게 생각해야 한다. 즉, 업체가 자신에 대해 검증하는 과정을 즐길 수 있어야 한다. 이제 고지가 멀지 않았다. 다소 힘들지라도 협상 단계에 다다를 때까지는 참아야만 한다. 왜냐하면 면접에서 칼자루를 쥐고 있는 것은 당신이 아니라 구인업체이기 때문이다.

면접관과 구직자 사이에는 힘의 역동관계가 존재한다. 구직자가 면접관 마음에 들 경우 그 균형에 변화가 생긴다. 따라서 구직자는 면접 처음부터 끝까지, 면접관의 니즈에 최대한 부합하려는 노력이 필요하다. 예를 들어 자신보다 나이가 어려보이는 면접관이 거만하게 행동한다든가 면접관이 답변을 끝까지 들어보지도 않고 말을 중간에 끊어버리는 경우가 있을 수도 있다. 이럴 경우 '이번에는 좋은 결과를 기대하지 말아야겠군!' 혹은 '오늘 면접은 승산이 없을 것 같으니 대충하고 가야겠다'라고 생각하게 된다.

그러나 이렇게 생각해보면 어떨까? 면접관이 거만하게 행동하는 것은 일부러 의도된 행동일 수 있으며, 말을 중간에 끊는 이유는 면접 시간이 제한적이며 답변을 듣다가 더 궁금한 내용이 생각났기 때문이라고 말이다. 그 과정에서 면접의 주도권은 구직자에게로 점차 넘어올 것이다.

인사, 특히 채용 담당자들은 오랜 기간 다양한 사람을 만났기 때문에 관련 경험이 풍부하며, 직관이 발달돼 있다. 따라서 다음 단계로 통과시키거나 떨어뜨릴 후보자를 짧은 시간 안에 기가 막히게 걸러낸다. 면접 상황에서 당신의 생각은 그 즉시 태도나 행동으로 표출돼 면접관 눈에 비춰진다는 것을 잊지 마라.

3. 면접의 핵심요소

면접관 입장에서 면접은 후보자에 대해 다음 두 가지를 파악하려는 과정이다. 바로 특정 업무를 수행하는 데 필요한 능력을 잘 갖췄는지, 그리고 우리 조직 문화에 잘 부합할 수 있는 사람인지다.

이러한 요소를 파악하기 위해 면접관은 구직자의 경력, 가치관, 성격 및 성향, 적성, 지원동기, 선호하는 근무환경, 리더십 스타일 등에 대해 질문을 던진다. 그리고 사실을 구체적으로 확인하려 든다. 이를 각각 한 단어로 표현한다면 구직자의 '진정성'이고, 일을 하고자 하는 '열정'이다. 이 두 가지 요소가 어느 정도 입증되면 후속 질문은 경력사항에 대해 확인하는 정도로 마무리된다. 그러나 면접관이 느끼기에 정반대로 이 두 가지가 불명확하거나 의심이 든다면 후속 질문이 점차 많아지거나 까다로워질 수밖에 없다. 구직자 입장에서는 면접 과정이 힘겨워지는 것은 당연하다.

따라서 면접 과정에서 당신이 유리한 고지에 서고자 한다면 자신의 '진정성'과 '열정'을 어떠한 방법으로든 면접관에게 표현해야 한다. 그리고 당신이 어떤 이미지로 그들에게 비춰질지 심각하게 고민하라. 말로만 '진정성', '열정'이 있다고 한들 설득력이 부족하다. 면접에서는 답변 내용은 물론 태도가 중요하다.

한 가지 더 당부하고 싶은 내용이 있다. 면접관이 당신에게 고의로 압박질문을 할 수도 있다는 것이다. 이는 철저하게 사전에 계획된 행동이다. 압박질문을 하는 이유는 그러한 상황에서 당신이 어떻게 대처할지 궁금하기 때문이다. 따라서 이런 경우는 당황하지 말고 차분하게 대처하라.

예를 들어 면접관이 부적절한 질문(사적인 내용 등)을 한다든지, 집요하게 약점을 캐려한다든지, 면접 도중에 전화통화를 한다든지, 시간에 압박을 느끼는 것처럼 행동한다든지, 지나치게 개인적인 편견을 개입하려한다든지 하면, 부글부글 화가 치밀어 올라 문을 박차고 나가고 싶을 수도 있다. 그러나 평가자는 지금 이 시간 당신이 아니라 면접관이라는 사실을 명심해야 한다. 면접관이 마음에 들지 않는다고 그 이미지를 회사 전체로 확대해석해서는 안 된다. 이를 기회요인으로 생각하고 지혜롭게 대처한다면 좋은 인상을 줄 수 있다.

따라서 구직자가 체계적으로 잘만 준비한다면 면접에서 오히려 유리해질 수 있다. 당신이라면 어떻게 하겠는가? 준비 없이 면접자를 만나 그들에게 끌려다니겠는가, 아니면 면접에서 주도권을 쥐겠는가? 경력자에게는 면접 과정에서 주도권을 쥘 수 있는 힘이 충분히 있다. 물론 그러려면 면접에도 체계적인 전략이 필요하다.

4. 효과적인 면접 준비 방법

본격적으로 면접을 준비해보자. 몇 번이나 강조하지만 구인업체, 즉 공략할 대상인 기업의 채용 과정에서 무엇보다 면접이 가장 핵심이라 할 수 있다.

그러므로 면접을 준비할 때는 구직활동 과정 전체를 다시 하나하나 살펴봐야 한다. 구직활동 과정을 면접에 초점을 둬 살펴볼지라도 전체 경력전환의 프로세스 측면에서 크게 봐야 한다. 특히 이직 및 전직 과정에서 면접 과정을 피할 수 없다.

결론적으로 효율적인 면접 준비를 위해서는 전략이 필요하다. 면접 준비 전략 프로세스는 크게 6단계로 구분된다.

1단계는 자신에 대한 분석, 2단계는 타기팅, 3단계는 상대에 대한 정보 수집 및 분석, 4단계는 구체적인 전략 수립, 5단계는 면접 준비

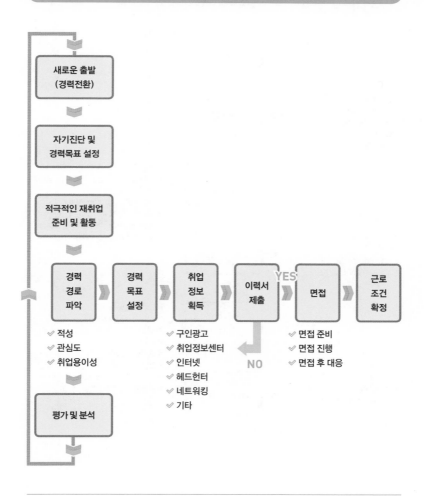

구직활동 과정

- 새로운 출발
  (경력전환)
- 자기진단 및
  경력목표 설정
- 적극적인 재취업
  준비 및 활동

| 경력 경로 파악 | 경력 목표 설정 | 취업 정보 획득 | 이력서 제출 | 면접 | 근로 조건 확정 |

YES

NO

- 적성
- 관심도
- 취업용이성

- 구인광고
- 취업정보센터
- 인터넷
- 헤드헌터
- 네트워킹
- 기타

- 면접 준비
- 면접 진행
- 면접 후 대응

평가 및 분석

면접 준비 전략 프로세스

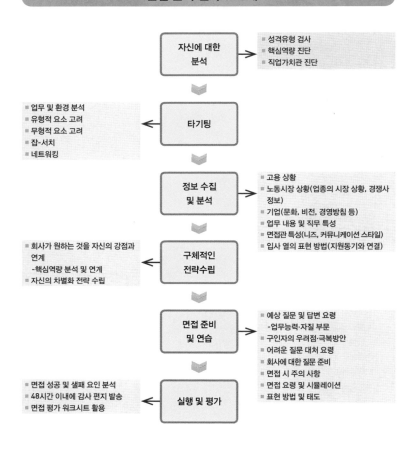

자신에 대한 분석
- 성격유형 검사
- 핵심역량 진단
- 직업가치관 진단

타기팅
- 업무 및 환경 분석
- 유형적 요소 고려
- 무형적 요소 고려
- 잡-서치
- 네트워킹

정보 수집 및 분석
- 고용 상황
- 노동시장 상황(업종의 시장 상황, 경쟁사 정보)
- 기업(문화, 비전, 경영방침 등)
- 업무 내용 및 직무 특성
- 면접관 특성(니즈, 커뮤니케이션 스타일)
- 입사 열의 표현 방법(지원동기와 연결)

구체적인 전략수립
- 회사가 원하는 것을 자신의 강점과 연계
  - 핵심역량 분석 및 연계
- 자신의 차별화 전략 수립

면접 준비 및 연습
- 예상 질문 및 답변 요령
  - 업무능력·자질 부문
- 구인자의 우려점·극복방안
- 어려운 질문 대처 요령
- 회사에 대한 질문 준비
- 면접 시 주의 사항
- 면접 요령 및 시뮬레이션
- 표현 방법 및 태도

실행 및 평가
- 면접 성공 및 샐패 요인 분석
- 48시간 이내에 감사 편지 발송
- 면접 평가 워크시트 활용

및 연습, 6단계는 실행 및 평가이다. 이 6단계 프로세스의 핵심은 사전에 면접 전략을 수립하고 체계적인 준비를 함으로써 성공률을 올리는 데 목적이 있다. 면접 단계를 구체적으로 살펴보면 다음과 같다.

• 1단계: 자신에 대한 분석

면접 준비 1단계는 자신, 즉 개인으로부터 출발한다. 앞에서 살펴본 진단 내용을 다시 꺼내보라. 자신에 대한 철저한 진단과 평가를 통한 결과를 중심으로 자신에 대한 성찰 및 재확인이 필요하다. 특히 자신의 강점 즉, 셀링 포인트selling point를 점검하라.

앞서 진단했던 역량, 가치관, 적성 및 성향 내용을 중심으로 자신에 대해 연구하자. 보유하고 있는 지식, 스킬, 태도 및 능력, 핵심역량, 탁월한 성과, 직업에서 궁극적으로 자신이 추구하고자 하는 가치, 욕구 그리고 적성 및 성향, 스타일은 어떠한지도 구체적으로 파악해야 한다. 자신에 대한 분석과 파악이 상대를 파악하는 것보다 더 중요하다.

• 2단계: 타기팅

2단계에서는 목표물을 확인하고 구체화해야 한다. 왜 그 기업을 타깃 업체로 선정했는지, 그 기업에서 요구하는 특성들은 무엇인지를 다시 한 번 검토한다. 타기팅은 앞에서 언급한 바와 같이 업무 및 직무에 대한 분석 내용뿐만 아니라 유형적, 무형적 요소까지 구체적으로 확인하는 것이 좋다. 면접 준비는 이처럼 모든 과정을 체계적으로 총망라하는 것이다. 단순히 면접 예상 질문 뽑고 미리 답변을 준비한다고 해서 끝나는 것이 아니다.

• 3단계: 상대에 대한 정보 수집 및 분석

3단계에서는 지원하는 회사와 관련된 노동시장 상황(업종의 시장 상황, 경쟁사 정보 등), 기업(문화, 비전, 경영방침 등), 업무 내용 및 직무 특성, 면접관 특성(니즈, 커뮤니케이션 스킬) 등을 파악해야 한다. 또한 지원 동기와 연결되는 입사에 대한 열정을 어떻게 표현할지 구체적으로 고민하고 준비해야 한다.

면접 3단계는 철저하게 구인자 입장에서 출발해야 한다. 예를 들어 해당 기업이 전체 산업에서 차지하는 비중과 특성을 파악하고 있어야 한다. 만약 그곳에 몸담고 있는 구성원 못지않게 관련 지식을 보유하고 있다면 면접 과정에서 유리한 고지를 점할 수 있다. 이는 단순 이론만 갖고는 부족하다. 현장 구성원들을 만나 생생한 자료를 미리 구해야 한다. 전체 산업에서 해당 기업의 객관적인 위치, 최근 트렌드, 전체 산업에서 해당 기업이 차지하는 비중, 경쟁사 정보 등 알아볼 게 많다.

또한 회사에서 요구하는 직무에 대한 정보도 필요하다. 기업만이

정보 종류와 수집 방법		
구분	내용	획득 방법
업종	- 업종이나 기술의 역사, 변천사 - 경쟁사 정보 - 이 업종에서만 특별히 사용되는 용어	- 신문기사, 서적 - 인터넷을 통한 자료 검색 - 네트워크 활용
회사 및 업무(직무)	- 역사, 규모, 성장률 - 매출액, 순익 규모, 성장 가능성 - 제품, 서비스 - 재무 상태 - 경영진 구성 정보, 그들의 철학 - 회사 문화, 조직 구조 - 교육 프로그램 - 희망하는 직무, 직종 정보 - 근무 복장 - 커뮤니케이션 방법 - 급여 및 복리후생 제도 - 최근 언론사(신문 등) 노출된 주요 내용	- 신문기사, 서적 - 인터넷을 통한 자료 검색 - 네트워크 활용 - 회사 인사 담당자에게 전화 - 직접 회사 방문
면접관	- 대화 스타일 - 자주 하는 질문	- 네트워크 활용 - 회사 인사담당자에게 전화 - 직접 회사 방문 - 헤드헌터를 통한 정보 획득

자료: DBM Korea

갖고 있는 독특한 문화, 분위기, 기업의 미래 비전 및 전략, 경영방침, 업무 내용 및 직무특성 등에 관한 내용도 필수적으로 확인해야한다. 단순히 해당 기업의 사이트를 확인하는 것만으로는 부족하다. 회사 홈페이지도 확인하지 않고 오는 구직자도 봤다. 곤란하다. 다리품을 팔아서라도 과거 정보가 아닌 따끈따끈한 최근 자료를 찾자. 관련 정보는 많으면 많을수록 유리하다.

• 4단계: 구체적인 전략 수립

4단계는 구체적인 면접 전략을 세우는 것이다. 전략 수립의 핵심은 해당 기업의 직무를 수행하는 데 요구되는 역량을 당신이 이미 보유했음을 입증하는 것이다. 즉 적임자right people임을 증명하고, 다른 구직자와의 차별성을 강조하는 과정이다. 적임자임을 증명하려면 회사가 원하는 역량에 자신의 강점을 잘 연계해야 한다.

면접에 응하는 후보자는 혼자가 아니다. 노동시장에는 '상품'이 많고 다양하다. 따라서 '왜 나를 채용해야 하는가?'에 대해 미리 반문해봐라. 자신을 채용하게 만드려면 논리적인 설득이 필요하다. 면접에서 억지를 부려서는 곤란하다. 예를 들어 "뽑아만 주시면 아무 일이나 하겠다"든지 "평생 뼈를 묻겠다"든지 하는 이야기는 면접관에게 결코 매력적으로 비춰지지 않는다. 오히려 역효과만 있을 뿐이다.

우선 해당 기업의 직무에서 요구되는 역량 요소를 추출해보라. 그 역량 요소를 자신이 얼만큼이나 보유하고 있는지도 구체적으로 나열해보라. 단순히 역량 요소가 "있다", "없다"로 답변한다면 설득력이 없다. 예를 들어 "당신의 가장 큰 장점은 무엇입니까?"라는 질문

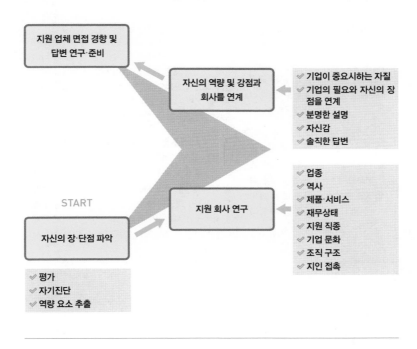

면접 준비 전략 프로세스

지원 업체 면접 경향 및
답변 연구·준비

자신의 역량 및 강점과
회사를 연계

- 기업이 중요시하는 자질
- 기업의 필요와 자신의 장
  점을 연계
- 분명한 설명
- 자신감
- 솔직한 답변

START

자신의 장·단점 파악

지원 회사 연구

- 업종
- 역사
- 제품·서비스
- 재무상태
- 지원 직종
- 기업 문화
- 조직 구조
- 지인 접촉

- 평가
- 자기진단
- 역량 요소 추출

에 구직자가 "저는 매우 성실합니다"라고 이야기한다면, 면접관은
그의 성실성 요소에 대해 객관적으로 파악할 수 없다. 이런 식의 답
변은 구인자를 설득하는 데 어려움이 있다는 이야기다. 자신이 성실
한 이유를 과거 경력 및 경험과 구체적으로 연계해, 면접관이 납득
할 수 있도록 구체적으로 입증해야 한다. 따라서 성공사례 등을 중

회사와 자신을 연계하려면?		
회사 측이 요구하는 역량 요소	장점을 연계한 답변	
	좋지 않은 표현	적절한 표현
리더십 및 문제 해결 능력	"저는 리더십이 있고, 문제 해결 능력도 있습니다."	"저는 ○○팀 프로젝트를 수행했을 당시, 팀 리더로서 ○○에 대한 문제를 ○○ 방법을 이용해 해결했습니다. 결과적으로 지난번 분기 대비 00% 성과 증진을 이뤘습니다. 이러한 성과는 향후 ○○ 분야에서도 적용해 볼 수 있을 것으로 기대됩니다."
회사 및 업무에 대한 정보	"저는 사람들과 있는 것을 좋아하고 대화하기를 좋아합니다."	"저는 사내동호회 활동 등을 하면서 조직 속에서 다양한 사람들과 어울리고 커뮤니케이션하는 것이 인생의 큰 즐거움이라고 느꼈습니다. 귀사에서 현재 적극적으로 추진하는 ○○프로젝트가 저에게 주어진다면 대인관계 능력을 바탕으로 대내외 관련 사람들과 지속적으로 커뮤니케이션하면서 문제 해결을 하는 등 최고의 성과를 낼 수 있도록 최선을 다하겠습니다."

자료: DMB korea

심으로 답하는 것이 좋다.

그래서 당신의 성취업적과 최근의 괄목할 만한 성과 내용이 필요하다. 이력서 및 포트폴리오 준비 과정에서 당신의 성취업적을 충분히 도출했다면 크게 걱정하지 않아도 된다. 지금부터는 그 내용을 면접 준비 과정에서 적용 및 활용하기만 하면 된다.

회사와 자신을 연계할 때는 무엇보다 당신의 강점이 무엇이고, 그것이 지금 모집 중인 직위position에 얼마나 잘 부합match되는지 설명하는 것이 좋다. 지원하는 회사에서 요구하는 역량이나 능력에 초점을 맞춰라. 두 번째로 질문에 앞으로 얼마나 열심히 할 것인지가 아니라 과거에 어떻게 했었는지를 통해 설명(증명)해야 한다. 즉, 과거 비슷한 상황에서의 일을 구체적인 예를 들어 설명한다. 마지막으로 애매모호한 어구나 당신만이 아는 용어는 절대 사용하지 마라.

한 가지 더 고려해야 할 내용이 있다. 구직자가 면접관의 대화 스타일에 맞춰야 한다는 것이다. 사전에 면접관의 대화 스타일을 읽기란 어려우므로 면접이 시작됨과 동시에 가능한 한 빨리 면접관의 대화 스타일을 파악해야 한다.

잠깐 앞에서 살펴봤던 내용을 다시 보도록 하자. 자기진단을 위해 소개한 MBTI를 통해 인식과 판단 기능으로 커뮤니케이션 스타일을 구분 할 수 있다.

예를 들어 감각형sensor의 경우 당신이 먼 미래의 이야기를 하면 답변 중간에 다른 질문을 할 수도 있다. 그러면 당황하지 말고 당장 실행 가능한 내용을 중심으로 이야기를 풀어가면 된다. 사고형thinker의 경우 당신의 답변 내용이 논리적으로 부합하지 않으면 당신의 답변을 중간에 끊을 수도 있다. 이럴 경우 기분 나빠하기보다는 상대의 커뮤니케이션 스타일을 이해하고 맞춰 보는 건 어떨까? 상대가 자신의 스타일에 맞춘다는 느낌을 받으면 면접관도 신이 나서 당신의 이야기에 맞장구를 쳐줄 것이다.

면접관 대화 스타일에 맞춰라	
커뮤니케이션 스타일 유형	답변의 초점
직관형(N)	- 현실적이거나 단기적인 내용보다는 미래의 비전에 초점 - 과거에 수행했던 일보다는 앞으로 미래에 수행해야 할 일에 초점
사고형(T)	- 논리적으로 부합하도록 체계적으로 설명 - 획기적인 성과보다는 지속적인 성과를 보였음을 설명
감정형(F)	- 대인 관계 등 사람의 감정적인 측면에서 설명 - 폭넓은 인간관계를 설명
감각형(S)	- 실천력이 강한 사람임을 입증 - 자신의 아이디어를 계획으로만 끝나지 않고 강한 추진력으로 실행에 옮긴 성공 사례를 설명

자료: MBTI

결국 구직자는 눈치도 빨라야 한다. 또한 면접관의 대화 스타일에 따라 답변하는 방법도 바꿔야 한다. 이는 단순히 면접관에게 잘 보이기 위해서가 아니라 면접관에게 당신의 말을 가능한 한 이해시키는 데 목적이 있다.

눈치 없이 면접이 끝날 때까지 자기 자신의 스타일만을 고집한다면 답은 이미 나와 있다. 면접 때는 힘의 기울기가 나에게 올 때까지 참아야만 한다. 면접이 끝날 때까지만 참으면 된다. 짧게는 10분에서 길어봤자 1시간 정도다. 그 시간만 참고 구인업체의 니즈에 맞추면 힘의 기울기는 서서히 당신에게 오기 마련이다. 참고 기다려라!

• 5단계: 면접 준비

5단계는 실전이다. 미리 면접 질문을 예상하고, 그에 대한 답변을 구상해보는 것이다. 구인자가 자신의 경력 중 우려할 만한 내용들을 미리 살펴보고 '극복 방안'도 마련해 본다. 또한 답변하기 어려울 수 있는 질문에 대한 대처 요령도 미리 파악한다. 역으로 '회사에 대한 질문'도 준비하는 것이 좋다. 마지막으로 '면접 시 주의사항'을 체크한다.

이 준비가 끝났다면 이제부터는 실전을 대비하는 연습만 남았다. 면접 시뮬레이션simulation을 통해 표현 방법이나 태도도 생각해보자.

철저한 준비 없이 면접에 가면 긴장이 되기 마련이다. 그러다 보면 질문과는 관계없는 답변만 늘어놓다가 어렵게 얻은 기회를 놓칠 수 있다. 기회가 오면 반드시 잡아야 한다. 중장년층 구직자에게 기회는 늘 오는 것이 아니라는 사실을 잊지 말자. 그동안 쌓은 노하우나 경험을 상대에게 어떻게 녹여내 표현할 것인지 사전 준비가 돼 있어야 한다.

답은 하나다. 생각만 하지 말고 연습하라! 몇 번이나 강조했지만 퇴직 직전에 관리자 혹은 임원으로 지시만 했기 때문에 실무에서 떠난 지 오래일 것이다. 펜을 들어라. 그리고 몸을 움직여라. 물론 연습보다 더 좋은 준비는 실제 면접을 경험해보는 것이다. 기회를 가능한 한 만들어라.

먼저 일반적으로 면접에 자주 나오는 질문을 파악해보자. 지원 분야에 관계없이 '자기소개'는 꼭 요청한다. 그 외에 흔히 접할 수 있는 면접 질문들을 정리했다. 질문의 의도를 미리 파악하고, 답변도 준비하자.

❗ 면접 시 자주 나오는 질문

-자신을 간단하게 소개하시오.

- 왜 당신이 적임자라고 생각하는가?

- 왜 그 동안 일하지 않았나? 공백 기간에 대해 설명하시오.

- 당신의 가장 큰 약점은 무엇인가?

- 급여는 어느 정도를 원하는가?

- 왜 우리 회사에 지원했는가?

- 개인이 하는 일과 팀으로 하는 일 중 어떤 것을 선호하는가?

- 경력목표가 무엇인가? 5년 후의 단기적인 목표는?

- 우리 회사에서 성과를 내기까지는 어느 정도의 기간이 소요되리라고 생각하는가?

- 우리 회사에 대해 알고 있는 것은 무엇인가?

- 스스로(혹은 타인이) 생각하는 본인의 성격은 어떤가?

- 어떨 때 가장 스트레스를 받는가? 또 어떻게 극복하는가?

- 업무나 과업을 수행하면서 실패했던 경험은?

- 일을 하는 데 있어서 가장 중요한 것은 무엇이라 생각하는가?

- 우리 회사에서 일하기에 본인의 능력이 자격과잉over-qualified된
  다고 생각하지는 않는가?

- 리더로서 가장 중요한 자질은 무엇이라고 생각하는가?

- 주어진 과업 이외에 새로운 일을 추진해본 경험이 있는가?

- 향후 우리 기업에 출근하게 된다면 어떻게 일을 할지 구체적인
  계획이 있는가?

- 현재 지원한 다른 회사가 있는가?

다음으로 중장년 구직자에게 주로 하는 면접 질문을 따로 뽑아봤
다. 사실 이 내용은 KBS1 〈나, 출근합니다〉의 패널로 출연하면서 정
리해둔 것으로, 일반적인 질문 이외에 중장년 구직자들이 추가적으
로 받게 되는 질문들이다.

❶ 중장년 구직자를 대상으로 한 주요 질문

- 퇴직 후 자신에게 큰 변화가 있었다면 구체적으로 무엇인가?

- 퇴직을 앞두고 있는 사람에게 꼭 하고 싶은 이야기가 있다면?
- 구직활동 시 자신이 생각하는 가장 큰 장애요소는 무엇이었는가? 그 이유는? 지금은 어느 정도 극복이 됐다고 생각하는가?
- 지원 분야가 무엇인가? 왜 구인업체가 당신을 뽑아야 한다고 생각하는가?
- 자신이 해당 직무에 적합하다고 생각하는가? 그 이유는 구체적으로 무엇인가?
- 지원하는 직무에서 요구하는 특성은 무엇이라고 생각하는가?
- 자신의 가장 큰 장점은 무엇인가? 그 장점이 중소기업에 어떠한 이득을 줄 수 있을 것으로 기대되는가?
- 자신의 롤 모델은 누구인가? 왜 그렇게 설정했는가?
- 해당 기업의 미래 전망은 어떻게 보는가?
- 중소기업이 해외 진출을 할 때 가장 고려해야 할 사항은 무엇이라 생각하는가?
- 지금까지 살아오면서 가장 잘한 일과 가장 후회스러운 일이 있다면 각각 무엇인가?
- 퇴직 이후에도 왜 일을 하고 싶은가?
- 이전 직장에서 자신에게 가장 보람 있었던 일은 무엇인가?
- 조직과 기업에서 추구하는 목표나 가치가 자신과는 상충된다면 어떻게 하겠는가?

- 혼자서 일을 할 때와 여러 사람이 팀을 이뤄 일할 때의 가장 큰 차이점은 무엇이라고 생각하는가?
- 나이 어린 상사와 함께 일할 때 무엇을 가장 고려해야 하는가?
- 퇴직 이후 가장 고민이 됐던 점은 무엇인가?
- 실직 기간 동안 무엇을 했는가?
- 자신의 성격 부분에 있어서 장점과 단점은?
- 첫 출근하는 날, 가장 먼저 무엇을 하고 싶은가?
- 관리자에게 가장 크게 요구되는 역량은 무엇이라 생각하는가?
- 본인이 생각하는 리더십의 정의는 무엇인가?
- 조직에서 많은 사람들이 반대하는 일을 추진하려면 어떻게 해야 하는가?
- 새로운 일을 추진할 때 가장 필요한 것이 있다면 무엇인가?
- 퇴직 이후, 재취업을 준비하면서 무엇을 가장 고려했는가?
- 퇴직 후 가장 먼저 무엇을 했는가?
- 인생 2막의 인생 목표는 무엇인가?
- 다시 태어난다면 무슨 일을 하고 싶은가? 과거와 동일한가?
- 지금 자신의 재취업에 대한 열정을 구체적으로 표현해봐라. 입증할 만한 근거는?
- 지원업체에서 가장 요구하는 능력(역량)은 무엇이라 생각하는지 세 가지만 꼽아봐라. 그 요소를 자신은 어느 정도를 갖췄다고

생각하는가?

- 건강 상태는? 평소 건강관리를 위해서 무엇을 하는가?

- 고객마인드의 정의를 설명해보시오.

- 본인이 재취업을 통해 궁극적으로 얻고자 하는 목적은?

- 자신을 변화시킨 가장 큰 계기가 있었다면 언제였으며 그 계기로 인해 어떻게 변화했는가?

- 상사가 본인이 처리하기 싫은 일을 계속 자신에게 넘긴다면 어떻게 하겠는가?

- 중소기업에서 일할 때 가장 크게 요구되는 능력은 무엇이라고 생각하는가?

- 당신의 능력을 중소기업에서 어떻게 활용하고 싶은가?

- 대기업 조직과 중소기업은 여러 가지 면에서 다를 텐데, 이를 어떻게 극복하겠는가?

- **〈상황〉** 고객으로부터 컴플레인이 들어왔고, 상사 보고 건이 있으며, 지방으로 출장을 가야 하는 상황이다. 당신은 가장 먼저 무엇부터 처리하겠는가?

'중장년 구직자를 대상으로 한 주요 질문' 마지막 하단을 보면 〈상황〉이라는 단어가 눈에 띌 것이다. 이 질문을 제외한 나머지 면접 질문들에는 공통점이 하나 있다. 그것은 전반적으로 해당 구직자의

'경험'에 기초한 질문이라는 것이다.

전문적인 면접 기법은 크게 두 가지로 구분된다. 상황에 기초한 면접 질문situational interview questions 기법과 과거 경험에 기초한 면접 질문experience-based interview questions 기법이다. 문제는 '어떤 방법이 더 효과적인가'이다. 기존 연구결과에 따르면 상황에 기초한 면접 질문 기법보다는 과거 경험에 기초한 면접 질문기법이 더 효과적이다. 따라서 전문적인 교육과 훈련을 받은 면접관이라면 경험에 기초한 면접 질문 기법의 신뢰성을 믿고, 이를 활용하려 할 것이다. 다만 상황에 기초한 면접 기법도 적게나마 활용할 수 있으니 구직자는 두 가지 기법의 예상 질문 모두를 준비해야 한다.

마지막으로 각각의 면접 질문에 대한 차별화된 답변을 구체적으로 미리 준비해야 한다. 실제 면접 상황에서 면접관의 질문에 급하게 곧바로 응답하려 하지 말고, 그 의도를 파악한 후에 답변해야 한다.

다음은 실제 전직지원 컨설팅을 하면서 면접을 앞둔 퇴직자들과 함께 준비했던 내용들이다. 답변 내용을 무조건 외우려 하지 말고 면접관의 숨은 의도를 파악한다고 생각하며 참고만 해라. 자신의 목소리를 담은 답변이 필요하다. 남의 이야기는 자신에게 아무런 도움이 되지 못한다.

❗ 퇴직자에게 자주 묻는 면접 질문 및 답변 요령

■ **자신을 소개해보시오.**

• 면접관의 의도

일반적으로 당신의 경력과 서류상의 내용들을 간략하게 듣기 위한 질문이며, 이를 통해 당신의 언어 구사력, 표현력 등을 판단할 수 있다. 통상 외부 면접관들은 면접 당일에야 당신의 구직서류를 처음 접하기 때문에 이 과정을 통해 당신을 짧은 시간에 파악하려고 하는 것이다.

• 답변 예시

자기소개는 자신이라는 상품을 소개하는 것과 같다. 업무와 연결되는 전문 분야와 장점, 성취업적을 부각하라. 약 2~3분 정도가 가장 적당하다. 회사가 왜 당신을 고용해야 하는지를 구체적인 수치를 총동원해 표현하라. 자기소개는 자신감 있게 하는 것이 중요하다.

신입사원의 경우에는 학력(대학 생활) 및 현재 상황을 중심으로 말할 수 있겠으나, 경력사원의 경우에는 경력 위주(성취업적, 수행업무, 특기사항 등)로 말해야 한다. 이때 경력, 전공 분야, 지원 동기, 미래 계획 등의 순으로 구성한다.

■ ■ ■

■ 우리 회사에 지원한 동기는 무엇인가?

• 면접관의 의도

회사의 기여도 및 개인의 목표의식을 알아보려는 질문이다. 또한 회사에 공헌할 의지가 있는지 아니면 회사가 제공하는 안정, 혜택에만 관심이 있는지 파악하려는 질문이다.

• 답변 예시

업무와 연결해 자신의 장점을 최대한 부각해야 한다. 자신이 회사를 위해서 무엇을 할 것이며, 무엇을 해결할 수 있는지를 설득력 있게 이야기하라.

이 질문에 답변하기 위해서는 회사에 대한 정보 및 자료(기업 연혁, 사훈, 경영이념, 창업 정신, 대표적인 사업모델과 특색, 본사 및 지사 위치, 기업의 잠재적 능력개발에 대한 제언, 장·단점 평가, 서비스, 상품, 기업문화, 기업 이미지 등)를 사전에 파악하고 있어야 한다. 회사 업무 및 당면하고 있는 문제점 등을 해결하는 데 적절한 능력과 경력을 갖추고 있다고 언급하라. 특정 분야에 경험, 경력, 자격이 없다면 왜 그 일에 대한 의욕이 있는지 강조하라.

-"저는 귀사에서 모집하는 분야에 있어 지금까지의 업무 경력과 수행 능력, 업적 등으로 인해 누구보다도 업무를 잘 진행하리라 확신합니다."

-"저는 모집 분야에 있어 최고의 전문가가 되겠다는 강한 목표가 있습니다."

-"저의 목표인 ○○를 이루기 위해 열심히 일할 것이며, 그 결과로 회사에 기여할 것을 확신합니다."

-"올해 귀사가 정한 목표 중 ○○분야에 저의 능력과 경력을 충분히 활용할 수 있으리라 확신합니다."

-"귀사는 고품질과 고품격의 서비스로서 좋은 반응을 얻고 있습니다. 저는 ○○경력을 활용해 회사와 함께 발전하고 싶습니다."

-"귀사는 매우 빠른 성장을 보이는 회사입니다. 현재 규모는 작지만 앞으로의 성장 가능성을 확신함으로 함께 성장하며 일하고 싶습니다."

■ ■ ■

■ 전 직장에서의 주요 경력은 무엇인가?

● 면접관의 의도

경력자의 경우 면접에서 가장 중요한 질문일 수 있다. 회사에서 모집하는 업무에 얼마나 적합한 사람인지 파악하려는 의도이다.

● 답변 예시

체계적이고 구체적으로 답변하라. 실제 사례를 들어 문제 상황, 해결 과정, 성과 등을 자세하게 표현한다. 지원 회사에서 필요로 하는 자질과 능력에 초점을 맞춘다.

- "품질관리 부분에서 불량률을 00% 정도 줄였습니다."
- "생산 라인을 좀 더 효율적으로 조정해 생산성을 00%나 높였습니다."
- "관련 서류를 전산화해 업무를 효율성 있게 만들고, 회사 경비를 00% 줄였습니다."
- "영업부서에서 오더를 받는 데 주력해 매출을 00%, 결과적으로 회사 이윤을 00% 증대시켰습니다."

■ ■ ■

■ 회사를 왜 퇴사했는가? 전직하려는 이유는 무엇인가?

● 면접관의 의도

전 직장에서 왜 퇴사했는지, 우리 회사에서 장기간 일할 수 있는 사람인지 또는 퇴사 이유가 합리적인지, 구직자의 성향이 어떠한지 등을 알기 위한 복합적인 의도를 포함하고 있다.

● 답변 예시

전 직장에 대한 어떠한 부정적인 답변도 하지 말아야 한다. 단어조차도 가능한 한 긍정적으로 '희망퇴직', '업무가 없어짐', '라인드롭'과 같은 표현을 사용해야 한다. 또 '도전과 배움에 대한 열망', '새로운 분야로의 접근', '자신의 능력을 업그레이드해서 보여 줄 수 있는 직업 선택' 등으로도 말할 수도 있다.

예를 들어 불안정한 경제 여건으로 인해 불가피하게 구조조정 대상이 된 경우에는 이 사실을 분명히 언급하라. 가급적 전 회사나 상사에 대한 좋지 않은 감정 언급은 삼가야 한다. 퇴직을 자청한 이유는 본인에게 더 큰 만족을 줄 수 있는 분야에서 일하고 싶었기 때문이라는 부분을 강조하라.

- "중소기업에서 다양한 분야의 일을 하고 싶습니다. 현재 직장은 역할이 너무 제한돼 있습니다."
- "비중 있는 역할을 위해 더 성장 가능한 귀사에 지원했습니다."
- "이전 직장보다 좀 더 제 능력을 인정 받을 수 있는 곳에서 일하고 싶습니다."
- "회사 도산에 의해서 어쩔 수 없이 퇴사했습니다."

∎ ∎ ∎

■ **원하는 급여는 어느 정도인가?**

● 면접관의 의도

일과 급여는 매우 밀접한 상관관계가 있다. 회사에서의 의욕과 열의, 근무 여부, 재직 후 이직 여부 등 여러 가지를 종합적으로 알아보려는 질문이다.

• 답변 예시

급여에 대해 먼저 물어보지도, 정확한 금액에 대한 언급도 하지 마라. 면접 전에 급여에 대한 정보를 미리 확보하는 것이 현명하다. 면접 초기 단계는 회사가 고용 자체에 확신이 없는 상태며, 정확한 급여가 정해지지 않았을 수도 있다. 당신 역시 원하는 급여를 있는 그대로 이야기할 필요는 없다. 급여는 일을 선택하는 데 고려할 것 중의 한 가지에 불과하며, 그보다는 일 자체에 대해 자세히 알고 싶다고 말하는 것이 현명하다.

원하는 액수를 정확히 말한다면 돈에 연연하는 인상을 주게 되며, 특히 회사가 생각하는 액수보다 높은 금액을 말할 경우 당신을 채용하지 않을 수도 있다. 왜냐하면 회사는 추후의 급여인상액까지 미리 계산하기 때문이다.

그러나 업체에서 너무 낮은 급여를 제시한다면 자신의 생각에 대해 정직하게 대답한다. 급여 대신 다른 혜택을 추가로 이야기하는 것도 좋다.

-"회사의 규정에 최대한 따르겠습니다."

-"정말 중요한 것은 적당한 업무를 찾는 것이며, 저의 경력과 자질을 회사의 규정에 의해 산정해주십시오. 지난 직장에서는 연봉은 0000만 원 정도였습니다."

-"(회사의 급여 정보를 사전 확보했을 경우라면) 급여도 중요하

지만 매일 제가 맡을 업무 내용이 더 중요하다고 생각합니다."

■ ■ ■

■ 지금까지 취업을 못한 이유가 있는가?

● 면접관의 의도

당신이 한 직장에 오래 근무할 수 있는지를 파악하려는 질문이다.

공백 기간은 사회에 적응하는 데 문제가 된다는 인상을 주기 때문

에 사전에 충분한 준비를 해야 한다. 오랫동안 취업을 못해 심리

적으로 위축된 구직자는 기업에 부정적으로 비춰질 수도 있다.

또한 일할 의욕과 패기를 가지고 있는 사람인지도 체크할 수 있는

질문이다. 시간상 공백 기간이 있으면 면접관으로부터 그동안의

생활, 인생의 목표, 비전의 확립 등에 대한 집요한 질문을 받게 될

확률이 크다.

● 답변 예시

공백 기간에 당신이 지원하고자 하는 분야에 대한 능력과 특기를

살리기 위해서, 혹은 궁극적으로 자신이 이바지할 수 있는 적합한

직종을 찾기 위해서 노력했다는 사실을 납득시켜야 한다. 자신의

목적이 '무조건 취업'이 아니라 자질을 살려 자신이 기여할 수 있

는 회사와 직종에서 일하는 것임을 강조하라. 또한 구직 기간 동

안 자신의 능력 및 경력을 향상(학업, 훈련, 자격증 준비 등)시켰

다는 점을 구체적으로 보여주는 것도 좋은 방법이다.

-"제가 지닌 경력과 능력을 바탕으로 기여할 수 있는 일을 찾고
있습니다."

-"일을 찾는 것은 어렵지 않지만 정말 제가 원하는 일을 찾는 것
은 쉽지 않았습니다. 그리고 지금은 귀사를 위해 큰 기여를 할 준
비가 됐다고 생각합니다."

■ ■ ■

■ 당신의 장점은 무엇인가?

● 면접관의 의도

당신의 장점이 회사에서 필요한 것인지를 파악하려는 질문이다.

● 답변 예시

업무를 수행함에 있어 그 회사에서 가장 중요하게 생각하는 것이
무엇인지를 파악해야 한다. 또 당신의 장점을 통해 일을 어떻게
수행했는지를 구체적으로 알고 싶어 하는 것이므로 업무와 연결
된 열의, 책임감 등을 예를 통해 구체적으로 보여줘라.

-"저는 추진력이 강합니다. 일을 완수할 때까지 적극적으로 움직
입니다."

-"저의 장점은 진지하고 성실한 것입니다. 이전 직장의 상관도 저

의 이런 장점을 인정하셨습니다."

-"저는 목표가 뚜렷하며, 그 목표를 위해 계속 노력한다는 것이
장점입니다."

■ ■ ■

■ **당신의 단점은 무엇입니까?**

● 면접관의 의도

업무 수행에 있어 문제가 될 부분이 있는지를 파악하려는 의도가
있다.

● 답변 예시

업무를 수행하는 데 문제가 될 만한 진짜 단점은 언급하지 마라.
약점으로 여겨질 수 있는 당신의 단점을 최대한 장점화해야 한다.
아예 장점이 너무 지나쳐 단점처럼 느껴지는 경우를 말해도 좋다.
또한 당신이 업무를 수행할 때 어떤 단점이라도 극복할 자신이 있
음을 보여줘야 한다.

-"나이가 많다는 부분이 단점이지만 저의 전문 분야에 대한 지식
과 훈련 습득 능력을 볼 때 업무를 안정적으로, 그리고 책임감 있
게 할 수 있습니다."

-"너무 신중해 느린 결정을 내리곤 합니다. 그러나 올바른 결정이

빠른 결정보다 중요하다 생각합니다."

■ ■ ■

■ **미래 5~10년 후 당신의 비전은 무엇인가?**

● 면접관의 의도

목표를 이루기 위한 당신의 노력과 진지함을 묻는 질문이다. 확고한 장·단기 목표와 그 목표를 이루기 위해 당신이 취하고 있는 구체적인 행동양식을 파악할 수 있다.

● 답변 예시

경력목표를 위해 과거에 무엇을 했고, 앞으로는 무엇을 할 것인가를 구체적이고 체계적으로 보여줘야 한다.

-"모든 직원에게 신뢰와 존경을 받는 관리자가 되고 싶습니다."

-"5년 내에 동료들도 믿고 따를 수 있는 능력을 겸비한 관리자가 되고 싶습니다."

-"현재 외국어 강의를 수강하고 있습니다. 이유는 귀사가 앞으로 전 세계에 진출할 것이라 확신하기 때문입니다."

-"영업 업무와 관련해 회사에 실질적으로 기여할 수 있도록 노력할 것입니다."

마지막으로 꼭 준비해야 할 것이 하나 더 있다. 면접이 후반부에 다다르면 면접관이 구직자에게 역으로 질문하라는 경우가 종종 있다. "이제 면접이 어느 정도 마무리되고 있는데요. 혹시 우리 회사나 지원하는 분야에 대해 궁금한 점이 있습니까?" 혹은 "뭐든 좋으니 질문 있으면 해보세요" 등이다. 따라서 거꾸로 구인자를 향해 질문할 내용도 준비해야 한다.

의미 있는 질문을 통해 자신에 대한 좋은 인상을 남길 수 있는 절호의 찬스다. 그러니 반드시 준비해야 한다. 또한 면접 중에 자신, 즉 구직자에게 불리한 내용이 부각됐다는 생각이 든다면 면접관이 굳이 질문하라고 하지 않더라도 적극적으로 "질문할 것이 있다"고 해야 한다. 질문을 통해 실수를 만회할 수 있는 기회를 만드는 것이다.

분명한 사실은 면접관에게 질문하는 구직자가 그렇지 않은 구직자에 비해, 회사에 대한 강한 열정과 관심이 있는 것처럼 보인다는 것이다. 아무런 질문이 없다면 면접관은 구직자가 해당 분야에 대한 정보나 회사에 대한 관심이 없다고 이해할지도 모른다.

다만 질문이 '업무와 관련된 내용'이어야 한다. "야근이나 주말 근무는?", "회사에 출근할 수 있는 대중교통 노선은?", "연봉 인상은 매년 몇 %인지?", "휴가는 잘 쓸 수 있는지?", "연봉이나 근무 시간은?" 같은 질문은 반드시 피해야 한다.

❗ 회사에 대한 질문

회사에 대해 미래지향적인 생각을 갖고 있음을 나타낼 수 있도록 체계적인 질문을 준비하라. 질문을 통해 당신의 특징을 부각시킬 수도 있다. 당신의 희망 업무를 말하거나 회사를 파악하려는 질문을 하면 회사에 대한 특별한 관심을 보여줄 수 있다.

다만 모든 질문은 '일'과 '회사'에 관련된 것이어야 한다. 급여, 각종 혜택, 근무 시간, 휴가에 대한 질문은 최종 결정이 나기 전까지 보류해야 한다.

• 질문 예시

-"이 직책은 어떤 사업 부문에 속합니까?"

-"가장 시급한 목표, 혹은 2~3개월 이내에 이뤄야 할 목표는 무엇입니까?"

-"선호하는 커뮤니케이션 방법(구두, 문서, 비공식적 회의 등)은?"

-"해당 업무를 성공적으로 수행하기 위해 제가 꼭 갖춰야 하는 요소들이 있습니까?"

-"해당 업무를 수행함에 있어서 가장 어려운(본인이 극복해야 하는) 부분은 무엇입니까?"

-"성공 평가 기준과 고과 기준은 무엇입니까?"

-"본인의 업무목표, 마감 기한, 평가 방법 등을 결정함에 있어서

본인이 가질 수 있는 권한은 어디까지입니까?"

-"업무를 수행하기 위한 추가적인 교육이 있을까요?"

• 6단계: 충분한 연습과 실행

6단계는 지금까지 준비된 내용을 갖고 실전 연습을 해보는 것이다. 생각만으로는 부족하다. 큰 소리로 직접 말해봐야 한다. 녹음을 해보면 더욱 좋다. 특히 자신이 어렵다고 생각하는 질문에 대해서는 더 철저히 대비해야 한다.

면접에서는 사실 무슨 이야기를 하는지보다 어떻게 표현하는지가 더 중요하다. 똑같은 이야기도 누가 어떻게 이야기하느냐에 따라 다르다. 따라서 실제 연습으로 올바른 표현 방법을 터득해야 한다.

평소 필자는 신문을 활용해 읽는 연습을 한다. 그럼에도 불구하고 방송 녹화가 끝날 때마다 '이렇게 이야기 할 걸' 하고 후회할 때가 많다. 신문 기사도 눈으로만 볼 때와 큰 소리로 읽을 때가 다르다. 어떤 글은 눈으로는 잘 읽히는데 소리를 내 읽어보면 문맥이 다소 불편할 때가 있다. 따라서 자신이 작성한 글은 반드시 큰 소리로 읽어봐야 한다. 읽는 연습의 장점은 또 있다. 꾸준히 하다 보면 목소리 톤이 좋아지며, 말할 때 발음도 더 명확해지기 때문에 전달력이 개선된다.

면접은 구인자, 즉 면접관을 설득하는 과정이다. 전달력이 좋으면 내용도 더 설득력 있어 보이게 마련이다. 평소 사람들과 이야기할 때도 면접 연습을 한다고 가정하며, 의도적으로 목소리 톤과 발음에 주의를 기울이는 것도 많은 도움이 된다.

면접 준비 프로세스에서 가장 강조하고 싶은 내용이 바로 이 5단계 '충분한 연습과 실행'이다. 특히 베이비붐 세대에게 면접을 준비하는 가장 좋은 방법은 현장에서 한 번 부딪쳐보는 것이다. 일단 기회가 왔다면 두려워하지 말고 면접에 직접 나가보자.

❗ 면접, 연습이 가장 중요하다

면접 답변을 실제 글로 작성해 본다. 자신을 어떻게 소개할 것인지, 질문은 어떤 내용으로 할 것인지, 자주 나오는 질문들에 대해서는 어떻게 대답할 것인지 각각 적어보자.

특히 자신이 생각하기에 답변하기 곤란한 질문은 무엇인지 찾고, 그에 대해서 어떻게 답변할 수 있을지 구체적으로 대안을 마련한다.

큰 소리로 연습한다. 생각만 하는 것은 별 도움이 되지 않는다. 이때 비디오, 녹음기 등을 사용해 녹화해봐라. 녹화, 녹음된 것을 보고 들으면서 무슨 얘기를 어떻게 했는지 꼼꼼히 검토한다.

'무슨 얘기'를 하는지보다 '어떻게' 표현하는지가 더 중요하다.

퇴직 이후 면접은 적어도 3번 이상!

퇴직한 지 약 5년쯤 된 한 퇴직자가 퇴직 후 처음 면접을 봤을 때의 일을 들려줬다.

당시 1차 실무자 면접을 힘들게 끝내고 난 후, 인사담당 팀장이 따로 그를 불렀다고 한다. 인사 팀장의 조언은 "선생님, 면접 보실 때 턱을 괴는 것은 좋지 않습니다. 다음에 진행될 대표이사 면접 때는 이 점을 주의하셨으면 좋겠습니다"였다.

그는 설명을 덧붙였다. 면접 시간이 20분 정도 지나자 몸과 마음이 점점 힘들어지며 자세가 흐트러지기 시작했고, 급기야 턱을 괴게 됐다는 것이었다. 조건이 맞지 않아 그곳과 함께 일할 수는 없었지만, 면접에 대해 다시 생각하게끔 해준 계기가 됐다고 했다.

그 뒤로 2~3번 정도 면접을 더 경험해보니, 그제서야 잘 진행할 수 있을 거라는 자신감이 생겼다고도 말했다. 그리고 "우리 같은 베이비붐 세대들은 적어도 면접에 3번 이상 나가봐야 면접에 자신감이 생긴다"고 힘줘 강조했다.

앞에서도 강조했듯 면접도 준비 기간이 길면 길수록 유리하다. 준비를 덜 하면 긴장이 된다. 일반적으로 사람이 긴장을 하게 되면 준비한 이야기를 충분히 못하게 되고, 면접관에게 끌려다닐 수 밖에 없다. 반면 자신감 있게 진행했던 면접의 경우엔 비록 결과가 좋지 않더라도 후회는 남지 않는다.

또 다른 주의사항이 있다. 면접에서 처음부터 끝까지 긴장의 끈을 놓으면 안 된다는 점이다. 그 기업에 발을 내딛는 순간, 즉 기업의 경비실 문을 지나면서부터 주변 모든 사람이 자기 자신을 관찰하고 있다는 것을 잊지 마라.

 ### 면접 주의사항! 모두가 당신을 관찰하고 있다

1998년 우리나라 외환위기 직후, 필자는 기업에서 막 퇴직한 상태였다. 그러던 차에 헤드헌터가 접촉을 해왔다. 그가 소개한 기업은 우리나라 대기업 중의 하나로, 인사 및 교육 실무자를 찾고 있다고 했다.

면접 당일 도착한 그곳은 바로 S사였다. 더구나 면접 대기 장소에 가보니 면접을 보러온 후보자가 50여 명이나 있었다. 1명을 뽑는데 이리 많은 후보자가 왔다니 갑자기 앞이 캄캄해졌다. 그러나 이내 마음을 고쳐먹었다. 어차피 가능성도 낮으니 주변 후보자들과 인사도 하고 맘 편히 임하자고 다짐한 것이다.

1차 면접은 집단(그룹) 면접이었다. 긴장이 많이 돼 손에서 땀이 날 정도였다. 이후 면접 대기 장소에서 1차 면접 결과를 기다리고 있는데, 헤드헌터가 달려왔다. 자신이 연계한 5명의 후보자 중에서 단 한 명이 통과했는데, 필자가 그 주인공이 됐다는 것이었다.

놀라움은 잠시 뒤로 하고 헤드헌터에게 "솔직히 답변도 그리 잘하지 못했던 것 같은데 1차 관문을 통과한 이유를 알려 달라"고 즉시 물었다. 그의 말은 놀라웠다. 이곳 전체에 CCTV가 설치돼 있었으며, 회사에서는 이를 통해 처음부터 후보자들을 면밀히 검토했다고 했다. 해당 직무가 전국의 백화점에 불시에 찾아가 직원들을 관리하고 교육하는 업무이다 보니, 후보자가 우리 회사에 들어와 어떻게 행동하는가를 면밀히 관찰함으로써 이러한 역량을 파악하려 한 것이었다. 즉 낯선 후보자들과 어떻게 관계를 맺는지 등을 주도면밀하게 관찰 및 분석했다고 할 수 있다. 즉, 1차 집단 면접은 오히려 형식적인 것에 불과했다!

• 7단계: 분석과 평가

면접 후에도 우리에게는 해야 할 작업들이 남아 있다.

아무리 열심히 준비하고 면접을 진행했음에도 불구하고, 회사에서 아무런 연락조차 없는 경우도 있을 것이다. 기대했던 것만큼 좋은 결과를 얻지 못했다 할지라도 낙담하지 마라. '조건의 불일치', 즉 구인업체와 구직자 간 조건이 잘 맞지 않아 생긴 일일 뿐이다. 대신 다음 두 가지를 즉시 행동에 옮겨라.

첫째, 면접이 끝난 후 48시간 이내에 인사담당자에게 '감사 편지'를 써라.

둘째, 면접을 보고 난 후에는 스스로를 '평가 및 분석'해봐야 한다. 똑같은 실수를 반복할 수는 없는 노릇이다. 다음 제시하는 워크시트를 적극 활용해 자신이 전문 컨설턴트라고 생각하며 스스로를 객관적으로 분석해보고, 향후 면접 전략을 재수정하라. 면접 분석은 크게 사전과 사후, 두 가지로 구분된다.

먼저 면접 준비를 사전에 충분히 했다 하더라도, 면접을 앞두고는 반드시 '면접 사전 준비 체크리스트'를 활용해 자신의 상태를 점검해봐야 한다.

다음으로 평가 및 전략 재수립을 위해서는 '면접 후 평가 분석'을 해야 한다. 면접에 다녀온 직후 분석을 하는 목적은 하나다. 향후 면접의 시행착오를 줄이고 성공적인 재취업을 위한 것이다.

면접 사전 준비 체크리스트

구분		주요 내용	평가(점)				
			미흡	다소 미흡	보통	우수	매우 우수
내적 요소	건강 상태	건강한 모습으로 비춰지는가?	1	2	3	4	5
	외모	용모는 단정한가?	1	2	3	4	5
		태도는 긍정적으로 비춰지는가?	1	2	3	4	5
	의사소통	표현력	1	2	3	4	5
		신뢰감	1	2	3	4	5
		침착성	1	2	3	4	5
	의욕·패기	적극성·추진력	1	2	3	4	5
		책임감·관심도	1	2	3	4	5
		자신감	1	2	3	4	5
	태도	안정감	1	2	3	4	5
	성격	명랑	1	2	3	4	5
		성실	1	2	3	4	5
		지구력·자제력	1	2	3	4	5
	지력	창의력 지각력 사고력	1	2	3	4	5
	가치관	논리적 객관적 주관적	1	2	3	4	5
	음성	음성은 명료한가?	1	2	3	4	5
		적당한 톤으로 말하는가?	1	2	3	4	5
		말끝을 흐리지 않는가?	1	2	3	4	5

			1	2	3	4	5
외적요소	시간	사전에 면접장소를 확인했는가?	1	2	3	4	5
		면접 시간은 엄수했는가?	1	2	3	4	5
	복장	복장은 단정하게 입었는가?	1	2	3	4	5
		정장을 입었는가?	1	2	3	4	5
구직서류	이력서	서류를 지참했는가?	1	2	3	4	5
		서류가 좋은 인상을 주도록 준비됐는가?	1	2	3	4	5
면접답변	자기소개	관련 부분 답변에 대한 평가는?	1	2	3	4	5
	지원동기	관련 부분 답변에 대한 평가는?	1	2	3	4	5
	직무기술	관련 부분 답변에 대한 평가는?	1	2	3	4	5
	성취업적	성취업적은 잘 부각됐는가?	1	2	3	4	5
	퇴사 이유	퇴사 이유에 대한 설명을 준비했는가?	1	2	3	4	5
	급여	희망급여 질문에 적절히 답변할 수 있는가?	1	2	3	4	5
	성격의 장·단점	성격의 장·단점에 대한 평가는?	1	2	3	4	5
	비전	향후 비전 부분에 대한 평가는?	1	2	3	4	5
	취업을 못한 이유	공백 기간에 대한 답변 부분에 대한 평가는?	1	2	3	4	5
	질문	회사에 대한 질문 사항도 준비했는가?	1	2	3	4	5
총점(평균)							

면접 후 평가 분석

면접일시		작성일시	
회사명		대표전화	
주소		홈페이지	
산업구분		업종의 시장 상황	
업무 내용· 직무 특성		직 종	
상시 직원		매출 규모	
기업문화		면접관 특성	
면접시간	□ 30분 미만 □ 30분~1시간 □ 1~2시간 □ 2시간 이상		
면접관		영어 인터뷰	□ 예 □ 아니오 □ 부분적으로
면접 과정	□ 1차 □ 2차 □ 3차 □ 최종		
면접형태	□ 일대일 □ 패널 □ 기술적 □ 전화 □ 기타( )		
사전준비	□ 회사 정보 수집 □ 면접 준비 요령 □ 예상 질문 및 답변 □ 면접 시뮬레이션 □ 연습 및 평가·피드백		
주요 질문	□ 자기소개(경력중심) □ 퇴직사유 □ 시사질문(경제, 정치 등) □ 지원동기 및 포부 □ 업무 내용 및 특성 □ 회사 기여도 □ 역량 및 성취업적 □ 자신의 장기적인 비전 □ 자신의 강점과 약점 □ 장·단기적 경력목표 □ 성격 및 특징 □ 리더십 스타일 □ 팀워크 □ 근무 조건(급여 등) □ 상사와의 관계		
어려운 질문	□ 구직활동의 장애 요소		□ 극복방안
회사에 대한 질문			

면접 시 주의 사항	☐ 표현력·논리성 ☐ 사회성·협력 ☐ 생활신조 및 가치관 ☐ 외모 및 태도 ☐ 면접장소 확인	☐ 적극성·열의 ☐ 윤리성·도덕성 ☐ 퇴실 마무리 ☐ 시간 ☐ 구직서류(이력서, 자기소개서 등)	☐ 안정성 ☐ 인상(인품)
면접 사후	☐ 감사 편지	☐ 인터뷰 평가 및 분석	

평가를 통한 면접 전략 수립

체크시트

	평가 및 전략	
면접 분석	■ 실패요인 분석 ☐ 조건 불일치? ☐ 업무 불일치? ☐ 준비 부족?	■ 새로운 면접 전략

참고로 진단 점수는 5점으로 갈수록 높다. 분석 및 평가를 통해 향후 면접전략을 새롭게 수립하라. 마지막으로 면접 실패 요인을 분석해봐야 한다.

만약 '조건이나 업무가 불일치'한 것이라면 크게 실망하지 않아도 된다. 그러나 '준비 부족으로 인해 실패'했다면 새로운 전략 수립이 필요하다.

❗ 면접 이후 해야 할 일 정리

• 다음 일정 숙지

1차 면접이 끝나면 다음 진행 일정을 반드시 숙지해야 한다. 면접 마무리 과정에서도 좋은 인상을 주도록 최선을 다해야 한다.

• 감사 인사

면접 이후 가능하면 48시간 이내에 성실하게 감사 편지(이메일)를 작성해 보내자. 면접에서 자기가 만족할 만큼의 성과가 나지 않았더라도, 면접관에게 감사 인사를 담은 편지(이메일)를 쓴다면 차후에 기회가 많이 생길 것이다. 면접을 네트워킹의 가장 중요한 과정으로 인식해야만 한다.

• 참고인 체크 여부에 따른 대비

특히 경력자의 경우, 최종 결정하기 전에 구직자의 이전 직장이나 주변의 평판을 더블 체크하는 경우가 흔하다. 짧은 면접 기간 중에 노출되지 않는 결격사유가 있는지 혹은 결정적인 흠이 없는지를 체크한다. 이 경우 대개 전 직장의 인맥을 통해 간접적으로 이뤄지는 경우가 많다. 때문에 퇴직하는 순간까지도 평판을 잘 관리하는 것이 좋다. 특히 고위직일수록 이중 삼중으로 체크하려 한다.

또 면접 과정에서 참고인을 요청하는 경우도 있다. 때문에 사전에 참고인을 설정해두는 것이 유리하다. 참고인은 자신에 대해 잘 이야기해줄 수 있는 사람으로 정한다.

면접 시간 안에 당신을 평가하고 분석하기에 한계가 많기 때문이다. 따라서 구인자는 네트워크를 총동원해 다양한 방법으로 당신의 평판도 조사reference check를 시작한다. 시장은 생각보다 좁다. 구인업체는 생각보다 당신의 정보를 쉽게 취득하고, 면접 사전에 당신에 대해 충분히 검토할 수도 있다는 것을 명심해야 한다.

● 면접 통과 시 근로조건 수락 여부 결정

재취업 활동의 마지막 관문인 면접이 종료되면 마지막으로 당신의 선택만이 남게 된다. 협상negotiation 내용들을 검토하고 근로 조건을 수락하는 것이다. 근로 조건을 수락하고 나면 1차적인 취업 활동 과정은 일단락되게 된다.

● 탈락 시에도 자신감을 잃지 말 것

면접에서 탈락했다고 해서 좌절하거나 자신감을 잃지 않아야 한다. 물론 면접의 준비 부족으로 탈락했다면 보다 면밀한 분석 과정을 통해 향후 본보기로 삼아야 할 것이다. 그러나 단순히 서로 (구인자-구직자)가 조건이 맞지 않는 경우도 있다. 이런 경우 실망하기보다는 조건이 맞지 않았을 뿐이라고 정리하는 것이 좋다.

● 면접 평가 및 분석

면접 후에는 그 즉시 스스로를 평가하고 분석해보라. 당신이 전문 커리어 컨설턴트라고 가정하고 자신을 객관적으로 평가해보는 것이다.

5. 잡 오퍼에 따른 협상 요령

면접 마지막 관문까지 성공적으로 마쳤다면 이제 '협상'의 시간만이 남는다. 협상의 시간이 다가오는 것을 예측할 수 있는 실마리에는 다음과 같은 것들이 있다. 예를 들어 면접 시간이 생각보다 길어지고 다음 면접 제안을 받았을 경우, 혹은 희망연봉에 대한 언급이나 "언제부터 출근할 수 있느냐?"는 질문을 받는 경우 등이다.

이때부터는 힘의 기울기가 점점 구직자로 향하고 있는 것으로 즉, 잡 오퍼job offer에 따른 협상에 들어갔다고 보면 된다. 이제 남은 일은 구인업체와 조율하고 협상하는 것뿐이다. 좀 더 유리한 입장에서 협상을 조율할 수 있도록 체계적인 '협상 프로세스'와 그 핵심 내용을 미리 파악하자. 잡 오퍼에 따른 협상 요령은 다음과 같다.

❶ 잡 오퍼에 따른 협상 요령

• 오퍼에 대한 사전 준비

업무 내용에 구체적으로 대해 파악한다. 담당해야 할 업무의 책임
과 의무 관계를 파악한다. 해당 직무가 당신이 설정한 경력목표에
서 나타난 직업와 비교해 만족 요소를 얼마나 충족하고 있는지 비
교 분석한다. 동종업계의 다른 회사의 급여 수준 및 기타 사항에
대해 충분히 알아본다.

• 회사 측의 제안 내용을 구체적으로 분석

면접 때 채용을 즉시 수락하기보다는 업무에 관해 수집한 많은 정
보를 바탕으로 회사 측의 구체적인 제안 내용을 면밀히 검토해야
한다. 앞으로 담당하게 될 업무 내용과 영역에 대해 자세하게 재
검토한다. 자세한 직무기술서를 요구하라. 이직 후, 조직문화와
내가 잘 맞는지의 여부가 가장 중요한 성공요소가 될 것이다. 때
문에 전반적인 기업문화 및 팀 문화를 파악한다.

• 오퍼에 관한 협상 및 조율

협상의 칼자루는 여전히 구인업체가 갖고 있다는 사실을 명심해
라. 협상의 가능 여부를 가능한 한 많이 끌어내는 것은 당신의 몫

이다. 여러 개의 오퍼를 동시에 받았을 경우에는 전반적인 진행 상황을 좀 더 차분하게 체크해보자. 다음 페이지에 제시하는 체크 리스트를 참고해 꼼꼼히 따져봐야 한다.

• 시간 벌기

회사 측으로부터 오퍼를 받았다면 즉시 제안을 받은 것에 대한 감사의 마음을 표현해야 한다. 그리고 회사 측의 제안에 대해 좀 더 생각할 시간을 달라고 공손하게 요청하도록 한다. 여기서 주의할 점은 다른 업체와 비교한다는 인상을 주지 않도록 해야 한다는 것이다. 회사의 반응을 잘 살피고, 당신의 스케줄을 조정한다.

• 오퍼에 대한 평가

오퍼 속 여러 조건 중에서 협상 가능한 내용이 무엇인지 우선적으로 살펴본다. 또한 당신이 절대로 포기할 수 없는 조건이 있다면 이것을 어떻게 회사 측과 협상할 것인지를 미리 고려해야 한다.

• 가능성 열어두기

여러 개의 오퍼를 동시에 받았다면 가능성의 여지를 회사 측에 알린다. 더 나아가 확고하게 "현재 다른 회사와도 진행 중인 오퍼가

우선 협상을 위한 점검 목록을 작성해본다. 특히 임금 및 복리후
생 등에 대해 꼼꼼히 체크한다. 그리고 유사한 업종을 조사해 정보
를 수집하고, 구체적인 희망 수준을 설정한다. 다음으로 우선순위
에 따른 협상 리스트를 작성해본다. 회사 측에서 제시하는 오퍼를
최종 분석하고, 실제로 협상하며 조율해본다. 이때 협상 내용은 가
능하면 공식적인 서류로 남기는 것이 좋다. 가능성은 언제나 열어
둬야 한다.

마지막으로 협상 시 고려해야 할 사항을 정리하면 다음과 같다.

첫째, 협상을 하고 싶은 항목을 우선순위에 따라 구체적으로 설정
한다. 워크시트를 참고한다.

둘째, 사전에 유사 업종의 타 회사 임금 수준 등을 파악한 내용을
참고한다.

셋째, 협상하고자 하는 내용이 있을 시에는 모두 한꺼번에 협의함
을 원칙으로 한다.

협상 체크리스트

	연봉	
임금	상여금	
	성과급(인센티브)	
	스톡옵션	
	퇴직금	
복리후생	4대 보험	
	휴가·년월차 수당	
	교육 훈련비 지원	
	자녀 학자금 지원	
	기타 경조금	
	건강 검진	
	융자 제도	
기타	수습 기간	
	차량 지원	
	퇴직 프로그램	

넷째, 협상 가능한 항목을 업무와 연결시킨다.

다섯째, 초조함이나 불안감 등으로 인해 즉흥적인 결정을 하지 않도록 주의한다.

6. 면접, 지피지기면 백전백승이다!

면접 과정을 한 마디로 정리하면 '지피지기知彼知己면 백전백승百戰百勝'이라고 할 수 있다. 대상 기업에 대해 많이 알면 알수록, 그리고 체계적인 준비를 하면 할수록 재취업 성공률을 높일 수 있다. 아무리 강한 상대일지라도 약점은 있게 마련이다. 또한 자신의 무기를 강하게 만들면 공략할 수 있는 부분은 반드시 생긴다. 자신감을 무기로 취업시장을 공략하자!

마지막으로 당부하고 싶은 내용이 있다. 구직서류에는 허위사실을 기재해서는 안 되며, 면접에서는 더더욱 진솔하게 이야기해야 한다는 것이다.

❗ 허위사실 기재, 그리고 거짓말

구직서류에 허위사실을 기재하면 대부분 금방 들통 난다. 생각보다 시장이 좁다. 어려운 과정을 거치고 재취업에 성공했는데 허위사실 기재로 취업이 무효화되는 사례도 실제로 종종 접했다.

면접 과정 중 혹은 채용이 결정된 이후에도 면접관은 구직서류의 허위사실 여부를 꼼꼼히 체크하며, 참고인을 통해 당신에 대해 구체적으로 알아본다. 그만큼 기업에서 채용을 위해 심사숙고한다는 사실을 명심해라.

재취업이 어려우니 일단 들어가고 보자는 인식이 팽배한 것이 현실이다. 가슴 아픈 현실이다. 그러나 허위기재는 금방 들통 날 수밖에 없다. 업계가 생각보다 좁고, 경력직인 경우 인사담당자들이 평판도 조회를 실시한다는 사실을 잊어서는 안 된다. 멀리 보는 안목을 키워, 정직하고 성실하게 구직활동에 임해라.

자신에 대한 평판도를 꾸준히 관리해라. 동시에 어떻게 하면 자신감이 넘치면서도 진정성 있는 구직자로 비춰질 수 있을지에 대해서 고민하면 된다. 정공법을 써라.

마지막으로 한 가지 더 당부하고 싶은 것이 있다. 구직자는 말하는 것도 중요하지만 잘 듣는 것도 중요하다. '경청'이 우선이다. 면접관이 이야기하는 것을 잘 듣고 질문에 핵심 요지를 파악해라. 긍정적인 태도를 취하고 면접이 종료될 때까지 긴장해라.

복장은 깔끔한 정장 한 벌이면 된다. 상대에게 좋은 인상을 심어줄 수 있을 정도면 충분하다. 대체적으로 첫인상은 10초 내외로 결정된다. 상대에게 좋은 이미지로 비춰질 수 있도록 행동 하나하나에 신경써야 한다. 그 자체를 즐겨라!

CHAPTER 07

경력관리는 계속돼야 한다

컨설팅 프로세스의 전 과정을 살펴봤다. 재취업 과정은 경력관리 및 개발과 밀접한 관련이 있다. 재취업 따로, 경력관리 따로 구분해보는 시각에서 탈피해 재취업 과정을 전 생애적 경력관리 및 개발 차원에서 이해하는 것이 중요하다. 따라서 성공적인 경력개발 및 관리를 위해서는 주기적인 진단 분석 및 피드백 과정이 꼭 필요하다.

만일 재취업하지 못하면 평가 및 피드백을 통해 맨 처음 과정으로 돌아가게 된다. 따라서 재취업이 되지 못해도, 구직활동 과정으로부터 오는 스트레스를 현명하게 극복할 수 있어야 한다. 창업에 대한 모색 역시 경력관리 및 개발 차원에서 출발하는 것이 좋다.

주기적인 진단과 피드백이 필요하다

퇴직 이후 재취업 성공률을 극대화하기 위해서는 주기적인 진단과 피드백 과정이 필수적이다. 이렇게 주기적으로 자기 자신을 점검하고 확인한다면, 따로 시간을 내서 전문 컨설턴트를 만나지 않아도 괜찮다.

평가 워크시트를 활용해 한 달에 한 번 정도 주기적으로 자신을 진단하라. 일기를 쓰면 하루를 정리하고 미래를 계획하는 데 도움이 되는 것과 마찬가지다. 일기가 자신의 발자취를 대변하듯이 구직일기도 당신의 구직활동 발자취를 기록해줄 것이다. 타인에게 보여줄 내용도 아니니 솔직하게 작성해라.

구직 스트레스 극복하기

독자들에게 끊임없이 용기 내 도전하라고 강조했다. 현장에서 중장년 구직자를 만나면, 모두들 재취업 과정이 매우 힘들다고 말한다. 퇴직 이후 노동시장에 정면으로 부딪쳐가며 직접 구직활동을 하기란 실제로 생각보다 더 힘들다. 만만치 않다. 게다가 퇴직 이후 수많은 이력서를 지원했는데도 불구하고 면접 기회조차 오지 않는다

경력관리 및 개발에 관한 평가 및 체크리스트

체크시트

순번	주요 내용	평가(점)				
		1	2	3	4	5
1	경력관리 계획서는 전반적으로 잘 구성했는가?	1	2	3	4	5
2	경력관리 계획서에 구체적인 계획안이 잘 도출 됐는가?	1	2	3	4	5
3	점검 및 평가를 주기적으로 계획했는가?	1	2	3	4	5
4	경력탐색을 위한 정보 수집 방법을 다양하게 구성했는가?	1	2	3	4	5
5	네트워킹 및 구직망을 체계적으로 구성했는가?	1	2	3	4	5
6	현장에 있는 전문가 및 경력자 접촉을 위한 계획을 수립했는가?	1	2	3	4	5
7	경력목표와 관련된 자격증 및 훈련(개발)을 위한 준비는 했는가?	1	2	3	4	5
8	이력서를 전반적으로 잘 구성했는가?	1	2	3	4	5
9	당신의 이력서가 매력적으로 느껴지는가?	1	2	3	4	5
10	자신의 역량이 잘 표출된 이력서인가?	1	2	3	4	5
11	이력서가 목표로 하는 기업체에 연계되도록 잘 구성했는가?	1	2	3	4	5
12	이력서 및 경력기술서의 수정 및 보완 주기는 계획했는가?	1	2	3	4	5
13	일자리 정보는 어떻게 수집할 것인가? 구체적인 계획과 전략이 있는가?	1	2	3	4	5
14	일자리에 연계된 교육 및 훈련 정보는 어떻게 수집할 것인가? 실제 실행계획은 구체적인가?	1	2	3	4	5
15	자신의 퇴직 후 희망 분야에 대해 남들에게 구체적으로 설명할 수 있는가?	1	2	3	4	5
16	희망 분야에 대한 깊이 있고 실질적인 정보들을 다양하게 확보하고 있는가?	1	2	3	4	5
총점(평균)						

면, 그 상실감과 패배감은 말로 다 설명이 되지 않는다. 급기야는 자신감을 잃고 구직활동을 포기할지도 모른다. 물론 잦은 실패로부터 오는 상실감을 100% 피할 수는 없지만, 최소화할 수는 있다.

그 해결방안을 몇 가지 소개하면 다음과 같다.

첫째, 구직활동 실패요인을 좀 더 객관적으로 분석해 철저히 대비한다. 실패를 최소화하려면 철저히 준비하는 것이 답이다. 준비를 많이 할수록 실패요인이 줄어들기 때문이다. 준비를 철저히 하면 자연스럽게 자신감도 커진다.

둘째, 구직활동의 실패요인이 자신에게만 있지 않다는 사실을 잊지 마라. 실패요인에는 여러 가지가 있다. 앞에서 말했던 것처럼 단순히 회사와 나의 조건이 불일치했을 수도 있고, 다양한 외부 환경 변화 때문일 가능성도 높다. 이번엔 안 됐지만 다음엔 성공할 수 있다고 자신을 위로해라.

셋째, 만약 재취업에 실패했다 하더라도 해당 업체와의 인연을 소중히 생각하라. 나중에라도 기회가 올 수 있다. 그렇기 때문에 면접 후 업체에 대해 불평하는 대신 인사담당자에게 감사 편지나 이메일을 써보라. 인사담당자는 당신을 기억할 것이다.

그간 다양한 퇴직자를 만나며 큰 교훈을 하나 얻게 됐다. 퇴직 이

인사담당자에게 좋은 인상을 남기면 당신을 다시 부른다

20대 후반 때의 일이다. 한 중견기업에서 인사담당 경력자를 모집한다는 구인공고를 보고 지원했는데, 서류 과정을 통과했다.

면접 대기 장소에는 3~4명이 있었다. 그런데 유독 한 명의 후보자가 인사담당자와 안면도 있고 친한 사이처럼 보였다. 그때부터 마음이 상하기 시작했다. '오늘 난 이곳에 들러리구나. 인사담당자와 친한 후보자가 있으니 맘 편히 면접 보고 일찌감치 포기해야겠다'는 생각이 들었다.

면접이 끝나고 하필이면 그 후보자와 엘리베이터 앞에서 마주쳤다. 그래서 속상한 말투로 그에게 말을 건넸다. "이곳 인사담당자와 친하신가봐요?"

그는 곧바로 웃음을 터뜨렸다. "솔직히 말하면 이 업체에서 면접을 본 적이 있습니다. 이전 면접 때는 탈락했었는데, 인사담당자로부터 다시 연락을 받았습니다." 그래서 재차 면접을 보러 이곳에 오게 됐다고 했다. 2차 면접 때는 그 후보자 얼굴을 볼 수 없었지만 큰 교훈을 받기에는 충분했다.

후 다수의 구직자는 급한 맘에 모든 과정을 쉽게 건너뛰려 하지만, 과정을 중간 중간 생략하면 좋은 결과를 기대하기 어렵다는 것이다. 오히려 준비 부족으로 인해 패배감만 맛보게 된다. 아까운 시간만 계속 흘려 보내는 격이다. 따라서 다소 힘들더라도 체계적으로 준비 기간을 갖고 기회를 노려라.

생각만

하지 말고

시작해라

벌써 마지막 부분이다. 이제는 모두가 한 가지 사실을 깨달았을 것이다. 재취업 과정이 결코 만만치 않다는 사실이다. 인정하기 싫지만 그게 현실이다. 마음의 준비와 각오를 단단히 해야 한다.

또한 솔직히 고백하건데 처음 펜을 들었을 때보다 고용상황이 점점 더 악화되고 있다. 그러나 틈새시장이란 있는 법! 기업이나 조직은 여러 가지 이유로 사람이 필요하다. 예를 들어, 기업은 직원이 갑자기 개인적인 일 때문에 그만둘 수도, 외부 환경 변화에 대응하기 위해 핵심인재를 미리 확보할 필요가 생길 수도 있다. 최근에는 경험이 풍부한 베이비붐 세대에 대한 수요도 점차 증대되고 있다. 누가 뭐라 해도 주변의 시선과 말에 흔들리지 마라. 다음의 내용을 미리 다잡아라.

첫째, 나이가 들수록 의미가 커지는 일을 찾아라. 나이가 많다고 걱정하지 마라. 사회에는 의미 있게 일할 수 있는 분야가 많다. 이런 분야는 정신적 및 육체적으로 다소 힘들 수도 있지만, 보람찰 뿐만 아니라 자신감도 키워준다. 예를 들어 취약계층을 지원할 수 있는 분야나 사회에 기여할 수 있는 일에 도전해보라. 나이가 들면 들수록, 일이 없으면 무기력감에 빠지기 쉽다. 일을 해라! 일에 대한 새로운 의미를 부여하는 작업이 우선이다.

둘째, 퇴직을 앞두고 있다면 그동안 자신이 해왔던 분야에서의 강점을 최대한 살려야 한다. 자신의 경력을 분석해보라. 장년층의 경우, 새로운 분야로 급격하게 전환하기보다는 유사 분야로의 점진적 확대를 하는 경우 전직 성공률이 높다. 따라서 자신의 눈높이에 맞는 일자리가 나올 때까지 무작정 기다리지만 말고 우선 쉽게 할 수 있는 일부터 접근하라.

셋째, 노동시장은 계속 변하고 있다. 따라서 일자리를 찾는 구직자도 변해야 산다. 자신이 이미 갖고 있는 자격만 믿고 무작정 기다리기보다는 시장의 요구에 적극 부응하라. 노동시장에서 요구하는 능력과 자격을 추가로 확보해야 살아남을 수 있다. 지금 우리는 평생 일하고 공부하는 평생학습 시대에 살고 있다. 새로운 분야로의 경력전환을 고민하고 있다면 일하면서 공부할 수 있는 곳을 찾아라. 준비하고 노력하는 만큼 기회는 오게 마련이다. 힘은 들지만 결국 시장에서 유리한 고지를 차지할 수 있다. 다른 구직자와 남다른 차별성을 꾸준히 개발하라.

넷째, 이제 생각만 하지 말고 직접 뛰어들 때이다. 자, 이제 용기 내 그간 갈고 닦은 칼을 꺼내보자. 생각만 하지 말고 '시작해라'. 지금부터는 비슷한 또래, 즉 퇴직을 앞둔 이들이 사회에서 어떻게 뛰고 있는지 살펴보자.

CHAPTER 01

준비가 됐으면 공격하라

과거에는 새로운 일을 시작할 경우 충분히 검토하고, 또 준비해야만 잘할 수 있다고 여겼다. 그러나 지금의 시대는 많이 다르다. 변화주기가 짧고 변화의 속도가 빠르다. 그래서 새롭고 혁신적인 아이디어가 있다면 빨리 시장에 뛰어들어 시장을 선점하는 것도 중요하다. 어느 정도 준비가 됐으면 우선 시장에 나가 경험하고, 매부터 먼저 맞는 편이 실패율을 줄이고 성공률을 극대화하는 방법이다. 실리콘 밸리에서는 실패한 경험이 있는 창업자가 오히려 대접받는다.

그러나 퇴직예정자의 경우 사정이 조금 다르다. 퇴직금과 같은 목돈을 한 방에 날리면 노후 전체가 흔들리기 때문이다. 그래서 퇴직하기 전에 간접적으로라도 시장을 접해보는 것이 매우 중요하다. 퇴직 이전에 남다른 준비가 필요하다.

직접 현장에 가서 눈으로 확인하는 것과 책상 앞에서 생각만 하는 것은 차이가 크다. 답은 현장에 있는 법! 생각과 현장 간의 간극gap을 최소화하려면 방법은 하나다. 퇴직 이전에 인생 2막에 대해 준비하고, 공격적으로 실행해보는 것이다. 재취업과 창업 모두 퇴직을 한 후에 본격적으로 준비할 수 있다는 생각을 지금부터 버려야 한다.

❗ 퇴직 이후 준비하면 너무 늦다

2015년 현재 50세 이상, 10년 이상 고용보험에 가입한 경우 정년 퇴직 시 실업급여를 총 240일치를 수급할 수 있다. 게다가 퇴직금이 1억 원 이상자의 경우는 3개월 동안의 유예기간도 존재한다. 즉 3개월 이후 약 8개월 동안 실업급여를 받으니 총 11개월 동안 쉬면서 슬슬 준비하려는 이들이 많다.

그러나 11개월 동안 구직활동을 적극적으로 하지도 않고, 창업 준비도 게을리 한다면 노동시장에서 자신의 가치를 스스로 무너뜨리는 것이다. 실제로 11개월은 어찌어찌하다 보면 순식간에 흘러간다. 11개월 동안 아무것도 하지 않은 구직자를 구인자가 좋게 볼 리 없다. 11개월이란 기간은 실제 노동시장에선 상당히

긴 시간이다. 구인업체에게는 심지어 1개월도 길게 느껴지기 마련이다.

실행하는 순간 길이 열린다

퇴직 이후 공격적으로 무언가를 실행하려면 사전에 어느 정도의 준비가 필요하다. 그러나 통상 우리가 알고 있는 준비와는 좀 다르다. 때문에 앞서 Part 1과 Part 2의 내용을 숙지하고 부분적으로라도 실행을 해보는 것이 중요하다. 아무리 부분적이라고 할지라도 이 하나하나의 행동들은 서로 실타래처럼 연결돼 있어서 퇴직 이후 실질적인 도움을 준다.

그래서 쉬운 것부터 도전해보는 것이 중요하다. 조금씩 작은 성공 경험을 쌓다 보면 자기 자신도 인지하지 못하는 사이에 자신감이 생긴다. 또 이런 성공 하나하나가 모여서 강력한 무기가 된다.

요즘에는 SNS_{social networking service}도 인맥 확장을 위한 강력한 무기로 사용할 수 있다. 예를 들어 가수 싸이는 2012년 7월 내놓은 여섯 번째 정규앨범의 타이틀곡 〈강남스타일〉로 2개월 만인 9월 25일, 유튜브 조회 수 2억 7,000만 건을 넘기는 대기록을 세우며 전 세계적으로 엄청난 인기를 얻게 됐다. 같은 해 9월 마지막 주에는 미국 빌보드차트 2위에 오른 후 7주 연속 2위를 기록하기도 했다. 이처럼 1인 미디어 시대에는 유튜브 외에도 페이스북 등 다양한 SNS로 자신의 가치를 높일 수 있다.

당신도 주인공이 될 수 있다. 퇴직 이전부터 적극적으로 자신을 시장에 마케팅해라. 노동시장에서 자신을 알아주지 않는다고 푸념하는 대신 지금부터 인맥을 총동원해 네트워킹을 자연스럽게 시도하고, 자유롭게 온라인과 오프라인을 넘나들어야 한다.

기회는 자신이 만드는 것이다. 다른 사람이 알아서 나를 알아봐주거나 대신 자리를 만들어주지 않는다. 당신이 아무리 이 바닥에서 잔뼈가 굵은 사람일지라도 퇴직 이후에는 모든 상황이 달라진다. 현실을 빨리 인정해야만 한다.

현실에서는 퇴직 이전처럼 규모가 큰 대기업에서 일하기는 어렵다. 독자들도 이미 그 사실을 알고 있을 것이다. 따라서 중소·중견기업을 공략해야만 한다. 필자는 평소 중소·중견기업 대표이사를 만날 기회가 되면 늘 똑같은 질문을 한다. "중장년층을 채용하겠는가?" 그들의 답은 "yes"다. 그러나 실망하는 경우도 더러 있다고 했다. 그들이 중장년을 원하면서도 꺼려하는 이유가 무엇일까? "yes"라는 답을 얻어내려면 만족시켜야 할 몇 가지 '조건'이 있기 때문이다.

중소기업은 베이비부머들을 진정 원하는가?

한 중소기업 대표이사가 직접 들려준 이야기이다. 이 기업은 몇
년 전에 대기업 중견간부 출신 퇴직자를 직원으로 모셨다고 했다.
전문성과 노하우를 가지고 있고, 대기업의 여러 가지 시스템 등을
경험한 그에게 당연히 기대감도 매우 컸다. 그래서 급여 조건도
최대한 배려했다.

그러나 그는 매번 업체의 시스템이 엉망이라며 불평불만을 늘어
놓았으며, 기존 직원들과 갈등을 겪다가 결국 1년도 채 안 돼 회사
를 제 발로 나갔다고 했다. 그가 나간 이후에도 업체에는 심각한
문제가 남았다. 남아 있는 직원들 마음까지 망쳐놓아 그것을 뒷수
습하는 데 상당 시간을 쏟아야만 했던 것이다.

이 대표는 이제 대기업 출신 퇴직자를 모시기 망설여진다고 했다.
그럼에도 불구하고 기술력과 전문성을 확보한 인재에 대한 목마
름은 여전했다.

첫째, 눈높이를 낮춰야 한다. 중소·중견업체는 전반적으로 대기업
처럼 시스템이 체계적으로 구축돼 있지 않다. 기업과 후배들을 위해
기꺼이 자신의 노하우를 전수하려는 마음을 가진 구직자가 필요하

다. 처음에는 그들도 당신을 경계할 것이다. 마음을 먼저 열어야 한다. 대기업 기준에 맞추라고 강하게 밀어붙이기보다는 일의 기초와 과정을 체계적으로 알려주면 그들도 차츰 마음을 열고 당신에게 자문을 구하게 될 것이다.

 밥은 내가 산다!

사례의 주인공은 퇴직한 지 2년이 넘었지만, 지금도 늘 바쁘다. 남들은 운이 좋다고 이야기하지만 운보다는 실력 때문이다. 재직 시절에도 후배들에게 늘 베푼 덕에 지금까지 그를 찾는 후배가 많다. 그러다 보니 50명 내외 되는 중소업체에 본부장으로 자리를 옮길 수 있었다.

그가 처음 그 업체에 갔을 때는 할 일이 없었다고 한다. 다들 바쁘게 일하고 있으니 업무방해라도 하는 듯 느껴져 젊은 친구들에게 말 걸기도 힘들었다. 또 회의 때 무슨 이야기라도 하려고 하면 '본부장님은 이전에 있던 큰 조직에서나 통할 이야기를 한다'면서 반박하는 바람에 한동안은 의견 내기도 망설여졌다.

그럼에도 불구하고 직원들에게 다가가서 이야기하고, 반복해서 기초를 이야기하며 일의 과정을 쉽게 설명해줬다고 했다. 그러니 직원들도 차츰 마음의 문을 열기 시작했다. "여태껏 그런 이야기를 해준 선배는 아무도 없었습니다"라고 이야기하는 후배들도 생겼다.

게다가 그는 조직의 가장 밑단에 있는 직원들과 늘 점심을 함께하며, 이야기를 들어준다. 아예 월급의 일부는 직원들에게 밥을 사기 위한 돈으로 정했다고 했다. 이처럼 퇴직 후 중소기업에서 일하려면, 우아하게 자리에 앉아 거창한 것을 가르치려고 해서는 결코 안 된다!

둘째, 가르치겠다는 생각을 버려야 한다. 규모가 작은 기업은 나름대로 자신들에게 맞는 최적화 경영을 하고 있다. 유능한 인재가 많고 조직이 잘 정비된 대기업의 경영 방식과는 전혀 다르다. 따라서 새로운 것에 도전하는 자세로 임해야 한다. 대기업에 잘 맞는 시스템이라도 중소기업에겐 그림의 떡인 경우가 허다하다. 처음으로 직장생활을 시작하는 신입사원처럼 새로운 경험을 통해 좀 더 효율적인 개선 방안을 찾겠다는 자세가 중요하다.

말이 나온 김에 중소기업 사례를 살펴보자. K사는 자체 브랜드 없이 제조업자 개발생산original development manufacturing하는 ODM 회사이다. 설비와 생산시설을 갖추고 있으며 특히 연구 분야가 발달돼 있다. 우리가 흔히 알고 있는 OEMoriginal equipment manufacturing, 즉 주문자 상표

부착 생산 방식과는 다르다.

이 회사의 Y 회장은 직원 세 명과 함께 회사를 처음 시작했다. 그는 D 제약회사에서의 과거 경력을 살릴 수 있지만, 기존 회사와는 직접적으로 경쟁하지 않는 분야 화장품을 자신의 사업 분야로 정했다. 그는 과거 제약회사 공장장 시절에도 밥을 거르는 직원들에게 식사를 제공하는 등 직원들의 행복이 경영에 있어서 가장 중요하다는 점을 인식했다. 그런 사상에서부터 출발한 회사는 연구개발을 강화하며 세계로 뻗어나가 2015년 현재는 총 1만 5,000여 회사에 제품을 팔고 있다.

회사 사훈을 보면 창업주와 기업에 대해 알 수 있다. 콜마의 사훈은 우보천리牛步千里이다. '소처럼 우직하게 걸어가라'는 뜻이다.

현재 K사의 공장은 세종 시에 위치하고 있지만 창립 당시에는 충남 연기군, 즉 시골 농촌 지역에 있었다. 인생 1막은 자녀 교육 등으로 서울 및 수도권에서 일자리를 찾는 것이 지극히 당연했다. 그러나 인생 후반부에는 복잡한 도시를 떠나 지방에서 일하는 것도 의미 있는 일이 아닐 수 없다.

기업은 중소기업에서 중견기업으로, 그리고 중견기업에서 대기업으로 성장한다. 자신과 조직이 함께 성장할 수 있는 기업에서 일하는 것 또한 돈으로 살 수 없는 값진 일이다.

지금 당장 규모가 작은 곳에 취업했다고 주눅 들지 마라. 중소기업이 앞으로 10년 후 어떻게 성장할지를 어설프게 판단하면 안 된다. 또 역설적으로 그렇기 때문에 대기업 못지않게 중소·중견기업들이 인재채용에 신중하다는 점을 간과하지 말아야 한다. 결론은 하나다. 그들은 오랫동안 함께 일할 일꾼을 찾고 싶어 한다.

명함이 있을 때부터 뛰어야 한다

계속해서 강조했지만 우리나라 대부분의 중장년층 남성들의 공통점 중의 하나는 체면을 매우 중요시한다는 점이다. 그래서 명함이 없어지면 스스로 위축되고, 그간 나갔던 모임에도 발길을 끊는 경우가 많다. 따라서 앞서 설명한 내용들이 실제 실행에 옮겨질 가능성은 당신에게 '현직 명함'이 있을 때 확률이 높다.

관심 있는 기업이나 조직이 나타나면 주저하지 말고 다음 내용을 준비하고 실행해라. 특히 전화 접촉은 당장 해야 한다.

첫째, 명함을 가능한 한 많이 준비한다.

둘째, 이미 알고 지내고 있지만, 퇴직 이후에도 꾸준히 네트워킹을 해야 할 기관 및 담당자를 정리한다.

셋째, 추가로 발굴했거나 새롭게 접촉해야 할 기관을 정리한다.

넷째, 접촉할 내용을 정리하고 그 우선순위를 정한다.

다섯째, 담당자의 기억에 남을 수 있는 자신의 주특기 등을 미리 정리한다. 자신이 상품이라면 상품소개서와 같은 것이다.

여섯째, 다리품을 팔아 사람들을 직접 만난다.

마지막으로 주기적으로 접촉한 내용을 정리하고 꼼꼼히 메모한다. 해당 기업 및 담당자들의 특징을 기술해놓고 필요하면 계획을 세워 2차, 3차 접촉을 시도한다.

처음에는 무척이나 힘들 것이다. 그러나 일주일만 지나면 몸속에 녹아내려가 아무렇지도 않게 된다.

퇴직 직후 일을 곧바로 시작하는 사람들의 공통점은 퇴직 이전에 꾸준히 네트워킹을 통해 인맥관리를 잘 해왔다는 것이다. 특별히 따로 진단을 해보지 않아도 퇴직 이후에도 일을 하는 사람들은 업무 수행 능력은 물론 대인관계 및 커뮤니케이션 역량이 탁월하다. 역설적으로 표현하면 당신도 명함이 있을 때 대인관계 및 커뮤니케이션 역량과 능력을 입증해야 한다는 뜻이 된다. 그러면 기회는 저절로 생긴다.

새로운 일을 도모하다가 가슴이 답답하거나 뭔가 해결책이 그려지지 않을 때, 필자는 가까운 지인을 만나 관련 이야기를 나누곤 한다. 반드시 관련 전문가가 아니어도 좋다. 사람을 만나 이야기를 하고 자문을 구하다 보면 스스로 답을 얻는 경우도 많고, 자신에게 실마리를 줄 사람을 소개 받을 가능성도 올라간다.

문제는 실직 상태에 놓여 있을 경우 주변 사람을 만나기 쉽지 않다는 것이다. 터놓고 이야기할 수 있는 상대라 할지라도 힘든 건 마찬가지다. 스스로가 불편할 수도, 상대가 부담을 느낄 수도 있다. 그러니 미루지 마라. 오늘, 그러니까 명함이 있을 때 지인 관리에 힘써라. 오늘 별 볼 일 없는 거래처 혹은 부하 직원일지라도 나중에 큰 힘이 될 수 있다. 물론 무턱대고 아무 곳에나 자신의 명함을 뿌릴 수는 없는 노릇이다. 그래서 퇴직 이전에 전략적으로 목표지점을 명확히 해야만 한다.

CHAPTER 02

강소기업을 공략하라

우리에게는 남은 시간이 별로 없다. 마음과 몸이 젊은 시절과는 너무도 다르다. 그러니 효율적으로 뛰어야 한다. 아무 데나 이력서를 뿌릴 수도 없다. 그렇게 했다가는 금방 지친다.

과연 대안은 무엇일까? 우선 '강소기업'을 공략해야만 한다. 그렇다면 먼저 강소기업이란 무엇인지부터 알고 적극적으로 찾아야 한다. 강소기업은 본래 꼭꼭 숨어있기 때문에 대부분의 사람들이 잘 모를 수밖에 없다.

앞에서 지적한 바와 같이 당신이 지난날 쌓은 수많은 노하우와 경험을 가볍게 여기지 마라. 기업이 크든 작든, 매출이 많든 적든 간에 당신의 경험과 노하우가 필요할 수 있다. 사람의 인적자본^human capital 은 짧은 기간에 노하우와 경험을 쌓기가 불가능하다. 몸에 체득된 기술이라면 더더욱 그렇다.

지금부터는 퇴직 이후 재취업을 위해 공략해야 할 중소·중견기업에 대해 알아보자. 또 강소기업의 명확한 개념을 파악해 자기 자신을 어떻게 매칭할 것인지도 살펴보도록 하자.

중소·중견기업을 파악하라

베이비붐 세대가 퇴직 이후 공략해야 할 곳은 다름 아닌 중견기업이다. 자신 있게 주장할 수 있다. 그러나 우선은 범위를 확장해 중소기업까지 살펴보고자 한다. 먼저 우리가 갖고 있는 편견 하나를 깨야 한다. 중견기업은 대기업 못지 않다. 규모나 직원들 복지, 임금 수준도 거의 대기업 수준이다. 단지 일반인들에게 널리 알려지지 못한 것뿐이다.

최근 정부는 기업성장 사다리 정책의 일환으로 중견기업 육성에 정책적인 지원을 강화하고 있다. 우리나라 중견기업의 육성이 중장년층이나 베이비부머들과 무슨 상관이 있느냐고 질문할 수 있다. 그러나 중견기업이 새로운 일자리 창출의 중요한 원천이라는 것은 국내외 고용전문가들의 공통적인 의견이다. 따라서 앞으로 중견기업들이 성장해야만 신규 일자리가 창출되고, 중장년층에게 유리한 일자리도 많아질 것이다.

좀 더 구체적으로 중견기업에 대해 살펴보자. 통상적으로 중견기업이란 '중소기업 범위를 넘어섰으나 대기업에는 도달하지 못한 기업'을 의미한다. 중견기업연합회에 의하면 우리나라 중견기업 현황은 2013년 기준 총 3,847개(일반 중견기업 및 관계 기업을 포함)로 나타났다. 전체 기업의 0.12%이다. 또한 약 116.1만 명을 고용해, 전체 기업 중 고용 비중 9.7%를 차지하며 일자리 창출의 중요한 원천 역할을 하고 있다.

이런 추세는 비단 우리나라만의 현상은 아니다. 가젤gazelle이라고 하는 미국의 중견기업 역시 일자리 창출이 가장 활발한 중소기업군으로 알려져 있다.

그러나 경기개발연구원에 따르면, 독일과 비교했을 때 우리나라의 중견기업 비중은 300분의 1 수준, 중견기업의 고용비중은 10분의 1 수준에 불과한 것으로 알려졌다. 전체 기업 대비 중견기업의 비중 역시 스웨덴이 13.2%, 독일 11.8%, 중국 4.4%, 일본 3.7%에 달하는 데 비해 우리나라는 앞에서 살펴봤듯 0.12% 수준에 머물고 있다.

또한 해외시장으로의 수출을 적극적으로 추진해 2013년 말 한국의 중견기업의 수출액은 약 877억 달러로 전체 기업 대비 15.7%의 비중을 점하고 있다. 즉 전체 기업에서 차지하는 비중이 0.1%밖에 만큼 소수지만, 우리나라 중견기업은 총 고용의 약 10%, 수출의 16%를 차지할 만큼 매우 역동적인 기업군이다. 또한 성장 가능성이 매우 높아 미래 전망도 밝다. 이는 앞으로도 사람을 추가적으로 뽑을 가능성이 높다는 뜻이다.

그리고 어느 정도 규모도 있고 조직도 정비돼 있어서 대기업에 근무하던 베이비부머 은퇴자들이 적응하기에 수월하다. 무엇보다 해외시장 개척이나 특정 기술, 경영관리 분야에서 대기업의 조직적인 경험이나 노하우를 갖춘 인재를 선호하는 경향이 있다. 특히 중소기업에서 성장해 중견기업으로 발돋움하는 기업의 경영자들의 경우, 경영관리에 대한 관심이 높다. 이전처럼 혼자서 경영하기엔 조직이 너무 커졌기 때문이다. 때문에 대기업이나 계열사에서 경영관리 경험을 갖춘 베이비부머들이 도전해볼 만한 시장이다.

우리나라 중견기업에 대한 기초 통계에 따르면 중견기업의 평균 매출액은 약 2,500억 원 내외이며 연평균 고용인원은 대략 50명 정도의 규모임을 보여준다. 그러나 실제 기업체를 관찰하면 매출액은 200억~300억 원에서부터 5,000억 원에 이르고 있어 매우 광범위하다. 그리고 수출은 연평균 35만 달러 내외로, 내수 위주의 경영을 하고 있음을 시사하고 있다. 국내에선 중견기업이라고 하지만 해외의

우리나라 중견기업 현황			
구분	2012년	2013년	비고(2013년 말 기준)
업체 수(개)	3.436	3,846	전체기업 비중 0.12% 관계기업 포함
고용(만 명)	99.6	116.1	전체기업 비중 9.7%
수출액(억 달러)	703.3	876.9	전체기업 비중 15.7%
매출액(조 원)	560	629.4	

자료: 중견기업연합회

중견기업과 경쟁하기엔 아직 갈 길이 멀다.

　우수한 중소·중견기업을 나타내는 기준은 여러 가지가 있다. 먼저 중소기업청이 발표하는 글로벌전문기업 월드클래스world class 300은 2017년까지 세계적인 글로벌 전문기업 300개를 육성한다는 목표로 성장의지와 잠재력을 갖춘 유망 중소·중견기업을 선정 및 지원하는 프로그램이다. 선정된 기업들은 중소기업청 홈페이지(www.smba.go.kr) 자료실에서 확인할 수 있다. 이 기업들은 산업기술평가관리원KEIT, 대한무역투자진흥공사KOTRA, 정책 금융기관 등으로 구성된 20개 지원기관 협의체를 통해 연구개발, 해외 진출, 인력, 금융, 경영 컨설팅 등에 관한 맞춤형 종합 지원을 받게 된다. 예를 들면 민간 금융기관인 농협은행과 하나은행에서 기업 대출 금리 혜택(최대 1.8%까지 완화)을 받을 수 있으며 해외 진출 시 현지금융 지원, 금융 컨설팅 무료 제공, 각종 수수료 면제 등의 우대 서비스를 받게 된다. 그만큼 다른 기업에 비해 유리한 경영 환경하에서 성장할 가능성이 높고, 그에 따라 고용 창출도 증가할 것이므로 주목할 필요가 있다.

이 외에 민간기관에서 업무상 유망 중소·중견기업을 우대지원해주는 경우도 있다. 예를 들면, 기업은행도 중견기업 지원 프로그램을 운용하고 있다. 기업은행의 〈지속가능 경영 보고서(2013)〉에 따르면, 그들의 기준에 의해 선정된 중견기업 수는 2010년 147개, 2011년 396개, 2012년 635개에 달했다. 또한 기업은행은 기업을 초우량기업으로 성장시킨 이들을 선정해, '기업인 명예의 전당'으로 관리하고 있다. 2015년도에는 3명의 기업인이 명예의 전당에 올랐으며 지금까지 32명의 기업인이 헌정됐다. 이들의 기업은 나름의 기준에 의해 성장 잠재력이 뛰어나다고 평가받았으므로, 고용창출 가능성이 높으며 그만큼 안정적인 경영이 기대된다. 따라서 적극적인 구직 대상으로 연구할 필요가 있다.

아는 만큼 보인다고 했다. 위에서 나열한 곳에 각각 들어가 직접 확인해보라. 이 책에서는 해당 기업들의 리스트는 제공하지 않을 것이다. 본인이 직접 해봐야 한다. 무엇보다도 당신의 발품을 파는 만큼 기회가 생기며 궁극적으로는 재취업 확률이 올라간다.

나를 필요로 하는 강소기업을 찾아라

우리가 공략하고자 하는 중소·중견기업은 규모도 작고 경쟁력도 약해 정부의 보호가 필요하다는 것이 과거 일반인들의 생각이었다. 그러나 1970년대 후반에 미국의 실리콘밸리를 중심으로 정보통신 업체들이 혁신적인 아이디어나 기술을 무기로 거대한 대기업을 이기는 사례들이 나타났다. 대표적인 기업이 마이크로소프트$_{MS}$다. 당시 컴퓨터 분야의 골리앗이었던 IBM에 대항해, '모든 사람들이 휴대하는 컴퓨터'를 모토로 창업한 것이 오늘의 거대한 기업으로 컸다. 남들이 생각지 못했던 혁신적인 아이디어 하나만으로 작지만 타의 추종을 불허하는 강력한 기업이 된 것이다.

강소기업을 눈여겨봐야 하는 이유는 성장성이 매우 높고 수익창출이 뛰어나며, 무엇보다 고용창출력이 높기 때문이다. 베이비부머들에겐 신천지이다. 전문적인 다양한 경험을 토대로 인생 2막을 멋지게 펼칠 수 있는 기회의 땅인 셈이다.

강소기업에 대해 학술적인 의미에서 통일된 정의는 없지만, 일반적으로 '규모는 작지만 국내외 시장에서 독보적인 경쟁력을 지닌 기업'을 지칭한다. 즉 혁신적인 아이디어나 타의 추종을 불허하는 기술력을 지닌 기업들이다. 흔히 강소기업은 앞에서 살펴본 것처럼 히든 챔피언, 월드클래스 300, 글로벌 전문기업, 월드베스트 강소기업

❶ 히든 챔피언이란?

히든 챔피언이라는 용어는 처음 전략·마케팅·가격결정 분야의 권위자인 독일의 경영학자 헤르만 지몬Hermann Simon의 《히든 챔피언》에서 비롯된 말이다.

그는 히든 챔피언을 대중에게 잘 알려져 있지는 않지만, 각 분야에서 세계시장 점유율 1~3위 또는 소속 대륙에서 1위를 차지하는 기업, 매출액이 40억 달러 이하인 기업으로 규정했다.

히든 챔피언에 속하는 기업들은 평균 60년 이상의 기업수명, 평균 매출액 4,300억 원, 평균 성장률 8.8%, 분야별 세계시장 점유율 33% 이상이라는 공통점을 지니고 있다.

또 다른 공통점으로는 첫째, 장기적 전망을 중시한다. 이들 기업은 단기적인 투자가치보다 지속성에 무게를 두고 경영한다. 둘째, 기업의 집중력을 중시한다. 여러 제품 시장에 관심을 두는 것이 아니라 협소하고 전문화된 제품 생산에만 집중하며, 독보적 기술을 갖추고 있다. 셋째, 세계시장을 중시한다. 이들 기업 중에 본사 직원은 수십 명에 불과하지만, 해외지사는 100개가 넘게 거느린 사례가 많다. 또 고객의 의견을 경영이나 생산에 반영할 수 있는 시스템, 훌륭한 인재, 독특한 기업문화를 갖추고 있다는 특징도 지녔다.

등으로 다양하게 불려진다.

강소기업은 혁신적인 기술력innovative technology과 뚜렷한 기업의 비전과 자신만의 고유한 사업모델business model이 있다. 강소기업은 통상적으로 틈새시장을 공략하며, 세계 시장점유율 1~3위(국내시장 점유율 1위 혹은 소속대륙 시장 점유율 1위), 매출 규모 1조 원 미만 등을 기준으로 삼고 있다.

글로벌 강소기업(혹은 월드베스트 강소기업)은 주력 사업에서 세계시장 점유율 1위이며, 이에 걸 맞는 기술력을 보유하고 건전한 경영성과를 내는 기업을 기준으로 추천을 통해 선정된다. 예를 들면, 월드베스트에 선정된 ㈜아모텍(www.amotech.co.kr)은 정보통신, IT 분야에서 핵심부품을 생산하는 기업으로, IT기기에 필수적으로 장착되는 ESD/EMI 컨트롤 부품인 세라믹 칩, 무선통신 핵심부품인 칩 안테나, 차세대 동력원인 BLDC-모터 등에서 세계적인 시장을 확보하고 있다.

한국도자기(group.hankook.com)는 도자기 외길 70년 역사를 가진 기업이다. 영국에서 배워온 본차이나 기술로 첫 개발을 한 이후 꾸준히 연구개발에 매진해 한국의 영부인뿐 아니라 영국의 여왕에게도 사랑받는 아이템이 됐다. 지난 2012년 엘리자베스 2세 여왕 즉위 60주년을 기념해 왕실에서 직접 한국도자기 제품 주문이 들어왔을 정도다.

국내 기관별 강소기업 선정 기준 비교		
기관	명칭	선정 기준
한국무역협회 (국제무역원)	수출 강소기업	세계 수출시장 점유율 1위를 기록하는 품목을 생산 및 수출(대기업 및 계열사 제외)
수출입은행	히든 챔피언 육성	매출액 400억~1조 원 미만의 수출 중소·중견기업
중소기업청	글로벌 강소기업	전년도 수출액 500만 달러 이상, 매출액 대비 R&D 투자 비율 5% 이상
기업은행	수출 강소기업 Plus 500	수출 통관실적 500만 달러 이상
한국거래소	코스닥형 히든 챔피언	1억 달러 이상 수출, 세계시장 점유율 3위 이내, 지속적인 시장 지배력 보유

자료: 한국무역협회 국제무역원

중소기업 지원 유관기관에서도 강소기업의 기준을 정해 지원해주는 프로그램을 운용하고 있다. 예를 들면, 세계 수출시장에서 수출경쟁력을 높이기 위해 경쟁력 있는 유망 중소기업(수출 강소기업)을 선정해 지원하고 있는데, 수출 강소기업의 조건은 세계 수출시장에서 점유율 1위를 기록하는 품목(HS 6단위)을 생산 및 수출하는 기업이다. 이 외에도 강소기업을 지원해주는 프로그램들이 많다.

강소기업의 특징은 해외시장을 개척하는 '글로벌화 전략'을 사용하고 '틈새시장'을 겨냥한다는 것이다. 대기업과 경쟁을 피하고, 틈새시장에선 독보적인 경쟁력을 유지하기 때문에 성장성과 수익성이 높아 고용창출력이 높다. 이런 점에서 자신의 경험이나 지식을 잘 활용할 수 있는 강소기업 공략은 재취업 성공률을 높이는 데 결정적인 요소가 된다.

2011년 한국무역협회 국제무역의 조사 자료에 의하면, 수출 강소기업들 성공요인 중의 하나가 적재적소에 유능한 인재를 잘 활용한다는 것이다. 바로 이점이 대기업이나 연구소 등 R&D 부분에 경험이 있는 베이비부머들에겐 좋은 기회가 될 수 있다. 강소기업들은 거의 대부분이 해외시장을 개척하고 중시한다. 중소·중견기업의 취약점 중 하나가 해외시장 경험이 있는 인재가 적다는 점이다. 그들에게는 해외시장에 지사를 둘 만큼의 조직과 자금력이 뒷받침되지 않아서 해외시장 개척에 한계가 있다. 그러나 어느 정도 규모가 되는 강소기업들은 국내시장보다는 해외시장에서 승부를 걸어야 하기 때문에, 해외시장에 대한 정보가 밝고 경험이 풍부한 경력직 인재가 좋은 대안이 될 수 있다. 따라서 해외경험이 있는 경력자들은 강소기업을 적극적으로 노크해 볼 필요가 있다.

강소기업에 대한 정보는 인터넷에서도 손쉽게 얻을 수 있다. 고용노동부가 운영하는 워크넷(www.work.go.kr)에 들어가면 강소기업 구인정보가 나온다.

국내 강소기업에 대한 체계적인 연구와 사례를 모아 놓은 경북대학교 이장우 교수의 《스몰 자이언트 대한민국 강소기업》에 강소기업 72개가 소개되고 있다. 의료, 정보통신, 반도체, 소프트웨어, 게

❗ 고용부 워크넷에서 정의하는 강소기업이란?

중앙정부와 지방자치단체, 민간기관 등에서 우수기업으로 선정된 기업을 대상으로 기업신용도, 임금체불 이력, 산업재해율, 고용안정성 등 결격요건이 있는 기업을 제외하고 안정성과 성장가능성 등을 종합평가해 선정한, 강한 경쟁력을 가진 우수 기업이다(연 1회 선정).

- 각 지역의 숨은 강소기업을 기업 신청 및 고용센터·지자체 등 추천을 통해 발굴(457개소)
- 중소기업청 월드클래스 300, 수출입은행 히든챔피언 등 28개 기관, 51개 브랜드, 4만 6,000여 기업 대상

- 결격요건
- 2년 이내 임금체불이 있는 기업
- 2년 연속 동종업종 동종규모 평균 대비 고용유지율이 낮은 기업
- 2년 연속 동종업종 동종규모 평균 대비 재해율이 높은 기업
- 신용평가등급이 b- 미만인 기업
- 상호출자제한기업 집단 및 공기업
- 10인 미만 기업
- 기타 서비스업 등 일부 업종

임, 의료제조, 서비스업종 등 다양한 분야에서 우리나라를 대표할
만하다고 여겨지는 강소기업들이다.*

❗ 구직자들에게 들려주는 몇 가지 충고

첫째, 자신의 꿈을 펼칠 곳을 찾아야 한다. 찬밥 더운밥 가릴 형편
이 안 되는데 배부른 소리라고 할지도 모르지만, 찾아보면 분
명히 자신의 경험이나 가치를 알아주는 곳이 있다. 너무 조급
하게 생각하지 말고 차근차근 찾아서 보람을 느낄 수 있는 곳
을 찾아야 한다.

둘째, 연봉과 즐거움이 반드시 비례하는 것은 아니다. 연봉에 너
무 연연하지 말아야 한다.

셋째, 조직과 융화되는 사람이 돼야 한다. 자신의 주장만 옳다고
주장하며 남의 말을 귀 기울여 듣지 않는다면 오래가지 못
한다.

자료: 《히든 챔피언에게 길을 묻다(한국거래소)》

---

* 한국의 강소기업에 대한 참고자료 두 가지를 소개한다. 《세계시장을 리드하는 글로벌
대한민국 히든챔피언(국가브랜드위원회)》과 《히든 챔피언에게 길을 묻다(한국거래
소)》다. 강소기업에 대한 소개, 회사의 비전, 그리고 각사의 인재상에 대한 정보가 많
이 있어서 구직자들에게 귀한 정보가 될 것이다.

마지막으로 한국에서 내노라하는 강소기업의 CEO들이 구직자들에게 들려주는 충고를 몇 가지 소개했다. 주로 청년취업자들에게 들려주는 충고 같지만 인생의 제2막을 살아가는 이들에게 더 의미 있는 권면이다. 먹고 사는 문제에 매달리느라고 자신을 돌아보지 못했던 베이비부머들에게 많은 참고가 되리라 확신한다.

구직자들에게는 피부에 와 닿는 이야기일 것이다. 바로 이 점이 중장년 이들에게는 장점이면서 동시에 약점이 된다는 것을 잊지 말아야 한다. 대개의 경우 경력자는 중소·중견기업에 어느 정도의 포지션 있는 자리로 들어가는 경우가 많다. 임원급이나 고위직으로 가는데, 그곳엔 그 이전부터 오랫동안 근무해온 기존 임직원들이 있게 마련이다. 이들과의 갈등을 잘 조절해 나가야 한다. 앞에서 말했듯 실제로 이 점 때문에 중견기업의 CEO들이 경험이나 기술이 탐나도 중장년 구직자 채용을 주저하는 경우가 많다. 따라서 재취업을 하기 위해서는 중견기업의 CEO들이 우려하는 점들을 미리 불식시킬 수 있어야 한다.

이를 위해서 우리는 퇴직 이전에 강소기업에 대한 정보를 철저히 수집해야만 한다. 해당 회사 홈페이지에 방문하는 것은 기본이며 더 나아가 직접 현장에 방문해 관련 실무자들을 만나 필요한 정보를 지속적으로 수집 및 획득해 나가야만 한다. 정보를 모아 기업에서 생각하는 우려점 하나하나 불식시킬 수 있는 전략을 체계적으로 만들어야 한다.

강소기업도 결국 사람이 모인 조직이다. 그들 입장에서 자신을 바라보면 된다. 부담되는 것은 어찌 보면 당연하다. 그들이 당신을 편하게 대할 수 있도록 만드는 게 급선무다. 일과 관련된 부분은 그 다음이다.

해외로 나가라!

현재 우리나라는 고용 상황이 좋지 못하다. 청년실업자는 100만 명이 넘고, 곧 정년연장법이 시행됨에 따라 정년을 연장한 기업들의 인력에 대한 부담이 우려된다. 기업 대부분이 투자 규모를 줄이고 있으며, 따라서 인력 충원도 점차 줄어들고 있는 추세다. 사람을 뽑지 않으니 구직자는 더욱 힘들다. 아무리 준비를 철저히 해 구직서류를 넣은들 채용시장은 얼어 있으니 말이다. 그나마 경력자들이 신규구직자들에 비해 유리한 건 사실이다.

베이비붐 세대는 강소기업을 공략해야 하기 때문에 이들 기업의 특성을 좀 더 깊이 있게 알아야 한다. 최근 급변하는 환경 속에서 중소·중견기업도 혁신하지 않으면 살아남기가 어려워지고 있다. 혁신하기 위해 고민하고 있지만 이렇다 할 대안을 찾기도 쉽지 않은 상황이다.

강소기업이 갖고 있는 공통적인 핵심요소는 '기업가정신 entrepreneurship, 起業家精神'과 '글로벌global'이다. 기업가정신이야말로 강소기업의 핵심 근간이 된다. 또한 우리나라 시장에 머물기보다는 어렵지만 해외 시장 개척이 필요하다.

기업가정신의 대표적인 학자로 미국의 경제학자 슘페터Joseph Alois Schumpeter를 들 수 있다. 그는 기업가를 혁신가로 봤으며 혁신 과정을 창조적 파괴creative destruction라고 했다. 스티브 잡스처럼 자신의 직관력과 통찰력을 믿고 새로운 분야에 과감하게 도전하는 창의적인 정신이 바로 기업가정신이다.

오늘날에는 이러한 기업가정신이 비단 대표이사에게만 요구되지 않는다. 일반 조직 구성원들에게도 기업가정신을 요구하는 것이 일반화됐다. 환경 변화에 맞춰 개인도 변화해야 한다. 따라서 '도전 정신'과 '창의성'은 강소기업에서 사람을 채용할 때 강조될 수밖에 없다. 또한 해외로 치고 나가야 하니 글로벌 마인드를 소유한 사람을 원하는 것도 당연하다.

이처럼 최근 채용 시장의 주요 키워드는 혁신, 도전정신, 창의성, 글로벌 마인드 등이다. 기업들이 원하는 주제에 관심을 기울여야 하는 건 지극히 당연한 일이다.

스스로 자문해봐라. 당신이 혁신적인 인재라고 생각하는가? 최근 새로운 일을 과감하게 도전해본 적이 있는가? 다른 사람들이 반대하는 일을 추진해본 적은 언제인가? 업무를 추진할 때 창의적인가? 세계 경제 흐름에 대해 공부한 경험이 있는가? 해외 시장 개척과 관련된 업무 경험이 있는가?

기업에 나를 매칭하라

정보를 수집하다 보면 매력적으로 느껴지는 기업이 나타날 것이다. 그렇다면 망설이거나 주저하지 마라. 이때는 지금까지 준비한 내용들을 총동원해야만 한다. 망설이다간 좋은 기회가 사라질 수 있다.

지금부터 당신이 유능한 헤드헌터라고 가정해보자. 헤드헌터는 시장에서 유능한 인재를 찾고, 이들을 공격적으로 사냥하고, 궁극적으로는 구인자와 구직자(후보자)를 연계, 즉 매칭matching한다.

---

❶ 구직자와 구인자의 매칭

기업으로부터 요청을 받은 헤드헌터는 공격적으로 노동시장에서 인재를 사냥한다. 온라인상에서 인재 DB를 검색하고, 인맥을 총동원해 오프라인에서도 인재를 찾는다. 기존에 확보한 후보자 candidate들도 함께 고려한다.

기업체의 인사담당자는 단 한 명의 헤드헌터에게만 일감을 주지 않는다. 따라서 경쟁자가 많은 헤드헌터는 짧은 시간 내에 가장 적합한 인재를 찾아야 한다. 그리고 해당 고객사에 가장 적합한 인재(구직자)와 구인자를 연계한다.

전직지원 컨설팅도 이와 유사하다. 잡-서치를 수행하는 담당 컨설턴트가 항시 전직지원센터에 상주하며, 해당 퇴직자별로 가장 적합한 일자리를 찾고 발굴한다. 그리고 퇴직자와 구인자를 연계한다. 결국 성공률을 높이려면 무엇보다 해당 일자리와 구직을 희망하는 퇴직자와의 매칭이 중요하다.

당신이 만일 좀 더 적극적으로 강소기업을 찾고 발굴한다면 매칭하는 과정도 훨씬 수월해진다. 특히 직접 발로 뛸 수 있다면 당신은 이미 전문 헤드헌터나 컨설턴트와 다를 바가 없다.

정보를 찾는 것에 머문다면 그 의미는 시간이 지날수록 점점 퇴색될 수밖에 없다. 그러나 적극적으로 뛰어 실질적인 고급 정보를 취할 수 있다면, 그리고 찾은 정보를 자신(개인)과 매칭시킨다면 성공률은 배로 증대된다.

소개팅을 주선할 때의 기억을 한 번 떠올려보라. 예를 들어 주선자가 '두 사람의 성향이 어떨지?', '잘 어울릴지?'에 대해 고민만 한다면 영원히 그 둘을 이어주지 못한다. '어느 정도 맞을 것 같다'라는 자신의 직관을 믿고 만남의 자리를 주선해야 한다. 구인자와 구직자 매칭 과정도 이와 비슷하다.

첫째, 해당 기업에 대해 많은 정보가 없어도 어느 정도 나와 잘 맞을 것 같다는 판단이 서면 움직여야 한다. 짧은 시간에 해당 기업에 대한 정보를 모두 발굴한다는 것은 매우 어렵다. 따라서 어느 정도의 정보와 직감이 서면, 적극적으로 움직여 면접 기회를 얻어내야 한다. 결과가 좋지 않더라도, 해당 기업의 실무자나 중역들을 통해 실질적인 정보를 파악할 수 있다.

둘째, 구인자만 구직자를 평가하는 것이 아니다. 구직자도 지원업체, 즉 기업을 평가해야 한다. 예를 들어 종업원들의 '평균 근속연수'에 대한 정보를 확인해라.

셋째, 구인정보란에서 요구하는 여러 가지 요소들 중에서 하나 정도 요건을 충족하지 못한다 할지라도 쉽게 포기하지 마라. 요건을 모두 충족한다면 금상첨화겠지만, 노동시장에는 조건에 100% 충족되지 못하는 구직자가 훨씬 더 많다. 한 가지 정도 조건이 맞지 않더라도 자신이 일해보고 싶은 분야라면 지원해야 한다.

❗ 기업 평가 기준은 근속연수

당신은 기업을 평가할 때 어떤 요소를 가장 먼저 살펴보는가? 필자는 그 조직을 구성하고 있는 구성원들의 '평균 근속연수'를 확인한다. 기존 조사 결과, 구직자들이 일하고 싶다고 꼽은 기업과 근속연수는 꼭 일치하지 않는다고 한다. 우리나라 대기업은 전반적으로 근속연수가 10년 내외라고 한다.

우량 강소기업 CEO들은 무엇보다 회사 강점을 직원, 즉 사람이라 강조한다. 특히 직원들의 근속연수가 길고, 직원들 역시 해당 기업에 대한 충성도가 높다. 따라서 중장년층이 다시 직장을 찾고 새로운 인생을 출발하고 싶다면 업체 선정을 위해 당장의 연봉보다는 그 회사의 근속연수를 꼭 확인해보자.

❗ 쉽게 포기하지 말고 지원해라

• **구인공고(자격요건 및 우대사항) 예시**

- 초대졸 및 4년제 대학 졸업

- 동종업계 경력 3년 이상

- 해외 유학 및 거주 경험자/영어 능통자 우대

- 지원 분야 관련 자격증 소지자 우대

예를 들어 위 예시문의 내용에서 한 가지 요건이 부합하지 않는 경우를 생각해보라.

첫째, 공통자격에서 한 가지 요건이 부족하더라도 지원하는 것이 좋다. 예를 들어 공통자격요건에서 동종업계 경력이 조금 못 미치더라도 지원하라. 대신 그것을 대치할 만한 다른 능력이 있다는 점을 보여줘야 한다. 자신의 경험과 노하우 및 역량 등이다. 특히 '일과 관련된 경험', 그중에서도 일을 통해 자신이 얻은 이득과 기업(조직)이 얻은 이득 모두를 강조하라. 기업을 위해 실질적인 기여를 할 수 있는 인재임을 나타내기 위함이다.

둘째, 100% 부합하는 동종업계 경력이 없다 하더라도 공란으로 비워두면 곤란하다. 이력서는 업체가 요구하는 형식에 최대한 맞춰야 하기 때문에 어찌됐든 뭐라도 기술해야 한다. 동종업계 경력이 있다면 좋겠지만, 관련 경력이 아니어도 주저하지 말고 작성하라. 대신 경력만 나열하지 말고 구체적으로 자신의 성취업적을 강조하라. 자신이 수행했던 업무만을 나열하기보다는 그 업무를 통해서 자신의 능력, 기술, 스킬, 관련 전문 지식을 습득했음을 입증하라. 해당 분야에 적합한 인재임을 증명해야 한다.

넷째, 자신에게 딱 마음에 드는 회사가 나타날 때까지 마냥 시간만 보내면 절대 안 된다.

최근 고용노동부 직업방송을 통해 상담을 했던 사례를 하나 소개하고자 한다. 베이비붐 세대는 아니지만 장기구직자로, 실제 사례다.

 마냥 기다리면 답이 없다

K 씨(78년생, 서울 관악구 거주)는 서울 B고등학교 정보처리과 졸업 이후 전문대 무역학과에 입학했으며, 다시 4년제 정보통신 학과에 편입해 2005년에 졸업했다. 이후 취업하려고 수차례 시도하고 면접도 많이 봤지만 계속 탈락했다.

그는 취업 탈락의 원인이 영어 점수 같다고 이야기했다. 토익 시험도 계속 봤지만 점수가 잘 나오지 않아, 입사 원서 넣기도 어려운 상황이라는 것이었다. 그는 보험회사, 정보통신 관련 회사 등에서 잠깐씩 아르바이트로 파워포인트 만드는 작업을 했을 뿐 한 직장에 제대로 다닌 적이 없었다. 현재는 집에서 운영하는 문구점 일을 도우면서 계속 구직 중이다.

향후 하고 싶은 분야는 무역 관련 일이라고 했다. 특히 철강 관련

회사의 자재 관리 분야다. 전공이 무역, 정보처리 쪽인데다가 직
무 적성검사 받아보니 창의적인 부분은 떨어지지만 자재관리 쪽
업무가 어느 정도 부합한다고 나왔고, 본인도 그렇게 생각하기 때
문이다.

자료: 한국직업방송(2014년), 일부 수정

필자가 그 상황의 구직자라면 철강분야의 자재관리 일자리가 나
올 때까지 마냥 기다리지 않을 것이다. 우리는 융합의 시대에 살고
있기 때문이다. 다양한 산업 분야에서 일한 경력은 언젠가는 크게
빛을 발할 기회가 온다. 예를 들어 금속제품 수출 분야 및 건축자재,
핸드백 제조업, 금형과 같은 유사 산업 분야도 탐색해보는 것이 좋
다. 자신에게 가장 잘 부합하는 산업 분야는 사실 일해보지 않고는
모른다. 그러니 우선 노동시장에 진입하는 것이 급선무다.

자신을 필요로 하는 곳의 문을 두드려라. 규모가 큰 대기업에 당
장 취업이 어렵다면 강소기업이나 중소기업, 벤처기업의 문을 두드
리자. 필자도 처음 사업을 시작하며 직원을 채용했을 때, 가장 먼저
고려한 내용은 스펙이나 능력이 아니었다. 함께 오랜 기간 일할 식
구가 필요했다. 규모면에서는 다소 작을지라도 소기업에서 출발하
면, 가족 같은 분위기에서 동료애를 느낄 수 있으며 단기간에 많은

경험과 노하우를 습득할 수 있다는 이점이 있다. 물론 A부터 Z까지 다 해야 하니, 야근도 많고 다소 힘들 수는 있다. 그러나 과정 없는 결과물은 없다. 기업 규모에 연연하지 말고 도전해보라. 당신을 필요로 하는 곳은 반드시 있다.

다섯째, 지금 당장 사람이 필요하지 않은 기업일지라도, 담당자와 적극적으로 접촉하라. 예를 들어 일자리 정보를 적극적으로 탐색하다가 눈에 띄는 채용 공고를 찾았다. 그런데 이미 채용이 마감된 경우라면? 그래도 그 정보를 눈여겨봐야 한다.

일반적으로 기술 집약형 벤처기업의 경우, 인력충원이 필요할 때 수시채용을 진행한다. 따라서 과거 채용 공고 내용을 미리 꼼꼼히 확인하면 향후 계획을 수립하는 데 도움이 된다. 우선 모집부문과 자격 요건을 체크하고, 사전에 인사담당자나 관련 실무 전문가와 접촉을 시도해보자. 이미 채용이 마감됐을지라도 업체와의 접촉은 과감해야 한다.

여섯째, 오늘날은 기업의 형태가 다양하다. 확장해서 정보를 찾아야 한다. 장년층 구직자에게는 사회적 기업이나 비영리 단체 같은 '사회공헌 일자리' 틈새시장을 오히려 추천하고 싶다. 사회적 기업이란 이익과 함께 사회적 목적을 추구하는 기업 및 조직을 말한다. 우리나라에는 대표적으로 재활용품을 수거 판매하는 '아름다운 가게', 소외계층을 위해 공연을 하는 '노리단' 등이 있다.

우리가 생각하는 것보다 기업 및 조직의 형태는 매우 다양하다. 최근 사회공헌 일자리가 많이 생겨나고 있다. 중장년층이라면 사회적 기업에도 관심을 갖고 탐색해봐라. 인생 1막에는 자식 키우고 집장만을 위한 경제활동을 했다면, 인생 2막에는 사회에 기여할 수 있는 일을 하는 것도 좋지 않은가? 사회적 기업에서 일하며 자신만의 독특한 인생을 열어보는 것도 좋은 대안이 될 수 있다. 즉 자신이 하는 일이 돈도 벌고 사회에 기여도 할 수 있는 일이라면 일에 대한 만족감도 커질 것이다. 급여 등 근무여건에 큰 차이가 없다면 일을 하면서 보람을 느낄 수 있는 일에 도전해봐라.

일곱째, 자신의 강점을 노동시장에 연계하라. 지금부터 당신의 약점은 잊어라. 우리나라에서 일반적으로 베이비붐 세대들은 자신의 강점을 타인 앞에서 이야기하면 잘난 척하는 사람으로 비춰진다고 생각해왔다. 그러나 지금은 자신의 강점 요소를 적어도 100개 이상 추출하고 남들 앞에서 자신 있게 이야기할 수 있어야 한다.

"100개 이상 어떻게 추출하냐?"며 처음에는 말도 안 된다고 생각할 것이다. 그러나 20년 이상 노동시장에서 머물렀다는 것 자체가 여러 가지 필수 역량을 두루 보유하고 있다는 사실을 입증한다. 그것으로 충분하다. 당신의 강점과 역량은 100개 이상 추출될 수도 있다. 매일 아침 일찍 일어나 무조건 자신의 강점에 대해 생각해라. 그리고 큰 소리로 말해보라.

❗ 자신의 강점을 노동시장과 연계시켜라

일자리와 관련된 정보를 찾을 때에는 최대한 자신의 역량(지식, 자격, 기술, 경험, 노하우 등)과 연계되는 내용을 찾자. 그리고 조금이라도 연관성이 있다면 이를 구직활동에 결부시켜라. 자신의 강점을 노동시장에 연계하라. 즉 자신의 강점 키워드를 중심으로 일자리를 검색해보라.

예를 들어 똑같은 경비직을 찾는다할지라도 자신에게 맞는 일자리를 상대적으로 쉽게 발견할 수 있을 것이다. 우선 정보를 빨리 취득해야 구직 준비 기간을 충분히 확보해 다른 구직자에 비해 유리한 고지를 점할 수 있다는 점을 명심하라.

여덟째, 구직활동 과정의 디테일에 주목해야 한다. 나이가 들수록 더 요구되는 조건이다. 그리고 진정성을 무기로 삼아라.

 디테일에 주목하라

한 기업에 수도 없이 많은 구직자들이 지원했지만, 스펙과 경력이 모두 화려한 사람들이었는데도 불구하고 모두 낙방했다. 어느 날 한 구직자가 면접대기실에서 큰 쓰레기뭉치를 발견하고는, 많은 사람들이 이것 때문에 불편하겠다는 생각이 들어 주웠다고 한다. 그 뭉치를 쓰레기통에 버리려 하자, 갑자기 면접관이 나타나 한 번 펴보라고 했다. 그 뭉치를 펼쳐보니 '귀하의 입사를 축하드립니다'라는 글귀가 나타났다.

아무리 스펙과 경력이 화려할지라도 당신의 행동이나 태도로 입증할 수 없다면 재취업 가능성은 낮아진다. 면접관의 눈은 예리하다. 면접관은 눈에 보이지 않는 당신의 도덕성과 윤리의식도 평가하려 한다는 것을 잊지 마라.

이 사례의 주인공은 훗날 그 회사의 CEO가 됐다고 한다.

최근 기업들의 홈페이지를 살펴보면 공통적으로 '윤리경영'이라는 단어가 눈에 들어온다. 구직자는 화려한 말로 자신의 도덕성과 윤리의식을 강조하기보다 평소 자신의 대내외 봉사활동 사례라든지 자신이 특별히 회사에 기여하고픈 내용을 솔직하게 담아내야 한다. 무엇보다 진정성 있게 구인자에게 접근하는 것이 중요하다. 강소기업이라면 더더욱 그 점을 예리하게 볼 것이다.

지금 당장 기업의 인사담당자든 헤드헌터든 전화를 주지 않는다고 푸념할 필요가 없다. 역으로 본인이 직접 하면 되는 것이다. 게다가 우리나라 강소기업을 많이 알고 있는 전문가는 그리 많지 않다. 독자들이 강소기업 전문가가 됐으면 좋겠다. 더 나아가 이 책을 통해 구인-구직을 스스로 매칭하는 전문가로 거듭났으면 좋겠다.

베이비붐 세대들이 우리나라 강소기업에서 일할 수 있는 기회를 적극적으로 만들면 기업을 성장시킬 수 있다. 기업이 성장한다는 의미는 궁극적으로는 상당한 고용도 창출된다는 뜻이다. 그들은 향후 우리나라 미래를 짊어질 젊은 청년들의 일자리도 적극적으로 만들어줄 것이다.

이제부터 과거에 자신이 몸담았던 곳은 빨리 잊어라. 퇴직 이후 일할 조직이나 기업은 뭔가 부족함을 느끼기 때문에, 혹은 한 단계 더 도약하기 위해 당신을 모시는 것이다. 그러니 가르치거나 지적하려 하지 마라. 조직에 조금씩 스며들어서 개선점을 찾고, 기업의 구성원들과 함께 어깨를 마주하고 고민해라. 이야기를 들어주는 것이다. 당신은 누가 뭐래도 지금 이 순간, 노동시장의 당당한 주인공이다.

CHAPTER 03

창업도 또 하나의 대안이다

창업도 퇴직 이후 대안임에는 틀림없다. 선진국에서는 혁신적인 아이디어나 기술을 이용해 새로운 시장을 창출하는 경우가 많다. 그러나 우리나라는 상대적으로 '기회추구형 창업'이 별로 없다. 대부분은 어쩔 수 없이 하는 '생계형 창업'으로 내몰린다. 게다가 철저한 준비 없는 창업이 대부분이다.

창업은 재취업보다도 퇴직 이전에 신중히 살펴보고 준비할 내용이 많다. 물론 꼼꼼히 준비하고, 틈새시장만 잘 공략한다면 승산이 있다. 그러나 창업이 단순한 '재취업의 대안'은 아니다. 그리고 당신에게 뭔가 특별한 능력을 요구한다. 그것은 바로 기업가정신이다.

단순히 대박을 터뜨릴 만한 아이템만 찾는 사람은 진정한 창업가가
아니다.

 창업은 기업가정신이 필요하다

필자도 창업을 해본 경험이 있다. 결론부터 이야기하자면 기업이
나 조직에 속해서 일할 때와는 하늘과 땅 차이였다. 우선 머릿속
에 직원들 월급을 챙겨야 한다는 압박감과 동시에 시장에서 새로
운 기회를 찾아야 한다는 생각이 끊임없이 들었다. 위험부담을 안
고 가야 하는 경우도 부지기수였다. 따라서 창업을 하고 싶다면
이러한 상황을 즐길 수 있어야 한다. 변화, 도전, 위험, 기회, 책임
감, 혁신, 창의성, 치열한 경쟁 등의 단어에 부담감을 느끼는 사람
은 결코 창업에서 성공할 수 없다. 게다가 늘 실패할 수 있다는 점
을 염두에 둬야 한다. 매번 최악의 시나리오를 머릿속에 그려야
하는 것이다.

창업은 대충 준비해서 시작하면 말 그대로 '망한다'. 하지만 그렇
기 때문에 그만큼 기회도 크다.

창업은 재취업의 대안이 아니다

창업은 재취업을 시도하다가 실패하면 넘어갈 만한 대안이 결코 아니다. 앞에서 언급한 바와 같이 기업에 자신을 맞추는 시대는 이미 지나갔다. 이제 우리는 세상의 주인공으로서, 기업을 자신에게 맞추는 시대에 살고 있다. 그러나 아무리 나를 기업에 맞추려 해도 퇴직 이후 희망하는 분야가 전 세계에 그 어디에도 없다면 어떻게 해야 하는가? 그렇다면 다른 대안이 없다. 창업이 대안이다.

이 책에서는 창업의 구체적인 프로세스를 나열하지는 않겠다. 대신 인생 2막 차원에서 고민하고 생각해봐야 할 핵심 내용 부분에 초점을 맞췄다.

첫째, 생계형 창업은 생존율이 낮다. OECD 보고서 〈*Entrepreneur-ship at a Glace(2014)*〉에 따르면 우리나라 창업의 특성은 다른 OECD 선진국에 비해 자영업(생계형 창업) 비중이 매우 높으며, 기회추구형 창업이 최하위인 것으로 나타났다. 지난 10여 년 동안 우리나라에서는 약 90만 개의 자영업자 창업이 이뤄졌지만 그 중 80만 개 이상이 폐업한 것으로 추정되고 있다. 자영업, 즉 생계형 창업이 얼마나 과당경쟁인가를 짐작할 수 있다.

기회형 창업이란 취업을 할 수 있음에도 불구하고 자신의 꿈을 현

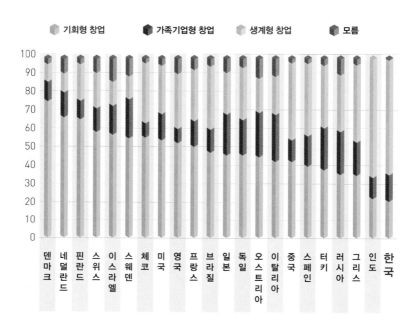

창업 유형별 국제 비교(2014년) (단위: %)

● 기회형 창업   ● 가족기업형 창업   ● 생계형 창업   ● 모름

덴마크 네덜란드 핀란드 스위스 이스라엘 스웨덴 체코 미국 영국 프랑스 브라질 일본 독일 오스트리아 이탈리아 중국 스페인 터키 러시아 그리스 인도 한국

자료: OECD

실로 이루기 위해 자발적으로 창업하는 경우이며, 벤처창업이 주류를 이루고, 혁신적인 기술이나 아이디어를 가진 경우가 대부분이다. 사회보장제도가 잘 발달된 북유럽과 이스라엘, 미국, 영국 등 OECD 국가 중에도 고소득국가들의 경우 기회형 창업의 비중이 크다. 반면 생계형 창업은 주로 비정규직, 낮은 임금, 계약직, 불안정한 고용 등

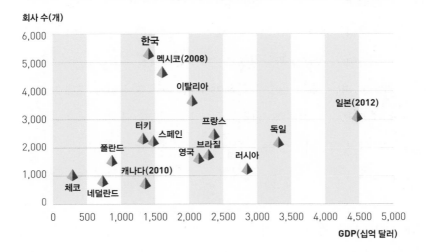

경제규모별 사업체 수 비교(2014년)

회사 수(개)

한국
멕시코(2008)
이탈리아
일본(2012)
프랑스
터키
스페인
독일
폴란드
브라질
영국
러시아
캐나다(2010)
체코
네덜란드

GDP(십억 달러)

자료: OECD

때문에 취업이 안 되는 경우 떠밀려서 하게 되는 것이다. 자본도, 준비도 부족하지만 막연히 '잘 되겠지' 하는 생각으로 창업하는 경우가 많고 대부분 실패한다. 업종마다 다르긴 하지만 평균적으로 창업 5년 후 생존율이 20%를 넘지 못하는 것으로 추정되고 있다.

또한 우리나라는 다른 나라에 비해 경제규모 대비 사업체 수가 많다는 특징을 가진다. 자영업자가 많아 이런 현상이 벌어지고 있는 것이다. 그것도 대부분이 영세자영업자(고용원 5명 미만)가 대부분을 차지하고 있다. 우리와 경제규모가 비슷한 스페인, 캐나다, 멕시코 등과 비교해도 마찬가지다. 좁은 시장에서 너무 많은 사업체가 있으면 사업체끼리 과당경쟁을 벌일 수밖에 없는 환경이 만들어진다.

게다가 700만 명에 달하는 베이비붐 세대들까지 자영업 창업에 가세하며 자영업자 과당경쟁은 점점 더 심해지고 있다. 그러므로 창업을 하려는 경우, 신중을 기해야 한다. 최근 자영업자 실태 보고서 등에 따르면 베이비붐 세대들 중에서도 자영업자의 가계부채가 심각하다고 경고하고 있다.

둘째, 준비 기간과 창업성공률은 비례한다. 그러므로 창업을 하고 싶다면 무조건 준비 기간을 늘려야 한다. 그러나 여기에 문제가 하나 더 있다. 창업을 준비하는 동안 시장이 빠르게 변화한다는 것이다. 게다가 그 사이에 경쟁자가 보다 더 혁신적인 아이디어로 무장하고, 더 철저히 준비해 비슷한 상품을 자신보다 빨리 시장에 선보일 가능성이 점점 높아지고 있다.

그렇기 때문에 창업은 또 준비만 한다고 될 일도 아니다. 그래서 창업이 어려운 것이다. 게다가 요즘 젊은 청년들의 아이디어가 좀 좋은가? 그래서 현실적 대안을 하나 제시해보고자 한다. 이제 혼자 일하는 시대는 이미 지나갔다. 창업하기로 마음을 먹었다면 자신의 네트워크를 지금부터 총동원하는 것이 좋다. 기업을 만드는 데 필요한 자원은 무엇보다 사람이다. 핵심 인재를 기업 내부에서만 갖추라는 법은 없다. 외부에서도 일부 활용할 수 있다. 그러니 창업과 관련된 문제점 등에 대해 혼자 고민할 필요가 없는 것이다.

특히 베이비붐 세대들의 경험과 노하우를 젊은 청년들의 창의적인 아이디어와 결부시키면 좋다. 이 둘을 잘만 결합하면 훌륭한 팀이 된다. 혁신적인 조직organization이 하나 탄생되는 것이다.

또 기존 중소·중견기업에 베이비붐 세대들의 경험 및 노하우, 그리고 새롭게 시도될 수 있는 아이템들을 결합해도 혁신적인 조직이 될 수 있다.

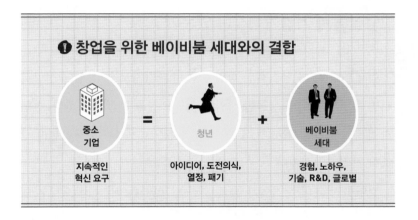

❗ 창업을 위한 베이비붐 세대와의 결합

중소 기업	=	청년	+	베이비붐 세대
지속적인 혁신 요구		아이디어, 도전의식, 열정, 패기		경험, 노하우, 기술, R&D, 글로벌

최근 창조경제, 혁신, 창의성이란 단어를 귀에 따갑도록 듣고 또 듣는다. 그러나 그 실체를 명확하게 규명하는 사람은 많지 않은 것 같다. 예를 들어 오랜 기간 숙성된 경험 및 노하우가 새로운 아이디어와 지속적으로 결합되면, 좀 더 혁신적인 조직이 될 수 있다.

결국 혁신이 고용을 증진시킬 수 있다. 고용을 증대시키려면 결국 건실한 중소·중견기업이, 그리고 준비된 창업이 대안이다. 앞에서 언급한 기회추구형 창업자가 점차적으로 늘어나야만 한다. 당신은 무엇을 꿈꾸는가?

시장을 크게 봐라. 구멍가게를 할지라도 조직이라는 관점에서 출발해야 한다.

당신에게 기업가정신이 있는가?

이제부터 좀 더 실질적인 창업 준비에 다가가보자. 창업에 성공하려면 무엇보다 이미 성공한 사람의 성공요인을 확인해야 한다. 창업자에게는 특별한 DNA가 요구된다. 그것은 앞에서부터 계속해서 강조한 기업가정신이다.

경영학적 의미로 기업가_entrepreneur_란 일정한 수익을 목적으로 사업을 구상하고 시작하는 사람으로 그 사업에 대한 조직화, 방향 설정, 지휘 및 감독의 책임을 가진다고 정의된다. 그렇다면 기업가는 어떠한 이유로 사업을 구상하고 창업에 이르게 되는가? 바로 강한 도전정신, 위험감수_risk-taking_ 성향, 혁신 추구, 추진력, 창의성으로 특징지어지는 기업가정신에서 발원된다고 할 수 있다.

기업가정신의 핵심 요체는 위험감수이다. 새로운 방식을 도입할 때는 위험이 따르게 마련이다. 현재 시장에서 아무리 잘 나간다 할지라도 끊임없는 도전과 혁신 없이는 몰락한다.

 ## 코닥의 디지털 카메라 출시와 몰락

20세기 최고의 기업 중 하나였던 코닥은 1990년대 초반까지만 해도 미국 필름시장의 90%, 카메라 시장의 85%를 점유하고 있었다. 그러던 중 디지털 카메라가 등장했다. 디지털 카메라는 필름시장을 압박하기 시작했고, 결국 코닥은 파산 보호 신청을 내고 몰락하게 된다.

그러나 여기서 한 가지 아이러니한 것이 있다. 디지털 카메라의 최초 개발자가 코닥의 엔지니어였다는 사실이다. 1975년 코닥의 엔지니어 스티브 새슨Steve Sasson은 세계 최초의 디지털 카메라를 발명하게 된다. 하지만 코닥 직원들은 "이런게 무슨 필름카메라를 대체한다고?", "주력 업종을 잡아먹는 신제품을 왜 출시해야 하지?"라는 반응을 내놓는다.

결국 코닥은 새로운 디지털 시대에 대한 대비를 전혀 못했다. 현실에 안주하고 환경 변화의 흐름을 파악하지 못한 그들은 결국 몰락하고 말았다.

따라서 창업에 앞서 무엇보다 자신에게 기업가정신이 있는가에 대한 냉정한 고민이 필요하다. "나에게 진정한 기업가정신이 있는가?" "향후 어떠한 어려운 환경이 오더라도 과감히 극복할 수 있겠는가?" "새로운 환경 변화가 두렵지 않은가?" 등 끊임없는 자문이 필요하다.

특히 은퇴 후 인생 2막에 창업을 고민한다는 것은 결코 쉬운 문제가 아니다. 위에서 살펴본 바와 같이 창업은 재취업에 비해 더욱 어렵고, 위험하기까지 하다. 고민하기 싫다고 주저앉을 수도 없는 노릇이다. 얼마 안 되는 퇴직금에 지금까지 어렵사리 모은 자금까지 다 날리며 신新빈곤층으로 추락할 우려도 있다. 이런 경우 대부분 가정파탄으로까지 이어진다.

물론 늦은 나이에도 불구하고 창업으로 비교적 성공해, 큰돈을 버는 것까진 아니어도 자신의 꿈을 펼치며 멋진 인생 2막을 누리는 중장년층도 종종 본다. 그러나 다시 한 번 강조한다. 창업에 성공한 사람들은 준비 기간이 길고, 그 과정도 아주 철저했다는 공통점이 있었다. 적어도 은퇴하기 수년 전부터 관련 정보를 수집하고 필요한 자격증을 땄으며, 새로운 공부도 했다. 게다가 실제 현장에서 관련 경험까지 쌓은 사람도 아주 많다.

특히 과거 자신의 경력을 살려 창업을 하는 경우 성공률이 높다. 퇴직 전에 쌓은 경험, 노하우, 기술력을 바탕으로 창업에 도전하라.

교수도 사표 쓰고 창업한다!

필자의 선배이며 이 책의 감수자이기도 한 이윤재 교수가 미국의 S 교수를 소개했다. 그는 미국 워싱턴 주의 유수한 사립대학교의 경영학과 교수였는데, 50대 초반에 은퇴 후, 캐나다 접경지역으로 이사해 창업을 한 케이스다.

그는 경영학과 교수답게 수년 전부터 미리 창업에 대한 준비를 했다. 그리고 기회가 있을 때마다 한국에 나와 이 교수에게 사업 이야기를 하곤 했다고 한다.

그리고 마침내 초등학교에서부터 고등학교에 이르는 학교(K-12)에 교육용 기자재 및 부교재 등을 취급하는 교육기자재 전문회사를 창업해 기대 이상의 성공을 거뒀다. 또한 인근 지역 주민 5~6명을 고용해 일자리 창출에 기여하고, 주변 지역에 분점을 개업해 점포수를 늘리는 등 조그만 회사의 CEO로 여생을 보내고 있다.

이 교수 역시 처음에는 안정된 직장도 있고, 연금으로 노후도 안정적인데 무엇 하러 위험이 따르는 창업을 하는지 이해가 안 됐다고 한다. 그러나 그는 학교에서의 반복되는 삶에 더 이상 흥미가 생기지 않았으며, 인생 후반에는 풍경 좋은 캐나다 접경 지역에서 소설을 쓰며 사는 것이 꿈이었다고 한다. 결국 그는 자신의 꿈을 실현하는 새로운 인생 2막을 펼치고 있는 것이다.

솔직히 현장에서는 창업을 적극적으로 지원하고 동기부여하기보다는 창업의 위험요소를 하나하나 체크한다. 일반적으로 창업 컨설팅을 해보면 퇴직자는 시간이 점차 지남에 따라 창업의 위험요소를 점점 인지하게 된다. 결국 인생 2막의 출발을 막연한 창업에서 다시 재취업으로 변경하는 경우가 더 많다.

사실 창업하기는 쉽다. 그러나 앞에서 살펴봤듯 창업을 해서 1년 이상을 유지하기도 힘들다. 일반적으로 3년 이상을 넘기는 창업주는 10명 중 3명 미만이다. 더구나 철저히 준비해도 위험요소가 전혀 없을 수는 없다. 사실 불가능하다. 그러나 예측가능한 위험요소부터 하나하나 사전에 검토하고, 돌다리도 두드리는 심정으로 임해야 한다.

지인 중 한 분은 위험요소를 조금이라도 줄이고, 창업자금과 투자비용을 최소하려면 창업 이전에 IT 기초 및 워딩 능력이라도 갖춰야 한다고 강조했다. 당장 그 능력만 갖춰도 창업이 유리하다는 것이다. 반대로 퇴직 이후 제안서 하나 본인이 직접 작성할 수조차 없다면 문제가 심각해진다. 또한 홈페이지의 간단한 수정작업 정도는 자신이 직접 할 수 있다면 초기 투자비용 및 고정비용을 최소화할 수 있다. 그러한 비용도 건건이 쌓이면 꽤 많다. 그러니 퇴직 이전에 부하 직원에게 말로만 지시하는 대신 자신이 직접 문서도 만들어보고, 필요에 따라서 워딩도 해봐야 한다. 감각을 익혀둬라.

자신의 경험과 기술을 바탕으로 창업해야 성공한다

수하우스(www.etish.net) 김상규 대표를 만난 건 창업 서바이벌 프로그램이었다. 그의 첫 직장은 H자동차회사 기계사업부였다. 그 후 중소기업 대표 및 공동 출자를 통한 공장장 등을 역임하면서 경험을 쌓았다. 이렇듯 1985년부터 자동화 기계를 제작한 경험을 통해, 생활 속에서 아이템을 찾고 친동생과 함께 체계적으로 사업을 시작했다.

창업 아이템은 '변기 에어커튼'으로, 화장실 내 악취를 90% 제거한다. 그는 특허로 무장해 국내 시장은 물론 해외 시장까지 개척하려 한다. 또한 의료 기능까지 확장해 웨어러블wearable 분야도 적극적으로 모색하고 있다.

아직은 걸음마 수준이고 앞으로 가야 할 길이 멀지만, 그들의 용기 있는 도전에 박수를 보내고 싶다. 2018년까지 220명을 채용해 고용창출을 이루겠다는 야심찬 사업계획도 보유하고 있다.

이처럼 본인의 오랜 경험과 노하우, 그리고 기술력을 바탕으로 한 창업은 성공률이 높다. 또한 이렇게 기업이 성장하면 궁극적으로는 고용창출로 이어진다.

그 다음으로 전문적인 '창업 프로세스'를 익히는 것이 좋다. 창업 아이템 선정부터 사업 계획서 작성까지 다 해봐야 한다. 투자비용은 언제 회수가 가능한지 시뮬레이션simulation을 해보면 더욱 좋다.

또한 성공적인 창업의 첫 출발은 자신의 재무적인 측면을 분석하는 것이다. 이때 반드시 배우자와 상의해야 한다. 남성들에게 자신의 기초적인 재무분석과 진단을 해보라고 하면 못하는 경우가 많다. 우선 가정에 한 달 전기료는, 또 공공요금은 얼마 정도 들어가는지 조차도 파악하지 못한다. 우리나라 대부분의 가정에서 기초적인 생활비는 여성이 관리하기 때문이다.

저축과 투자 부분도 배우자의 의견이 결정적인 역할을 한다. 그러므로 퇴직 이후, 특히 창업을 고려한다면 퇴직 이전에 배우자와 함께 자금 계획을 세워야 한다. 가족으로부터 심리적인 지지support가 있으면 성공률이 높다. 가족이라는 탄탄한 지원군이 창업 성공의 첫 출발임을 명심하자.

배우자 몰래 창업을 준비하고 있는가? 지금 당장 배우자에게 알리고, 상의해라! 몇 번이나 강조하지만 창업은 생각보다 힘들다는 것을 잊어서는 안 된다. 그럼에도 불구하고 도전해야 한다면, 우선 가족의 지지부터 끌어내야 한다.

창업자들의 공통점은 가슴을 뛰게 하는 것이다!

창업 서바이벌 방송에 심사위원으로 참여하면서, 약 3개월 동안 창업 관련 분야의 다양한 사람들을 만났다. 경기가 불황일 때는 기존 시장의 창업자들도 몸을 움츠리는 게 일반적인데 새롭게 시장에 뛰어든다는 것 자체가 놀라웠다. 스튜디오 전체가 그야말로 도전자들의 열기로 가득 채워졌다.

특허를 이미 9개나 확보한 중학생부터 이미 퇴직한 중장년층에 이르기까지 지원자는 다양했다. 창업 아이템도 IT, 제조, 서비스 등 다양하기는 마찬가지였다. 그러나 지원자들의 공통점은 존재했다.

첫째, 실패를 두려워하지 않았다. 대부분이 실패 경험이 있었다. 한 참가자는 프로그램 시즌 1(2013년)에도, 시즌 2(2014년)에도 고배를 마셨으나 시즌 3에 새로운 아이템을 들고 다시 도전했다. 그는 포장 연결고리를 새롭게 고안한 시제품을 들고 나왔다. 기존에는 그 연결고리 대부분을 수입에 의존하고 있었기에 편의성, 안전성을 확보한 제품을 들고나온 것이다. 물론 가격 경쟁력도 있었다. 그는 또 고배를 마실지라도, 향후 시즌 4에서 기회가 주어진다면 다시 도전하겠다고 했다.

둘째, 아이디어를 자신의 주변에서 찾는다. 중학생은 교육용 교구를 개발했으며, 약국을 경영하던 참가자는 화장품을, 제대해 귀농한 군인은 화분을 들고 나왔다. 그들처럼 자신의 주변에서 아이디어를 찾고 역발상과 혁신을 무기로 과감하게 시장에 뛰어드는 창업가야말로 창조경제의 주인공이 아닐까?

셋째, 자신의 경력을 최대한 활용했다. 특히나 중장년층의 경우 이러한 특징이 두드러졌다. 자신의 경험, 노하우, 기술력을 창업아이템에 적용시켰다. 그리고 자신의 약점을 보완해줄 수 있는 이들과 협업했다. 예를 들어 자신이 기술력을 확보하고 있다면 마케팅 전문가나 특허 전문가의 도움을 받았다.

그들과 현장에서 만나고 있으니 어느새 가슴이 뛰기 시작했다. 마지막 평가 및 심사를 끝내고는 가슴이 쿵쾅거려 인터뷰를 하다가 하마터면 울컥했을 정도다. 창업은 가슴 뛰는 일임에는 틀림없다. 당신은 가슴이 뛰는 일을 하고 있는가? 그렇지 않다면 어떤 상황에서 가슴이 뛰는가? 어디에 열광하는가?

창업은 가슴을 뛰게 한다. 마치 롤러코스트를 타는 것과 같다. 언제 어디서 장애물이 뛰어 나올지 모르며 오르막과 내리막이 공존한다. 그럼에도 불구하고 즐겁다! 특히나 창업에 있어서 '나이'는 결코 장애물이 될 수 없다. 중장년층도 늦지 않았다!

CHAPTER 04

재취업 성공 요소는?

　KBS1 TV 〈나, 출근합니다〉에 전문가 패널로 참여하면서 다양한 퇴직자를 만났다. 이 프로그램의 주인공은 퇴직자로, 매 회마다 주인공 7명이 재취업에 도전하는 모습을 보여줬다. 그들의 도전은 실로 눈물겨웠다. 퇴직자들이 자신의 모든 것을 직접 오픈하고 끄집어내야만 하기 때문이다. 그리고 마지막 날, 가족들이 보는 앞에서 재취업 여부가 결정된다.

　총 5일 동안 이들 퇴직자 7명은 방송국에서 마련한 별도의 장소에서 합숙하며 생활한다. 휴대폰 사용 등 외부와의 연락도 차단된다. 다양한 미션을 수행해야 하며, 기업체 방문 등 체험도 직접 해본다.

재취업에 필요한 컨설팅과 교육도 받는다.

그들에게 교육과 컨설팅, 그리고 평가를 수행하며, 중장년 재취업에 필요한 핵심적인 내용을 정리해봤다. 이른바 '중장년 재취업 십계명'이다. 독자들이 앞으로 깊이 있게 고민해보고, 이 중 한 가지라도 실천해보기를 간절히 기대해본다.

중장년 재취업 십계명

KBS1 TV 〈나, 출근합니다〉의 전문가 패널로서, 가장 기억에 남는 날이 있다. 그 날은 아주 차가운 바람이 불었기에 두터운 외투를 차려입고 퇴직자분들을 만나러 양평으로 발길을 옮겼다. 퇴직자 7명은 마지막 평가 날을 앞두고 있어서 그런지 마음이 무거워 보였다. 알고 보니 그들은 기업 두 군데서 막 미션을 수행하고 막 돌아왔다고 했다.

그들과 함께 자리에 앉아 그분들의 퇴직 이후 지금까지의 구직활동에 대한 이야기를 들어봤다. 한 분 한 분 구직활동의 어려움을 토로하기 시작했다. 나이 때문에 번번이 서류전형에서 탈락했고, 어렵사리 면접기회가 주어져도 동종 업계의 까마득한 후배를 면접관으로 만나게 돼 심적으로 힘들었다고 했다. 이럴 때면 어김없이 구인업체에서도 부담을 느끼는 기분이 들었으며 따라서 재취업에 번번이 실패하게 됐다고 했다. 몇몇 퇴직자 분들은 지난 추억이 되살아났는지 눈시울을 붉히기도 했다.

그래서 자리를 박차고 일어나 그들에게 힘줘 이야기했다. 재취업 성공 요소는 분명 존재한다. 더구나 그 내용은 중장년 구직자라면 다 알고 있는 것들이다. 문제는 실행이다. 실행만 하면 된다.

우선 퇴직 이후 출발선이 중요하다. 재취업에 대한 마음가짐이다. 마라톤을 뛸 때도 출발선에서 하프코스를 뛸 때와 완주를 할 때의 마음가짐이 다른 것처럼 재취업에 대한 마음가짐부터 제대로 다잡아라! 재취업 십계명을 지금부터 마음에 새겨보라.

❗ 중장년 재취업 십계명

첫째, 눈높이를 낮추면 기회가 많아진다.

둘째, 재취업에 필요한 구직스킬을 배양하라. 이력서 준비 및 면접 스킬도 지금부터 배워야 한다.

셋째, 재취업에도 전략이 필요하다. 무조건 뛰면 힘만 들고 금방 지친다.

넷째, 네트워킹을 하라. 구직망 구축은 필수다.

다섯째, 가족관계를 회복하라. 그리고 가족을 최대 지지자로 만들어라. 퇴직 이후는 이미 늦다.

여섯째, 이왕이면 가슴 뛰는 일을 찾아라. 남은 인생은 사회에 기여도 하고, 보람도 찾는 일을 하며 살아라.

일곱째, 노동시장에서 요구하는 공통역량을 배양하면 몸값이 뛴다. 관련 분야에서 요구하는 자격증과 교육을 받아라.

여덟째, 자신의 강점을 확인하고 차별화된 무기를 만들어라. 가장 큰 강점은 그동안의 경험과 노하우다.

아홉째, 퇴직 이후 제2의 경력목표를 구체화해라. 타깃 업체를 발굴하고 공략해라. 무엇보다 강소기업 및 중소기업을 공략해라.

열째, 자신한테 가장 쉬운 것부터 실행에 옮겨라. 실행에 옮기면 성공률이 배가 된다.

이 재취업 십계명은 현장에서 혹은 관련 이론에서 입증된 내용들이다. 재취업 성공에 영향을 주는 요인, 즉 변인인 셈이다. 처음부터 열 가지 내용을 한꺼번에 실행하려고 하면 힘이 든다. 한 가지씩 도전하고 실천하다 보면 재취업 확률이 올라갈 것이다.

나 출근합니다!

재취업 십계명을 부분적으로라도 실천하다 보면 기회는 반드시 온다. 이력서가 한 번 통과되면 자신감을 얻게 되고 면접 기회도 점점 늘어날 것이다. 그리고 자신감은 적극적인 구직활동으로 이어진다. 그러나 출근하기 전까지는 여전히 칼자루를 구인업체가 갖고 있음을 명심해라. 한 순간도 긴장의 끈을 놓으면 안 된다.

이러한 과정을 한 번이라도 경험하게 되면 그 다음부터는 상대적으로 쉽다. 재취업 과정도 사실 경험과 노하우가 필요한 셈이다. 필자도 처음 직장을 나와 구직활동 할 때를 떠올려보면 한심하기 짝이 없었다. 이력서도 형편없었고 면접 준비도 엉성했다. 구직으로부터 오는 스트레스도 잘 극복하지도 못했다. 그러나 이직 및 전직에 성공하자 스트레스는 한 방에 날아갔다. 아니 기억도 안 났다.

그렇다. 구직으로부터 오는 구직 스트레스는 재취업이 되는 순간 모두 사라진다. 재취업은 그런 것이다. 재취업에 성공하고 나면 지난 과정의 우여곡절은 좋은 추억으로 남을 것이다.

이제 여러분과의 긴 여정도 끝이 났다. 향후 구직과정이 다소 힘들지라도 이 사실을 결코 잊지 않으면 지혜롭게 극복할 수 있으리라 확신한다. 현장에서 퇴직자와 울고 웃으며 컨설팅한 후, 과정을 마무리할 때마다 가장 듣고 싶은 말이 있다. 그 말 한마디면 여전히 뛸

듯이 좋다. 바로 "교수님! 저 출근합니다"다.

지금부터 열심히 뛰어보자. 배우자에게 전화를 걸어 "여보! 나 출근해" 하는 날이 곧 올 것이다.

모처럼 전국적으로 비가 내렸다. 비가 내린 후라 그런지 학교 캠퍼스에서 바라보는 풍경이 너무도 아름답다. 올 여름은 폭염으로 말미암아 밤잠을 설친 적이 한두 번이 아니었다.

커피 한 잔을 받아 학교 교정을 바라보고 있으니 최근 힘들었던 일들이 떠올랐다. 우여곡절도 많았고 포기하려 했던 적도 더러 있었다. 기억을 계속해서 하나씩 꺼내봤다. 그때 나를 붙들어줬던 건 다름 아닌 가족이었다. '위기는 기회라고 이야기하지 않았던가?' 하며 마음을 다잡았던 그 날도 기억났다. 그 기억은 이제 추억이 됐다. 지난해부터 용기 내어 펜을 들었는데, 이제야 원고가 마무리됐다.

책을 쓰는 과정에서 큰 소망을 품게 됐다. 중장년 분들이 퇴직이라는 큰 위기 앞에 모두 기회를 찾았으면 좋겠다는 것이다. 그들이 퇴직, 실직이라는 단어에 고통 받기보다는 자신감, 열정, 행복, 재도전, 성공으로 다가가기를 바란다. 위기를 극복하는 과정에서 값진 경험과 함께 창의적 아이디어와 혁신도 산출된다. 여러분 모두는 분명히 '퇴직 이후'를 생각하면 따라오는 부정적인 생각, 낙담 및 패배감을 자신감, 열정, 행복, 재도전, 성공으로 만들어갈 수 있다. 그 과정에서 이 책이 친구 같은 존재가 될 것이라 확신한다.

커피잔을 내려놓고 교정의 도서관 앞을 바라보는데 갑자기 소나기가 내리기 시작했다. 천둥번개가 요란했다. 그러나 얼마 지나지 않아 언제 그랬냐는 듯 파란 하늘에 구름이 스쳐 지나고 있다. 이제 곧 햇살이 드리우려 한다. 독자 여러분의 미래에도 곧 찬란한 햇살이 비춰지길 기대한다.

일반적으로 역량진단의 주요 목적은 다음과 같다.

• 특정 분야에서 특별히 요구하는 역량 요소들을 규명하고 인식
  한다.
• 직무에 관계없이 공통적으로 요구되는 스킬, 지식, 행동들이 있
  다. 즉, 직무 분야에 관계없이 공통적으로 중요시되는 역량이 있
  음을 인식한다.
• 역량 요소를 자신의 고용경쟁력을 향상시키는 가장 핵심적인
  도구로 활용한다.
• 개인은 핵심역량진단을 통해, 기업은 구성원들의 객관적 진단
  결과를 통해 체계적인 경력관리, 코칭 프로그램, 개발 및 훈련,
  선발 프로세스 등에 활용한다.

역량진단 결과 자료에서 우선 중요한 점은 역량 내 하위 요소 각각의 내용이 무엇인지 파악하는 것이다. 또 역량 내 하위 요소들 내에서도 강점과 약점이 다르게 나타나므로, 이들 강약점을 파악해야 한다. 마지막으로 가장 큰 장점과 약점이 무엇인지 파악해, 무엇을 우선순위로해서 자신을 노동시장에서 강조할지 혹은 개발 포인트로 삼아야 할지를 결정해야 한다.

지금부터 주요 핵심역량군에 따라 각각의 역량 및 하위 역량 요소에 대한 정의를 확인해보라.

당신의 핵심역량은 무엇인가?

핵심역량 요소 및 정의

핵심 역량군	핵심 역량	하위 역량	정의
일	목표 설정 및 조직화	목표 설정과 자원 배분	주어진 과제에 대해 목표를 명확히 설정하고 실행계획을 세우며, 우선순위에 따라 자원과 시간을 체계적으로 배분할 뿐 아니라 목표의 달성 정도와 효과성을 측정할 수 있는 기준 및 방법을 마련하는 능력
		모니터링과 대비책 강구	목표달성 과정을 지속적으로 점검하고 문제 발생 가능성에 대해서 사전에 대비책을 수립하는 능력
	성취 지향 및 도전	결과 지향 및 성과 달성	항상 목표를 도전적으로 세우고, 이를 달성하려고 최선을 다하며 어떤 어려움에 직면하더라도 이를 극복하고 추진하는 능력
		위험 감수 및 성취 지향	위험하거나 불확실한 상황에서도 실패의 위험을 감수하고, 새로운 가능성에 도전하며 적극적으로 추진하는 능력
	문제 해결 및 의사 결정	문제 이해 및 대안 도출 (의사결정)	아무리 복잡한 문제라도 그 문제의 핵심을 파악하고 이를 해결할 수 있는 최적의 대안을 선택하는 능력
		적기 의사결정 및 파급효과 고려	예상치 못한 일이 발생하더라도 이를 고려해 적기에 의사결정하며, 의사결정의 실행에 따라 나타날 수 있는 긍정적 또는 부정적 파급효과를 사전에 고려하고 대비하는 능력
	정보 수집 및 해석	정보수집 및 해석	과제나 과업의 수행에 필요한 정보를 파악하고 수집하며, 이를 분석, 가공, 분류하고 그 의미를 해석해 과제에 활용하는 능력

사람	대인 관계	우호적이고 배려적인 대인관계	수평적 관계에서 우호적인 분위기를 적극적으로 조성할 뿐 아니라 상대를 우선적으로 배려하는 능력
		역지사지 대인관계	자신의 입장보다는 상대방의 입장에서 생각하고, 상대의 구체적인 장점과 단점을 그대로 인정해 반응하는 능력
	팀워크 및 팀 시민 행동	협력	수평적 관계에서 팀의 공동목표 달성을 위해 적극적으로 정보나 의견을 제공하고, 개인보다는 팀 전체의 의견을 우선시하고 존중하며, 자신의 일이 아니더라도 적극적으로 다른 팀원의 일을 도와주는 능력
	고객 지향	고객지향	업무와 관련해 자신의 고객이 누구인지를 명확히 인식하고 그들의 욕구와 기대를 파악하며, 발생된 문제를 즉각적으로 해결하는 것은 물론이고 그들의 욕구와 기대를 만족시킬 수 있는 더 나은 방안을 모색하는 능력
	논리적 설득	논리적 설득	자신의 아이디어나 생각을 일목요연하고 논리적으로 표현하고, 상대방의 관심사항에 대한 대안을 사전에 준비해 상대를 설득하는 능력
	대인적 갈등 관리	대인적 갈등관리	상대방과 의견이 불일치하는 경우, 이를 그냥 덮고 지나치기보다는 상대의 의견을 적극적으로 경청하고 해결방안을 함께 모색함으로써 문제해결 및 학습의 기회로 삼는 능력
소통	말하기	정확하고 간결한 말하기	말할 때 정확한 어법과 문장을 구사할 뿐 아니라 복잡한 아이디어도 이해하기 쉽도록 설명하는 능력
		효과적인 메시지 전달	상황에 적절히 대응하면서 상대가 자신의 이야기에 집중하도록 만들며 돌발상황 발생 시에도 청중의 동요 없이 자신의 의도대로 메시지를 전달하는 능력

소통	쓰기	정확하고 간결한 문서 작성	자신의 아이디어나 의견을 정확한 문법, 철자, 문장 구조 등을 사용해 간결하고 명료하게 표현하는 능력
		프리젠테이션 문서 작성	의도하는 내용을 효과적으로 전달하기 위해 다양한 프리젠테이션 도구나 기법을 적절히 활용하고, 주제나 상대에 따라 스타일을 적절히 조절하는 능력
	듣기	듣기	상대방의 이야기를 경청하고 비언어적인 움직임에도 주의를 기울이며, 상대가 전달하려는 메시지의 숨은 뜻까지도 이해하는 능력
리더십	리더십	리더십	팀의 목표를 명확히 하고 구성원들이 목표달성에 대한 자신감을 갖도록 격려하고 지원하며, 구성원의 능력을 개발하고 스스로 문제를 해결하도록 코칭하며, 언행일치의 모범을 보이며 팀을 이끌어 높은 성과를 창출하는 능력
		방향 제시	팀의 목표나 방향을 명확히 제시하고 수행하는 과제의 의미나 목적을 명확히 이해하도록 만드는 능력
		격려와 지원	팀 구성원들이 더 높은 목표달성 및 성공적 업무수행에 대한 자신감을 갖도록 지원하고 격려하는 능력
		코칭	팀 구성원이 자신의 잠재력을 인식하고 스스로 문제해결하면서 능력을 향상시키도록 지원하는 능력
		구성원 개발	교육훈련이나 일을 통해 구성원이 능력을 개발하도록 적극적으로 지원하고 학습 분위기를 조성 할 뿐 아니라 구성원 개발을 체계적으로 관리하는 능력
		솔선수범	모든 일에 솔선수범하며 언행일치로 다른 사람의 본보기 역할을 수행하는 능력

사고	혁신성	혁신성	기존의 관행에 얽매이지 않고 새로운 것에 도전하며 환경의 변화를 수용하고 이에 따라 스스로를 과감히 변화시키는 능력
	개방성	개방성	사람들 간 관점의 차이를 인정하고, 다른 관점이나 의견을 오히려 학습의 기회로 삼거나 가치 있게 활용하는 능력
	주도성	주도성	누구의 지시 없이도 자발적으로 책임을 떠맡고 스스로 일을 파악해 책임 있게 수행하는 능력
	윤리 의식	윤리의식	회사의 규칙이나 보편적 윤리기준을 성실히 따르고 비윤리적이고 부당한 결정에 이의를 제기하며 회사에 관련된 정보를 어떤 상황에서도 누설하지 않으려는 의식
	주인 의식	주인의식	자신을 피고용자가 아닌 회사를 파트너로 생각하고 스스로를 문제해결의 주체로 생각하면서 열정을 가지고 주도적인 자세로 일을 추진하는 능력
자기관리	자기 개발	자기개발	자신의 강·약점을 파악하고 자신의 부족한 부분을 개선하거나 지식과 기술을 지속적으로 향상시키기 위해 많은 시간과 노력을 투자해 다양한 자기개발 방안을 강구해 실행하며 이를 체계적으로 관리하는 능력
	시간 관리	시간관리	일, 여가, 기타 다른 활동 간의 시간을 적절히 배분하며 자기 자신의 시간에 대해 스스로 검토하고 관리하는 능력
	스트레스 관리	자기 스트레스 관리	스트레스 상황에서 자신의 집중력과 여유를 잃지 않으며 자기 자신만의 적당한 스트레스 해소 방안을 가지고 있는 능력
		스트레스 영향력 관리	스트레스 상황에서 자신의 행동에 타인에 미치는 영향력을 고려 할 뿐 아니라 심지어는 다른 사람의 감정이나 심리상태까지도 안정시키는 능력

자료: ㈜커리어파트너

1. 변화관리 측면

Q 재취업을 위해 가장 먼저 해야 할 일은?

A 퇴직으로부터 오는 심리적 충격부터 최소화해라. 화, 분노, 낙
담, 상실감, 패배감의 감정을 잘 다스려 긍정의 에너지로 끌어
올려야 한다. 심리적인 부분을 잘 다스리지 못하면 구직 기간
이 길어진다. 부정적인 생각으로는 뭘 해도 잘 안 된다.

Q 경력전환을 위해서 필요한 자세는?

A 노동시장을 분석하는 것이 급선무다. 노동시장에 대해 공부해
라. 전문가 수준으로 시장을 읽을 수 있어야 한다. 중소기업 및

강소기업에 대한 분석이 요구된다.

Q 가족과의 서먹한 관계는 어떻게 해야 할까?

A 지금부터 관계를 회복해서 퇴직 이후에는 지지자로 만들어라.
창업과 재취업 모두 가족의 지지 없이는 힘들다.

Q 향후 중소·중견기업에서 일할 때는 무엇을 가장 고려해야 하
는가?

A 급여가 아니다. 미래의 발전가능성을 봐야 한다. 그리고 보람
을 찾을 수 있는 일인지 검토해라. 자신이 기여할 수 있는 부분
이 어디인지 구체적으로 규명해라.

Q 눈높이는 어떻게 설정해야 하는가?

A 기초 재무진단을 받고 구직 준비 기간을 설정해봐라. 저절로
눈높이가 조정된다. 눈높이를 낮출수록 재취업 기회가 올라간
다. 물론 '아무' 기업이나 가라는 의미는 아니다.

Q 퇴직 이전에 꼭 준비해야 할 것은 어떻게 찾을 수 있을까?

A 퇴직 이후 공략하고자 하는 실질적인 해당 분야의 실무자를 미
리 만나라. 그러면 준비할 내용이 척척 나온다.

2. 구직스킬 및 효능감 측면

Q 구직활동 과정에서 가장 힘든 점은?

A 대부분 뭘 어떻게 해야 할지 막막하다고 한다. 그러나 구직활동의 중간 과정을 생략하고는 성공적인 재취업이 불가능하다. 진단부터 목표 설정, 구직기술 배양 그리고 실행 모두 두루 신경 써야 한다. 무기가 많이 필요하다.

Q 누구를 만나는 것이 가장 효율적일까?

A 가능하면 전문가, 특히 관련 실무 전문가를 만나라. 답은 현장에 있다. 전문가 의견을 듣기 위해, 현장으로 즉시 달려가야 한다.

Q 이력서 및 경력기술서를 쓸 때 주의할 점은?

A 남이 쓴 이력서는 자신에게 전혀 도움이 되지 않는다. 재취업 구직기술에 관한 스킬을 익히고 직접 써보고 시간을 투자해라. 공 들여 쓴 이력서는 흔한 상품소개서를 넘어서 '명품소개서'가 된다.

Q 일자리는 어디서 어떻게 찾아야 하는가?

A 온라인에만 치중하지 마라. 네트워킹을 강화하는 데 시간을 투

자해라. 지인을 통해 얻을 수 있는 비공개된 일자리 정보가 재취업 성공률이 매우 높다. 이미 입증됐다.

Q 면접 준비는 어떻게 해야 하는가?

A 전략을 짜서 체계적으로 준비해야 한다. 과거에 면접관 역할을 많이 수행했다고 자만하지 말라.

Q 면접 이후 불합격 통보를 받았다면?

A 그럼에도 불구하고 감사 편지(이메일)를 보내라. 가능한 한 빨리 보내 당신을 기억하게 하는 것이 가장 중요하다. 시장은 생각보다 좁다. 뜻하지 않은 곳에서 기회가 올 수 있으니 때를 기다려라.

Q 연봉 협상은 어떻게 해야 하는가?

A 가능성을 최대한 열어두는 것이 중요하다. 미리 협상에 필요한 목록을 만들고 최대한 관련 정보를 수집해라.

3. 경력목표 설정, 고용경쟁력 및 역량개발 측면

Q 제2의 경력목표는 어떻게 설정해야 하는가?

A 무엇을 어떻게 해야 할지 막막하다면 진단을 받아봐라. 이때 객관화된 진단 도구를 활용해라. 목표 설정이 제일 중요하다. 목표가 없으면 주변 사람들한테 휘둘리기 쉽다.

Q 내가 정말 하고 싶은 일을 찾는 법은?

A 진정 자신이 좋아하고 적성과 능력에 부합하는 일을 찾고 싶다면, 빨리 노동시장에 뛰어들어 직접 확인해봐라. 이때 '뛰어든다'는 것은 관련 시장을 철저히 조사한다는 것을 의미한다.

Q 구체적인 타기팅이란?

A 목표를 좀 더 구체화하는 것이다. 이왕이면 강소기업과 중소기업을 공략하라. 관심 있는 기업에 관해 정보를 주기적으로 수집하고 관련 실무자와 접촉을 시도해라. 그리고 기업을 직접 방문해라.

Q 제2의 경력목표에 필요한 역량이 더 있을까?

A 중장년 구직자라면 대부분 노동시장에서 필요로 하는 역량을

두루 갖췄다. 목표로 하는 기업에서 특별히 더 요구되거나 강조되는 역량이 있게 마련이다. 그것이 무엇인지 확인하고 자신이 입증할 수 있는 요소가 있는지 미리 파악해라.

Q 역량개발은 어떻게 해야 하는가?

A 역량개발은 단기간에 결코 불가능하다. 늦었다고 생각해도 꾸준히 개발해라. 공부해라. 노력해서 얻은 것은 반드시 써먹을 데가 있다.

• 참고 문헌

- 기업은행, "2013년 지속가능경영보고서", 2013
- 이윤재, "기업가정신 향후 10년; 중소기업 미래", 〈한국중소기업학회 추계학술대회〉, 2014. 10. 31.
- 장욱희, "아웃플레이스먼트는 효과적인가? : 한국의 중소기업 퇴직자 사례", 〈중소기업연구〉, 2014. 9
- 장인성, "생산성 향상이 고용에 미치는 영향", 〈예산정책연구〉, 2012
- 전국경제인연합회, "2014년 중소기업의 중장년 채용계획 및 채용인식 실태 조사", 2014
- 통계청, "장래인구 추계: 2010~2060", 2011
- 하나은행그룹, "주요국의 연급소득 대체율 국제 비교", 〈하나정보〉, 2013. 9. 5
- 한국거래소, 《히든 챔피언에게 길을 묻다》, 형설라이프, 2011
- 한국무역협회 국제무역연구원, "한국형 수출 강소기업의 성공요인과 시사점", 2011.11
- E D Pulakos, N Schmitt, "Experience-based and situational interview questions: Studies of validity", *ABI/INFORM Global*, Summer 1995
- OECD, "Entrepreneurship at a Glace", 2014
- OECD, "Statistics on Average Effective Age and Official Age of Retirement in OECD Countries", 2012
- Richard Bolles, 《*What color is your parachute?*》, Ten Speed, 2002
- Schein, E. H., 〈*Career Anchors*〉, 2005
- Thomas H. Holmes and Richard H. Rahe, "The Social Readjustment Rating Scale", 〈*Journal of Psychosomatic Research(Volume 11, Issue 2)*〉, 1967. 8

나는 당당하게 다시 출근한다

초판 1쇄 2015년 11월 10일

지은이 장욱희
펴낸이 전호림 **편집총괄** 고원상 **담당PD** 이정은 **펴낸곳** 매경출판㈜
등 록 2003년 4월 24일(No. 2 - 3759)
주 소 우)04627 서울특별시 중구 퇴계로 190 (필동 1가) 매경미디어센터 9층
홈페이지 www.mkbook.co.kr
전 화 02)2000 - 2610(기획편집) 02)2000 - 2636(마케팅) 02)2000 - 2606(구입 문의)
팩 스 02)2000 - 2609 **이메일** publish@mk.co.kr
인쇄 · 제본 ㈜M - print 031)8071 - 0961

ISBN 979 - 11 - 5542 - 358 - 5(03320)
값 15,000원